한자로

읽는

부산과

역사

도서출판 &

한자로 읽는 부산과 역사

저자 정경주 하영삼 박준원 임형석 정길연 김화영
표지디자인 김소연
초판 1쇄 발행 2016년 11월 25일
펴낸곳 도서출판3
등록 2013년 7월 4일(제2013-000010호)
주소 부산시 수영구 남천동 황령대로 431, 104-103호
전화 070-7737-6738, 051-663-4266
전자우편 3publication@gmail.com
홈페이지 www.hanja.asia

인쇄제작 호성P&P(02-2274-3089, 서울 중구 을지로3가 302-2)

배포처 호밀밭 **등록** 2008년 11월 12일(제338-2008-6호)
전화 070-8692-9561 **팩스** 0505-510-4675
전자우편 homilbooks@naver.com **홈페이지** www.homilbooks.com

ISBN: 979-11-87746-00-4 93910

본 도서는 2016년 부산광역시와 부산문화재단의 사업비 지원을 받았습니다.

「이 도서의 국립중앙도서관 출판예정도서목록(CIP)은 서지정보유통지원시스템
홈페이지(http://seoji.nl.go.kr)와 국가자료공동목록시스템(http://www.nl.go.kr/kolisnet)에서 이용하실 수
있습니다.(CIP제어번호: CIP2016028233)」

한자로 읽는 부산과 역사

도서출판 3

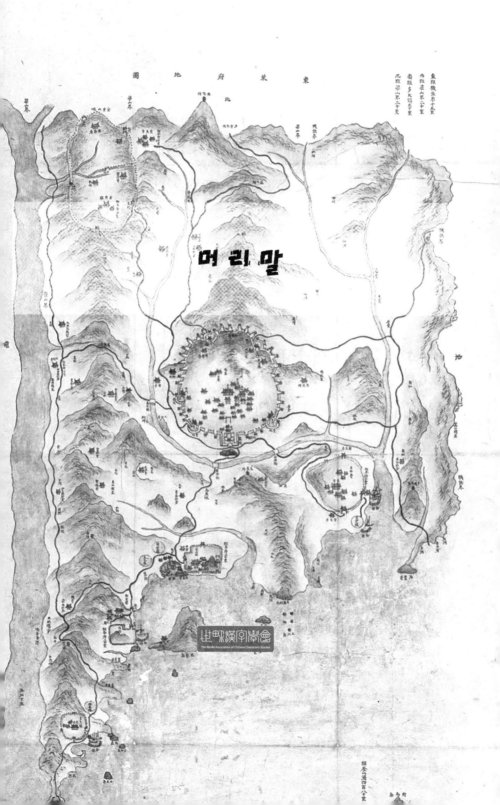

머 리 말

●일러두기●
1. 한자음은 모두 한국 한자음으로 표기하였습니다.
2. 한자 어원 설명은 『한자어원사전』(하영삼, 도서출판 3, 2014)에 근거하였습니다.

머리말

    이 책은 부산의 특성을 연구해 온 기존의 다양한 방법을 넘어서 '한자'라는 매개를 통해 부산이 갖는 역사성과 정체성을 고찰하고, 이를 통해 부산의 진정한 정신을 재 발굴하고 이에 담긴 문화적 특징을 재해석하고자 하였습니다. 나아가 부산이 갖는 '개방과 혼용, 포용과 풍류'의 정신을 한국과 한자문화권 나아가 세계시민에게 알리고, 궁극적으로는 부산에 대한 이해를 높여 부산이 한국 문화의 중요한 거점이자 동아시아의 21세기 중심 도시로 나아가게 하는 이론적 근거를 제시하고자 시도되었습니다.

    이를 위해 부산의 역사와 유산 및 현재를 다양한 각도에서 '한자'라는 잣대를 통해 발굴하고 해석하며 전석하고자 하였으며, (사단법인)세계한자학회의 지원 아래 경성대학교의 한문학과와 중국학과에 재직하는 교수님들이 힘을 합쳐 12가지의 다양한 주제를 중심으로 편찬하였으며, 부산문화재단의 '2016년도 학예이론 도서발간 지원 사업'의 지원을 받아 출판하게 되었습니다.

    이 책에서 다루는 12가지 주제는 바로 한자로 읽는 부산의 역사(정경주), 부산의 기억(임형석), 부산의 지명(김화영), 부산의 불교문화 유산(정길연), 부산의 유교문화 유산(정길연), 부산의 민간 유산과 설화(정길연), 부산의 지도(임형석), 부산의 역명(김화영), 가야의 유물(하영삼), 부산의 어류(박준원), 부산의 누정문화(정경주),

부산의 기록문화(정경주) 등입니다.

이번 연구를 통해 우리는 다음의 몇 가지를 확인할 수 있었습니다. 첫째, 한자는 근대 이전까지 우리 문자생활의 절대 부분을 차지하였을 뿐 아니라, 지금도 우리 문화를 깊이 있게 이해하고 정체성을 확인하는데 없어서는 아니 될 부분이며, 나아가 '한자문화권'의 성숙한 세계시민으로 성장하기 위해서도 반드시 갖추어야 할 기초자산이자 교양이라는 사실입니다.

둘째, 부산은 역사적으로나 지금도 대외에 가장 개방적인 지역이라는 사실입니다. 부산은 일찍이 해양 국가인 가야의 근거지였을 뿐 아니라, 이후 근현대를 거치면서 세계를 향한 가장 중요한 대외 창구이자 국제적 도시로 성장하였습니다. 그래서 21세기 현재의 한국과 미래 한국의 도시를 이해하는데 매우 중요한 지역입니다.

셋째, 그간 부산의 다양한 논의에서 빠졌던 '한자'라는 매개를 통해 부산과 그 역사를 해독하고 여기에 반영되어 있는 문화적 속성들을 확인하여 부산의 정체성을 확보하였던 바, 이는 그간 시도되지 않았던 새로운 접근법이자 연구 방법이 될 수 있다는 점입니다.

넷째, 이를 통해 역사와 기록에 근거해 '개방과 혼융, 포용과 풍류'로 대표되는 부산성의 역사적 근거와 전개 과정을 발견하고 전석하여 부산에 대한 이해를 높이는 한편, 한자와 인문과 역사 등을 연계한 연구 방법인 '한자 인문학' 내지 '한자 문화학'의 연구 영역을 확장할 수 있었다는 사실입니다.

다섯째, 나아가 21세기의 핵심 권역으로 자리한 '한자문화권'과 세계를 대상으로 '개방과 혼융, 포용과 풍류'의 부산성을 세계에 알리고, 부산에 대한 깊은 이해를 통해 한류문화의 새로운 거점으로 발전하여, 동아시아의 중심으로 발전할 가능성을 찾을 수 있었다는 점입니다.

이 책이 물론 불완전하고 작은 책자에 지나지 않지만, 이 책이 나오는 데도 수많은 이들의 노력과 희생을 필요로 했습니다. 우선 '한자 인문학'이라는 시민강좌를 지원해 준 한국연구재단의 도움으로 이러한 구상과 시도가 가능했고, 강좌에 참여한 여러 시민들의 애정 어린 비판이 이 책의 내용을 구체화시켰으며, 부산문화재단의 지원으로 이를 다듬어 세상에 내놓을 수 있게 되었습니다. 이 자리를 빌려 감사드립니다.

또 이 책이 나올 수 있도록 좋은 글을 써 주신 필자 여러분, 특히 부산의 역사에 관한 많은 자문과 자료를 제공해 주신 정경주 교수님, 간사를 맡아 여러 고생을 도맡아 한 우리학과의 김효정 선생과 김화영 선생께 특별히 감사를 드립니다.

　책의 성격상 여럿이 모여 다양한 주제를 다루다 보니 통일성도 부족하고 소홀하고 부족한 점도 많을 것이라 생각합니다. 독자 제현들의 준엄한 비판이 앞으로의 발전을 이끌게 될 것입니다. 많은 질책과 질정 바랍니다.

하영삼

2016년 10월 25일

차 례

東萊府地圖

서론. 한자로 읽는 부산의 특성

하영삼

서론: 한자로 읽는 부산의 특성

하영삼

1. '부산의 특성, 부산성

부산을 규정짓는 특성, 즉 부산성은 무엇일까요? 50년 이상 부산에서 살면서 이곳이 아름답고 낭만적인 곳이며, 이곳을 사는 것이 행복하고 행운이며, 이곳을 그 누구보다 자랑스럽게 생각해 왔지만, 부산의 특성이 무엇이냐는 무름에 대해서는 그 대답이 쉽지 않음을 느낍니다. 이는 다른 분들도 마찬가지 일 것입니다.

물론 많은 선배 학자들이 다양한 관점과 각도에서 이를 연구해 왔고, 여러 가지 특성을 부산의 특성으로 제시한 바 있습니다. 모두 일리가 있고 공감이 가는 말씀들입니다.

그러나 지금, 이 책에서는 '한자'를 매개로 '부산'이라는 도시 이름으로부터 부산이 가진 각종 유산과 흔적, 그리고 기억들이 담고 있는 부산의 특징을 풀어 보고, 부산이 자리한 지정학적 위치를 중심으로 부산이 가질 수밖에 없었던 몇 가지 특성도 함께 이야기해 보고자 합니다.

아시다시피 한자 이름인 부산(釜山)에 대해서는 여러 해설이 있습니다. 이미 일찍이 『삼국사가·지리지』에서 이 지역을 일컫던 지명으로 '동래군(東萊郡)'과 '동평현(東平縣)'을 거론했습니다. 물론 동래군과 동평현은 원래 거칠산군(居漆山郡)과 대증현(大甑縣)으로 불리던 것을 신라 경덕왕(景德王, 742~765년 재위) 때 고쳐 부른 이름이라고 하였습니다. 그 이후로 줄곧 '동래'가 이 부산 지역을 대표하는 명칭으로 사용되어 왔습니다. 1481년 편찬된 『동국여지승람』에서부터 등장하여 지금까지 쓰이고 있는 '부산'은 '증산'이라는 옛 지명에서 온 것으로 보입니다. '증산'은 그야말로 글자 그대로 '시루(甑)처럼 생긴 산(山)'이라는 뜻입니다. 동평현을 대증현이라고 불렀으니, 동평현 뒤쪽에 자리 잡았던 백양산의 모습이 엎어 놓은 '시루'를 닮아 붙여진 이름이 아닐까 합니다. 동구에는 아직도 '증산 마을'이 남아 있어 이 이름의 희미한 흔적을 안고 있습니다. 그래서 큰 시루를 뜻하는 대증(大甑)이 큰 솥, 즉 가마솥을 뜻하는 '부(釜)'로 바뀌어 '부산'이 된 것으로 추정되며, 이 둘 간의 의미적 연관성은 충분하다 하겠습니다.

釜(가마 부): [鬴], fǔ, 金2, 10

字解　형성. 金(쇠 금)이 의미부이고 父(아비 부)가 소리부로, 쇠(金)로 만든 아비(父) 같이 큰 '가마 솥'을 말했는데, 상하 구조로 결합하면서 획이 생략되어 지금처럼 되었습니다. 금문 등에서는 金 대신 缶(장군 부)가 쓰였는데, 이는 가마솥이 금속이 아닌 토기(缶)로 만들어졌음을 보여줍니다. 전국 시대 때 제나라 등지에서는 용량의 단위로 쓰이기도 했는데 약 20.5킬로그램에 해당했습니다. 『설문해자』에서는 鬲(솥 력)이 의미부이고 甫(클 보)가 소리부인 鬴(가마솥 부)로 썼는데, 역시 '큰 솥'이라는 의미를 담았습니다.

字形　[金文] [金文] 金文 [古陶文] [古陶文] 古陶文 [簡牘文] 簡牘文 [說文小篆] 說文小篆 [說文或體] 說文或體

위에서 보듯, 부(釜)는 원래 부(父)와 금(金)이 상하로 결합한 구조였으나 자형이 축약되어 지금처럼 되었습니다. 부(父)는 모(母)에 대칭하는 개념인데, 원시 수렵 시절 돌도끼를 들고 바깥으로 나가 수렵을 하던 존재가 '아비'임을 그렸고, 모(母)는 다소곳하게 앉은 모습에 두 유방을 강조하여 자녀의 양육을 담당했던 존재가 '어미'임을 강조한 글자입니다. 처음에는 단순히 부모가 담당하던 역할에 근거하

여 부(父)와 모(母)자를 만들었으나, 이후 인류사회가 모계사회에서 부계사회로 진입하면서 부권이 점차 강조되고, 아버지가 가정의 주축으로, 또 사회의 중심 주체로 기능하게 되면서 부(父)에는 단순히 '아버지'라는 뜻 이외에 '크다', '위대하다' 등의 뜻도 들게 되었던 것입니다.

금(金)은 오늘날에는 황금이라는 뜻으로 주로 쓰이지만, 그 전에는 '쇠' 전체를 통칭하던 말로 쓰였고, 그 전에는 다시 '청동기'를 전문적으로 지칭하던 용어였습니다. 고대 한자에서는 금(金)을 ☈ 등으로 그렸는데, '두 손으로 도가니를 거푸집 위로 부어 기물을 제조하는 모습'을 그린 주(鑄)의 옛 자형(甲骨文 ☖ ☖ ☖ ☖ ☖ ☖ ☖ ☖ ☖ ☖ ☖ ☖ ☖ 金文)에서 보듯, 금(金)은 쇳물을 부어 청동기를 만드는 '거푸집'을 그린 글자입니다. 거푸집 제조법은 황하의 미세한 진흙으로 거푸집을 만들고 이에 쇳물을 부어 청동 기물을 주조하던 방식으로, 밀랍을 바르고 쇳물로 이를 녹여 내 만드는 서양의 실랍법(Lost Wax)법과는 달리 중국의 고유한 기술로 알려져 있습니다.

고고 발굴 자료에 의하면, 중국에서는 이미 상(商)나라는 물론 하(夏)나라 때부터 상당한 량의 청동기가 제조되었던 것으로 알려졌습니다. 그것은 청동기가 단순한 기물이 아니라 조상신에게 지내는 제사에서 신과 소통하는 중요한 도구로 기능하여 국가 권위의 상징물로 여겨졌기 때문입니다. 그래서 고대 중국에서 국왕은 국왕대로, 제후는 제후대로, 경대부들은 경대부대로, 왕족과 귀족들 모두가 자신들의 정체성과 권위를 상징하는 보물로 여겼고 권위와 힘을 자랑하려 서로 다투어 만들었던 것입니다. 그래서 고대 중국에서 '청동기'는 단순히 청동 기물 이상의 의미를 지닙니다.

얼마 전 작고한 중국 고고학의 세계적인 권위자인 하버드 대학의 장광직(Kwang-chi Chang, 1931~2001) 교수는 『중국 청동기 시대』(하영삼 역, 2013, 학고방)라는 책에서 청동기는 고대 중국에서 다른 문명의 무기처럼 권력을 획득하는 중요한 수단이라 여겼고, 무력에 의한 직접 지배가 아니라 청동 제기 등과 같은 권위를 통해 상대를 굴종시키는 것이 중국 문명의 특징적인 지배 방식이라 했습니다. 청동기가 바로 그런 기능을 가졌던 것이지요.

여하튼 이렇게 해서 부(釜)는 '큰 솥'이라는 의미의 '가마솥'을 지칭하게 되었습니다. 다른 청동 기물과 달리 '가마솥'은 우리의 생활 문화에서 특별한 상징을 갖고 있습니다. 밥을 짓고 갖가지 음식을 요리해 내던 가마솥, 이는 생활에서 반드시 갖추어야 할 필수불가결의 기물이었지요. 혹시 전쟁이라도 나면 가마솥부터 짊어지고 피난을 가야 했던 것도 바로 이 때문입니다. 그런가 하면 '하늘 천, 따 지, 가마솥에 누룽지, 빡빡 긁어서……', 『천자문』을 처음 접하던 어린 시절, 어린 아이들이 『천자문』의 첫 시작, '하늘 천, 따 지, 검을 현, 누를 황'을 패러디해서 부르던 노래였죠. 이처럼 가마솥은 단순한 청동 기물이 아니라 우리에게 너무나 친숙하고 중요하고 생존에 없어서는 아니 될 한국 고유의 조리 기구로서 생활의 필수 도구였던 것입니다.

山(뫼 산): shān, 山-0, 3, 80

字解 상형. 갑골문에서부터 세 개의 산봉우리를 그려 연이어진 '산'의 모습을 그려냈습니다. 산 뒤로 다시 산이 연이어진 모습을 그린 것이 岳(큰 산 악)입니다. 岳은 달리 嶽(큰 산 악)으로도 쓰는데, 감옥(獄 옥)처럼 사방이 빙 둘러쳐진 높은 산이라는 뜻을 담았습니다. 山으로 구성된 글자는 嵩(높을 숭)에서처럼 '산'을 직접 지칭하기도 하고, 『설문해자』의 말처럼 '돌이 있으면서 높은 것'이 巖(바위 암)이기에 암석과 높고 큰 것의 상징이기도 합니다. 또 산은 산등성이와 고개, 깎아지른 절벽과 골짜기 등으로 이루어지고, 그를 따라 물길이 흐르며 길도 만들어지기에, 고개, 골짜기, 길 등의 뜻도 가집니다.

字形 甲骨文 金文 古陶文 簡牘文 古璽文 說文小篆

산(山)이라는 한자는 산봉우리 셋 겹쳐진 모습을 그렸는데, 중국에서 삼(三)은 구체적인 숫자보다는 개략적인 숫자로 '많음'을 뜻하는 경우가 많습니다. 그래서 산(山)은 산봉우리가 셋이 아닌 여럿이 겹겹이 중첩되고 이어진 모습을 그린 글자입니다. 게다가 이러한 산(山)은 그냥 '평지보다 높이 솟아 있는 땅의 부분 즉 땅에서

돌출된 지형'을 지칭하는 그런 단순한 산이 아닙니다. 서기 100년 허신(許愼, 58?~147?)에 의해 완성된 『설문해자(說文解字)』라는 책이 있습니다. 중국 최초의 어원사전입니다. 한나라 때 그 당시 볼 수 있던 모든 글자라 할만한 9,353자를 모아 그것의 원래 자형과 유래 및 원래 뜻 등을 일일이 하나하나 상세하게 밝혀 놓은 책입니다. 지금도 이를 넘는 어원사전이 없다할 만큼, 그야말로 한자 어원 연구의 바이블로 경이롭기 그지없는 책이라 할 것입니다. 무려 1900여 년 전에 이미 이러한 사전을 편찬할 수 있었다는 중국인의 저력과 중국의 문화적 수준에 놀라지 않을 수 없습니다. 지금도 한자를 이해할 때 동원되는 필수 개념인 부수(部首)나 '상형, 지사, 회의, 형성, 전주, 가차' 등을 지칭하는 육서(六書) 등도 모두 이 책에서 처음으로 그 개념이 창안되었습니다. 이 『설문해자』에서 '산(山)'을 그 어떤 다른 사전보다 흥미롭게 해석하고 있습니다.

> 山(山): 宣也. 宣气散, 生萬物, 有石而高. 象形. 凡山之屬皆从山.
> '선(宣)과 같아 베풀다라는 뜻이다. 기운을 발산하여 퍼져나가게 하여 만물을 자라게 하며, 돌이 있어 높게 돌출된 것을 말한다. 상형이다. 산(山)부수에 귀속된 글자들은 모두 산(山)이 의미부이다.

그는 발음이 같은 선(宣)으로 산(山)을 풀이하였습니다. 이는 한나라 당시 상당히 유행하던 글자 풀잇법으로 성훈(聲訓)이라 불렸는데, 독음이 같은 글자로써 다른 글자의 의미를 해석하던 방법이었습니다. 이렇듯 『설문해자』에서는 산의 가장 큰 속성을 '베푸는 존재'라고 하면서, '기운을 발산하여 퍼져나가게 하여 만물을 자라게 한다.'라고 선언했습니다. 의미심장한 해석이고 곰곰이 생각해 보아야 할 풀이가 아닐 수 없습니다. 산은 옛날부터 하늘과 사람을 통하게 하는 상징으로 신성한 존재였습니다. 게다가 『설문해자』의 해석처럼 기운을 발산하여 만사만물이 자라나도록 하고, 가진 모든 것을 품고 안아주며 가진 것을 한없이 베푸는 그런 존재인 것입니다. 우리가 기쁠 때도 기쁠 때지만, 특히 실의하고 마음을 추슬러야 할 때 자주 찾아 마음을 추스르고 위로를 받는 곳이 산인 것은 산의 바로 이러한 속성 때문이겠지요.

이러한 한자 풀이에 근거한다면, 부산(釜山)은 우리 생활에서 없어서는 아니 될 '커다란 솥' 가마솥처럼 '끊임없이 베푸는' 존재라 할 것이고, 그것이 부산이라는 지명이 우리에게 주는 메시지일 것입니다. 물론 부산이라는 지명은 부산의 지형에 근거해 붙여진 이름이지만, '부산'에 이러한 의미를 부여하고, 이러한 의미가 담긴 이름으로 보고 사용하며 그것이 담았던 정신을 늘 생각하게 지내게 되면, 우리는 '부산'이라는 이름과 닮아가 그런 존재로 그런 시민으로 살아갈 수 있을 것입니다.

2. 바다와 해양성

우리나라는 삼면이 바다로 둘러싸여 있습니다. 그래서 바다는 우리에게 그 어느 국가 못지않게 중요한 존재입니다. 특히 세계적인 항구이자 한국에서 제일 큰 항구인 부산에 사는 우리에게는 더 그렇습니다. 15세기 후반, 서구에서 이루어지기 시작한 대항해 시대 이후로 서구 열강들이 바다를 찾아 나섬으로써 바다는 그야말로 '기회의 땅'이 되었습니다. 그러자 바다는 그때까지 대륙이 갖던 것보다 훨씬 중요한 의미를 지니는 세상이 되었지요. 바다를 정복하는 자가 세계의 제국이 되었고, 바다가 모든 결핍을 채워주었으니까요. 한정된 땅 유럽 대륙을 떠나 바다 건너 미지의 세계를 찾아 나서는 것이 유행이 되어 바다는 당시의 여러 문제를 해결할 '꿈의 땅'으로 여겨졌고, 그 결과 서로 다투어 바다를 통해 새로운 대륙을 발견하고 새로운 식민지를 개척하여 세계의 제국이 되었습니다. 포르투갈, 에스파냐, 스페인, 네덜란드, 영국 등이 차례로 그랬지요. 특히 영국은 식민지가 얼마나 많았던지 '해가 지지 않은 제국'이라 했습니다.

그러나 우리도 이에 못지않게, 어쩌면 더 일찍부터 바다의 중요성에 주목하고 바다를 지배했던 민족입니다. 우리 지역의 전신인 가야(伽倻)만 해도 철을 매개로 동남아와 중국의 해안 지역과 일본 등을 연결하는 해상 무역을 지배했고, 장보고(張保皐, ?~846)는 해상왕국을 건설했으며, 임진왜란 때 충무공 이순신(李舜臣, 1545~1598)은 바다를 장악하여 나라를 위기에서 구할 수 있었습니다. 서구의 그 어느 나라 못지않게 바다의 중요함을 알았던 민족인 것입니다.

우리가 사는 부산(釜山)은 바로 이 한반도의 동남쪽에 자리하고 있습니다. 아니 태평양 바다를 향한 그 시작점에 자리하고 있다고 하는 것이 더 적절할 것입니다. 대륙이 끝나는 곳이지만, 거꾸로 보면 큰 바다, 대양이 시작되는 지점이 바로 부산이기 때문이지요. 그래서 부산은 바다와 떼려야 뗄 수 없는 관계를 가졌고, 바다와 접해 살아온 환경에서 만들어진 특성을 고스란히 간직한 곳입니다.

海(바다 해): [㲗], hǎi, 水-7, 10, 70

字解 형성. 水(물 수)가 의미부이고 每(매양 매)가 소리부로, 모든 하천이 흘러들어 가는 곳인 '바다'를 말하는데, 물(水)에게서 어머니(每) 같은 존재가 '바다'임을 그렸습니다. 이후 바다처럼 큰 호수나 못, 혹은 수많은 사람이나 사물, 사방 주위, 온 사람에게 알리는 광고 등을 지칭하기도 했습니다. 달리 상하구조로 된 㲗로 쓰기도 합니다.

字形 𣺽𣷡𣸭 金文 𣸑𣷨𣺼𣷖𣸥 簡牘文 𣺽 說文小篆

洋(바다 양): yáng, 水-6, 9, 60

字解 형성. 水(물 수)가 의미부이고 羊(양 양)이 소리부로, 강(水) 이름을 말합니다. 『설문해자』에서 齊(제)나라 臨朐(임구)의 高山(고산)에서 흘러나와 동북쪽으로 흘러 鉅定(거정)으로 흘러들어 간다고 했습니다. 이후 큰 강이라는 뜻에서 '바다'라는 뜻도 갖게 되었으며, 바다 건너의 나라라는 뜻에서 외국, 외국 것, 외국 돈, 현대화된 것 등을 지칭합니다.

字形 𣴓𥝋𥝌𥝍𣴜 甲骨文 𥝖 古陶文 𣴤 說文小篆

'바다'에 해당하는 한자어가 해양(海洋) 정도 되겠지만, 해양이라는 단어를 구성하는 해(海)는 육지에서 가까운 바다를, 양(洋)은 먼 바다를 지칭하는, 각자 다른 개념을 가진 글자였습니다. 이 때문에 근해(近海)와 원양(遠洋)이라는 말은 쓸 수 있지만, 원해(遠海)와 근양(近洋)이라는 말은 쓰지 않습니다. 또 연해(沿海), 해관(海關), 해안(海岸), 동해(東海) 등에서처럼 해(海)는 모두 육지에 가까운 바다를 뜻하지만, 태평양(太平洋), 동양(東洋), 서양(西洋) 등에서처럼 양(洋)은 해(海)보다

멀거나 더 큰 개념을 품고 있습니다.

어원 풀이에서 보듯, 바다(海)는 그야말로 모든 '물(水)의 어머니(母)'입니다. 그 근원을 거슬러 올라가 보면, 물길이 시작되는 지점인 샘, 거기서 물이 흘러나오는 모습을 그린 것이 천(泉)이고, 샘물이 모여 골짜기 입구를 흘러나오는 모습을 그린 것이 계(溪, 谿)이며, 계곡서 나온 물이 모여 조그만 강이 되어 흐르는 모습을 그린 것이 천(川)이며, 이들이 모여 다시 커다란 강을 이루면 하(河)와 강(江)이 됩니다. 그리고 강물이 모두 모여 마지막으로 한데 흘러드는 곳이 바다입니다. 그래서 바다는 모든 물을 받아들이는 어머니와 같은 존재입니다. '해납백천(海納百川)'이라는 말은 수백 가지의 하천이 모여 바다를 이룬다는 뜻인데, 온갖 하천을 다 받아들이는 큰 바다, 즉 모든 것을 다 포용하고 안아주는 존재를 형용하는 말로 쓰이기도 합니다.

이러한 바다는 여러 가지 상징을 가집니다. 위에서처럼 바다는 모든 것을 다 받아주고 안아주고 품어주는 어머니 같은 존재이기도 하고, 헤밍웨이의 『노인과 바다』에서처럼 자연에 도전하는 모험의 상징이기도 하며, 또 가늠할 수 없는 무한한 가능성을 가진 미지의 세계를 상징하기도 하고, 파란 바다 색깔처럼 영원함을 뜻하기도 합니다. 그런가 하면 바다는 성난 파도처럼 모든 것을 뒤집어 엎어버리는 민중의 힘이나 혁명성을 상징하기도 합니다.

모든 것을 받아주고 품어주는 너그러운 관용의 바다, 그런가 하면 성난 파도처럼 모든 것을 뒤엎어버리는 거친 바다, 끝을 알 수 없는 무한한 가능성의 바다, 미지의 세계와 싸우게 하는 도전과 모험의 장이 바로 바다인 것입니다. 그래서 이러한 속성은 태평양 큰 바다를 향한 시작점에 자리한 큰 항구 도시, 한국 최고의 해양 도시, 21세기 해양 수도 부산이 가질 수밖에 없는 속성이기도 합니다. 그래서 이 바다를 마주하고 살아온 부산 사람은 역동적이며, 개방적이며, 진취적이며, 도전적이며, 국제적이며, 융합적이며, 혼융적이며, 진보적이며, 창의적이며, 풍류적일 수밖에 없습니다.

3. 항구와 개방성

부산은 우리나라 최대이자 세계에서도 몇 번째 가는 큰 항구 도시입니다. 항구는 바다를 다니는 배가 드나드는 곳이며, 이곳을 통해 세계의 온갖 사람과 문물이 교류하고 소통합니다. 배가 드나들 수 있는 항구는 곶(串)이 아니라 만(灣)에 만들어집니다. 바다 쪽으로 뾰족 튀어나간 곶(串)과는 달리 활등처럼 육지로 쑥 들어간 곳이라 배가 쉽게 정박할 수 있기 때문이지요. 만(灣)의 어원은 다음과 같습니다.

灣(물굽이 만): 湾, wān, 水-22, 25, 20

字解 형성. 水(물 수)가 의미부이고 彎(굽을 만)이 소리부로, 굽어 들어간(彎) 물가(水)를 말하며, 그것은 배를 댈 수 있는 곳이므로 정박하다는 뜻도 나왔습니다. 간화자에서는 彎을 弯으로 줄인 湾으로 씁니다. 이를 구성하는 彎은 다시 弓(활 궁)이 의미부이고 絲(어지러울 련)이 소리부인 형성구조로, 활(弓)처럼 굽은 것을 말하며 이로부터 굽다, 굽히다, 굽은 것, 길모퉁이 등의 뜻이 나왔는데, 絲은 실(糸 멱)로 만든 술이 장식된 대로 만든 통소(言 언)를 그렸습니다. 간화자에서는 絲을 亦(또 역)으로 간단히 줄여 弯으로 씁니다.

字形 🈂 說文小篆

이처럼 만(灣)은 수(水)가 의미부이고 만(彎)이 소리부인 형성구조이지만, 만(彎)은 의미부의 기능도 함께 합니다. 즉 만(彎)은 의미부인 궁(弓)과 소리부인 련(絲)으로 이루어졌는데, 궁(弓)이 활을 그린 상형자임을 고려하면 만(彎)은 활(弓)처럼 '굽은' 상태를 말합니다. 그래서 수(水)가 더해진 만(灣)은 '바다가 활처럼 굽어 들어간 곳'을 뜻하며, 그곳은 배가 정박할 수 있는 곳이라는 의미에서 다시 '정박하다'는 뜻까지 가지게 되었습니다.

만(灣)과 대칭을 이루는 말이 곶(串)입니다. 곶은 호미곶이나 장산곶에서 보듯, '바다를 향해 부리 모양으로 뾰족하게 뻗은 육지'를 말하며 달리 갑(岬)이라 부르기도 합니다. 곶(串)의 어원은 다음과 같습니다.

串(곶 곶·꿸 천): chuàn, 丨-6, 7, 12

字解 상형. 어떤 물건을 꼬챙이로 꿰놓은 모습을 했는데, 지금의 꼬치와 같은 것으로 생각하면 될 것입니다. 나아가 串은 꼬치처럼 바다로 쑥 뻗어 나온 곳을 지칭하기도 하는데, 우리말에서는 '장산곶'이나 '장기곶'이나 '호미곶'처럼 '곶'이라 부릅니다. 곶은 바다가 육지 쪽으로 쑥 들어가 배가 머무르고 갖가지 정보를 교환할 수 있는, 그래서 온갖 문화가 한곳으로 보이는 灣(물굽이 만)과는 달리 배도 정착할 수 없는 그래서 타문화와의 교류가 정지된 고립된 순수한 지역입니다.

字形 **ﾖ**簡牘文 **串** 玉篇

　　천(串)은 '꿰다'는 뜻의 관(毌)과 같은 자원을 가지는 글자로, 갑골문에서 끈이나 꼬챙이로 어떤 물건을 꿰어 놓은 모습을 그렸습니다. 관(毌)은 금문에 들면서 그 물건이 조개(貝·패)임을 구체화시켜 지금의 관(貫)이 되었고, 천(串)은 이와 달리 어떤 네모꼴의 물건들을 세로로 꿰어 놓은(丨·곤) 모습으로 분화하였습니다. 이후 천(串)은 형상성을 더욱 강화하기 丳(꼬챙이 찬)을 만들기도 했는데, 串에 다시 세로 꼬챙이(丨)가 하나 더 더해진 모습입니다.

　　그래서 천(串)은 관(貫)과 같은 의미를 가지지만 '꼬차·고지'나 '곶감'이라는 말에서 볼 수 있듯 주로 '꿰다'는 의미에 치중되어 있습니다. 우리말에서는 '꼬치'처럼 바다 쪽으로 길게 내민 육지를 '곶'이라 하는데, 이 '곶'을 한자의 천(串)으로 표기하고, 이때에는 '곶'으로 읽습니다. 천(串)을 '곶'으로 읽는 것은 우리말에서만 존재하는 특수 용법입니다.

　　이처럼 배가 정박하여 머무를 수 있는 곳이 만(灣)이라면 육지가 바다를 향해 튀어나온 곳이라 배가 머물 수 없는 곳이 곶(串)입니다. 그래서 만(灣)은 이질적인 문화가 섞이고 혼합되며 문화 간 교류가 일어나는 곳이라면, 곶(串)은 독자적인 문화가 시작하는 곳이자 고유한 지리적 경계가 그어지는 곳입니다.

　　물론 만(灣)도 지리적 경계가 될 수 있지만 만(灣)은 그 특성상 문화적·경제적 교류가 시작되어 지구화와 세계화에 일익을 담당할 수 있는 곳이라면, 곶(串)은 육지의 가장 변두리이자 다른 문화와 쉽게 섞이기 힘든 곳입니다. 그래서 곶(串)은

곶(串)과 만(灣)

한 문화의 시발점이 되는 동시에 한 문화의 독자성을 주장하는 장소이기도 하고, 변화하지 않기에 정체될 수 있는 곳이기도 하고, 문화와 문명의 중심에서는 가장 떨어져 있는 변방이자 변두리로 쉽게 배제되고 간과될 수 있는 곳이기도 합니다. 이처럼 곶(串)은 변방이기는 하지만 폐쇄성을 특징으로 하기에, 그곳은 자기문화의 독자성과 자국문화의 우월성을 배타적으로 주장할 수 있는 이중적인 장소이기도 합니다.

이에 반해 만(灣)에 자리한 한국 최고의 항구도시 부산은 가야(伽倻)와 왜관 (倭館)과 근대 시기의 개항(開港)과 한국 전쟁을 거쳐 세계의 대표적 항구로 성장한 과정에서 보듯, 철을 매개로 다른 민족들과 해상무역을 했고, 일본인들이 들어와 무역을 하며 살아갔고, 개항을 통해 세계 각국의 새로운 문물들이 몰려들었으며, 한국 전쟁으로 전 세계의 연합군이 이곳으로 들어왔고 한반도 전역의 피난민들이 몰려드는 곳이었습니다. 그리고 이제는 지구촌 모든 인적 물적 자원이 몰려드는, 온갖 사람이 한데 섞이고 온갖 문화가 한데 어우러지는, 외래 문물과 가장 먼저 만나 여러 문화가 하나로 융합되는 문화의 용광로와 같은 곳이 부산입니다.

부산 사람들이 자기를 고집하지 않고 자기와 다른 것을 잘 받아들여 개방적이고 포용적이라 평가되는 것은 바로 이러한 항구, 만(灣)이 갖는 속성과 상징 때문일 것입니다. 21세기 국제화 시대, 제4차 산업혁명이 도래하는 지금, 농경 시대의 정착, 폐쇄, 배타성보다는 진취적이고 개방적이며 포용적인, 그런 속성을 통해 여러 문화의 장점을 창발하는 창의성이 무엇보다 필요한 시대이며, 이를 담보할 수 있는 것이 부산성일 것입니다.

이처럼 항구로 대표되는 부산은 바다를 향해서도, 육지를 향해서도 열려 있는 개방적인 공간입니다. 개(開)가 문(門)을 활짝 열어젖힌다는 뜻이요, 방(放)은 땅의 끝(方)까지 내쫓는다(攴=支)는 뜻인 것처럼, 문을 활짝 열어젖히고 도달할 수 있는 끝까지 찾아 나서는 '개방성'이 부산의 특성인 것은 자연스런 일이라 하겠습니다.

開(열 개): 开, kāi, 門-4, 12, 60

字解 회의. 門(문 문)과 廾(두 손으로 받들 공)과 가로획(一)으로 구성되어, 문(門)의 빗장(一)을 두 손(廾)으로 여는 모습을 그렸습니다. 이로부터 '열다'는 뜻이, 다시 회의를 開催(개최)하다, 展開(전개)하다, 전시하다, 꽃이 피다(開花개화), 눈이나 얼음이 녹다 등의 의미가 나왔습니다. 간화자에서는 門을 생략한 开로 씁니다.

字形 **閍 閈** 簡牘文 **閞** 說文小篆 **閞** 說文古文

放(놓을 방): fàng, 攴-4, 8, 60

字解 형성. 攴(칠 복)이 의미부이고 方(모 방)이 소리부로, 변방(方)으로 강제로(攴) '내침'을 말하며, 이로부터 몰아내다, 追放(추방)하다, 버리다, 釋放(석방)하다는 뜻이 나왔고, 밖으로 내몰려 제멋대로 한다는 뜻에서 '放縱(방종)'의 의미가 나왔습니다.

字形 **㪿 㪿** 金文 **㪿** 簡牘文 **放** 說文小篆

4. 낭만과 풍류

부산을 일컫는 또 다른 옛 명칭 중에 '봉래(蓬萊)'가 있습니다. 지금도 영도에는 봉래산이라는 이름이 남아 그 흔적을 보존하고 있습니다. 봉래는 원래 중국의 전설에서 가상적 영산(靈山)인 삼신산(三神山)의 하나로, 동쪽 바다의 가운데에 있으며, 신선이 살고 불로초와 불사약이 있는 곳이라 합니다. 달리 봉산(蓬山)이나 봉도(蓬島)나 봉구(蓬丘)라고도 불립니다. 『동국여지승람(東國輿地勝覽)』에서도 부산 지역을 지칭하던 동래(東萊)의 다른 호칭으로 봉래(蓬萊), 봉산(蓬山), 장산(莨山) 등이 있다고 하였습니다.

부산의 오래된 지명인 동래(東萊)도 사실은 '동쪽의 봉래'를 말하는 것으로 보여집니다. 동래(東萊)라는 지명은 중국에도 있습니다. 지금의 산동 반도 끝에 자리한 산동성 연태시(煙臺市)의 옛 이름인데요, 더욱 구체적으로는 연태시에 속한 용구(龍口)의 옛 이름입니다. 2200여 년 전, 진(秦)나라 때 진시황을 위해 동쪽 바다 건너 불로초를 찾아 나섰던 곳이기도 하고, 그 이야기의 주인공인 서복(徐福)의 고향이기도 합니다. 용구시 옆에는 봉래(蓬萊)라는 지명도 있습니다.

그렇다면 부산은 오래전부터 불로초와 불사약이 있고 신선이 사는 곳, 늙지도 않고 죽지도 않는 이상향, 진시황이 그토록 찾고 싶어 했던 그 유토피아가 아니었을까요? 최근의 조사에서 살기 좋은 도시의 앞에 부산이 이름을 올리는 이유도 이와 무관하지 않을 것입니다. 항구도시면서 아름다운 금정산까지 함께 갖춘 배산임해의 전형적인 도시이자 10월이면 세계적인 영화 축제가 열려 세계인들의 가슴을 설레게 하는 도시가 부산일 것입니다.

이러한 아름다운 곳에서 사는 사람들은 낙천적이고 낭만적인 습성을 가지는 게 자연스러운 일일 것입니다. 낭만(浪漫)은 사실 순수한 한자어가 아니라 한자로 번역된 외래어입니다. '현실에 매이지 않고 감상적이고 이상적으로 사물을 대하는 태도나 심리, 또는 그런 분위기'라는 뜻을 '물결(浪)이 질펀하게 넘쳐흐른다(漫)'라는 의미의 한자어로 조합하여 낭만(浪漫)이라는 단어를 만들었습니다. 이는 근대에 들어 비로소 만들어진, 영어 'romantic'의 번역어로 일본을 거쳐 정착되었습니다. 그것은 '현실적으로 존재하지 않는, 상상 속에서나 가능한 것'을 뜻하는 라틴어 로망 (Roman)으로부터 온 것으로 알려져 있습니다. 그러나 낭만이라는 단어에는 모두가 도달하고 꿈꾸고 싶어 하는 '로망'이라는 긍정적인 뜻도 들었지만, 현실적이지 않고 감상적이라는 다소 부정적 이미지도 함께 들어 있는 것이 사실입니다.

그래서 부산성을 이야기할 때 낭만이라는 단어는 좀 부족해 보입니다. 어떤 단어가 더 적합할까요? 바로 풍류(風流)가 이러한 낭만(浪漫)을 대체할 수 있다고 생각합니다. 풍류에는 '멋스럽고 풍치가 있는 일, 또는 그렇게 노는 일'을 뜻하여 긍정적인 뜻이 많이 들었고, 신라의 멋쟁이 화랑(花郞)의 무리를 지칭하여 풍류도(風流徒)라 하였듯, 풍류(風流)는 부산 지역과 밀접한 역사성도 갖고 있습니다.

風(바람 풍): 风, fēng, 風-0, 9, 60

字解 형성. 虫(벌레 충)이 의미부이고 凡(무릇 범)이 소리부로, 붕새(虫)가 일으키는 바람(凡)을 말합니다. 갑골문에서 鳳(봉새 봉)과 같이 쓰였는데, 높다란 볏과 화려한 날개와 긴 꼬리를 가진 붕새를 그렸습니다. 어떤 경우에는 발음을 표시하기 위해 凡(帆의 원래 글자)을 첨가하기도 했는데, 돛을 그린 凡이 더해진 것은 돛단배를 움직이는 바람의 중요성을 강조하려는 것이기도 했습니다. 소전체에 들면서 鳳의 鳥(새 조)를 虫으로 바꾸어 風으로 분화시켰는데, 한자에서 새나 물고기나 곤충이나 짐승 등이 모두 '虫'의 범주에 귀속될 수 있었기 때문입니다. 중국의 신화에서처럼 고대 중국인들은 바람의 생성원리를 잘 이해하지 못해 커다란 붕새의 날갯짓에 의해 '바람'이 만들어진다고 생각했고 그래서 鳳과 風이 같이 쓰였습니다. 상나라 때의 갑골문에 이미 동서남북의 사방 신이 등장하며 사방 신이 관장하는 바람에 제사를 올렸다는 기록도 보이는데, 바람은 비와 함께 농작물의 수확에 가장 영향을 주는 요소 중의 하나였던 때문입니다. 이처럼 風의 원래 뜻은 '바람'입니다. 바람은 한꺼번에 몰려와 만물의 생장에 영향을 주기 때문에 風俗(풍속), 風氣(풍기), 作風(작풍)에서처럼 한꺼번에 몰려다니는 '유행'이라는 뜻을 갖게 되었고, 國風(국풍)에서처럼 특정 지역의 풍속을 대표하는 노래나 가락을 뜻하기도 했으며, 다시 風聞(풍문)에서처럼 '소식'이라는 뜻도 갖게 되었습니다. 風으로 구성된 한자는 '바람'의 종류를 지칭하기도 합니다. 간화자에서는 风으로 줄여 씁니다.

字形　月 （甲骨文）　（簡牘文）　說文小篆　說文古文

流(흐를 류): liú, 水-7, 10, 52

字解　형성. 水(물 수)가 의미부이고 㐬(깃발 류)가 소리부로, 어린 아이(㐬)와 물(水)로 구성되었으며, 금문과 『설문해자』의 소전체에서는 水가 하나 더 더해졌으며, 아이가 거꾸로 나올 때 양수가 쏟아져 내림을 그렸습니다. 이로부터 물이 흐르다, 피가 흐르다는 의미가 나왔고, 액체가 이동하다, 미끄럽다, 흐르다, 흐르는 물체, …을 향해 가다, 내쫓다, 流派(유파) 등의 뜻이 나왔습니다.

字形　金文　古陶文　簡牘文　說文小篆　說文篆文

『한국민족대백과사전』의 '해설'에 따르면, 바람 '풍(風)'자와 물 흐를 '유(流)'자가 합쳐져서 된 풍류라는 말은 단순한 바람과 물 흐름이 아니라 사람과의 관계에서 파악되어야 하는 자연이기 때문에 매우 복합적인 의미를 가지고 있으며, 이 때문에 '풍치가 있고 멋스러움'을 넘어서 '풍속의 흐름'을 아는 '문화', 혹은 '자연과 인생과 예술이 혼연일체가 된 삼매경에 대한 미적 표현'을 뜻하여, 풍류가 자연을 가까이 하는 것, 멋이 있는 것, 음악을 아는 것, 예술에 대한 조예, 여유, 자유분방함, 즐거운 것 등 많은 뜻을 내포하는 용어라고 할 수 있다고 했습니다.

우리나라에서 풍류라는 말이 처음 쓰였던 『삼국사기』의 화랑도에 관한 기록을 고려할 때, 풍류는 신라 당시에 있었던 현묘지도(玄妙之道)를 지칭하였으며, 이는 유교의 본질인 아욕(我慾)에 찬 자신을 버리고 인간 본성인 예(禮)로 돌아간다는 극기복례(克己復禮)와 불교의 본질인 아집(我執)을 버리고 인간의 본성인 한마음 곧 불심(佛心)으로 돌아간다는 귀일심원(歸一心源)과 도교의 본질은 인간의 거짓된 언행심사를 떠나 자연의 대법도를 따라 사는 데 있다는 무위자연(無爲自然)의 정신을 좇는 것에 있다고 하겠습니다.

그래서 풍류는 욕심에 사로잡힌 자기를 없애고 우주의 대법도인 천부의 본성, 곧 참마음으로 돌아가는 데 근본적인 정신이 있으며, 대양을 마주하여 늘 대자연을 생각하는 부산 사람들이 언제나 추구해 왔던 개인적 사욕보다는 대중적 대의를, 현실보다는 이상을, 이익보다는 의리를, 현실보다는 미래를 바라다보고, 남을 이용하기보다는 자신을 희생하는 정신, 바로 이러한 것들이 바로 풍류의 본질이 아니던가 생각됩니다.

5. 주변을 품는 중심

21세기는 그간 수천 년 동안 지속되어 왔던 농경 사회를 넘어서 새로운 산업화 사회로, 특히 4차 산업혁명 사회를 눈앞에 둔, 새로운 패러다임의 사회라 하겠습니다. 전통적인 농경사회에서는 대륙이 중요했습니다. 그래서 부산은 그간 대륙의 끝, 반도의 동남쪽에 자리한 '주변부'였습니다. 그러나 국가 간 경계조차 없어져버린 새로운 패러다임의 사회, 해양의 시대에서는 부산이 자리한 이곳이 대양을 바라다보는 새로운 '중심부'로 변했습니다. 주변(周邊)과 중심(中心), 그들의 역학 관계는 무엇일까요? 바람직한 관계는 어떤 모습일까요?

周(두루 주): [週], zhōu, 口-5, 8, 40

字解 상형. 이의 자원은 아직 정확하게 밝혀지지 않은 상태입니다. 어떤 이는 砂金(사금)을 채취하는 뜰채를 그렸다고 하며, 어떤 이는 물체에 稠密(조밀)하게 조각을 해 놓은 모습이라고도 합니다. 하지만 稠(빽빽할 조)나 凋(시들 주) 등과의 관계를 고려해 볼 때 이는 밭(田전)에다 곡식을 빼곡히 심어 놓은 모습을 그린 것으로 보입니다. 곡식을 밭에 빼곡히 심어 놓은 것처럼 '稠密하다'가 周의 원래 뜻으로 추정됩니다. 이후 나라 이름으로 쓰이게 되자 원래 뜻을 나타낼 때에는 禾(벼 화)를 더한 稠로 분화함으로써 그것이 곡식(禾)임을 구체화했습니다. 곡식을 심는 곳은 도성의 중심에서 벗어난 주변이므로 '주위'라는 뜻도 갖게 되었습니다. 현대 중국에서는 週(돌 주)의 간화자로도 쓰입니다.

字形 甲骨文 金文 古陶文

周 簡牘文　**古璽文**　**石刻古文**　**周** 說文小篆　**周** 說文古文

邊(가 변): 边, [辺], biān, 辵-15, 19, 42

字解　형성. 辵(쉬엄쉬엄 갈 착)이 의미부이고 鼻(보이지 않을 면)이 소리부로, '가장자리'를 뜻하는 데, 자원은 분명하지 않습니다. 그러나 辵은 어떤 곳으로의 이동을 의미하고, 鼻은 시신의 해골만 따로 분리해 코(自)의 구멍(穴혈)을 위로 향하게 하여 곁의 구석진 곳(方방)에 안치해 두던 옛날의 髑髏棚(촉루붕)이라는 습속을 반영한 것으로 보입니다. 그래서 邊은 시신의 해골만 분리해 구석진 곳으로 옮긴다(辵)는 뜻에서 '가'의 뜻, 다시 '변두리'의 의미가 나왔습니다. 한국 속자에서는 소리부인 鼻을 刀(칼 도)로 간단하게 줄인 辺(가 변)으로 쓰며, 간화자에서는 鼻을 力(힘 력)으로 간단하게 줄여 边으로 씁니다.

字形　**邊** 金文　**邊** 簡牘文　**邊** 說文小篆

　　주(周)의 어원에 대한 해석은 다양하지만, '빽빽하다'는 뜻의 조(稠)나 '시들다'는 뜻의 조(凋) 등과의 관계를 고려해 볼 때 밭(田)에다 곡식을 빼곡히 심어 놓은 모습을 그린 것으로 보입니다. 고대 중국에서 곡식은 중심부인 성의 주변부에 심었고, 빽빽하게 심은 곡식은 중심부인 성에 제공하기 위한 식량이었습니다. 변(邊)을 구성하는 변(鼻)이 시신의 해골만 따로 분리해 코(自, 鼻의 원래 글자)의 구멍(穴)을 위로 향하게 하여 구석진 곳(方)에 안치해 두던 옛날의 촉루붕(髑髏棚)의 습속을 반영한 것이라면, 변(邊)은 순장제도로 대표되듯 죽어서도 목숨을 바쳐 주인의 시신을 지키는 희생의 상징입니다.

　　그래서 주변(周邊)은 중심을 위한 끝없는 희생이고, 중심은 주변의 희생을 토대로 삶을 영위해 나갑니다. 거꾸로 주변의 희생이 없는 중심은 존재하지 않으며, 존재할 수도 없습니다. 지금까지의 중심은 이러한 정신을 잃고 있었습니다. 서울은 그간 부산을 위시한 지방으로 대표되는 주변부의 희생으로 중심적 지위를 영위해 왔습니다. 그런데도 그 존재를 가능하게 하는 지방을 끊임없이 홀대하고 천대해 왔습니다. 뿐만 아닙니다. 우리사회에서 제3국의 불법체류 노동자들은 열악한 조건 속에서도 우리가 꺼리는 힘든 일을 기꺼이 함으로써 중심부인 한국사회에 곡식을 제공해 주는 역할을 떠맡고 있지만, 그들의 존재는 언제까지나 법의 테두리 속에서는 존재할 수 없는 범법자로서, 인간이라기보다는 오히려 제물로 바쳐지기 위해 목까지 잘렸던 해골에 가까운 존재들로 살아오고 있습니다.

주변(周邊)으로 상징되는 제3국 노동자들은 자원이 의미한 것처럼 언제나 보이지 않는 곳을 구성하고 있어야 하며, 중심부를 먹여 살렸던 그간의 공헌에도 중앙의 질서를 위반하여 중심부의 눈에 보이게 되는 순간 그들은 정말 법 바깥으로 추방되어야 하는 존재입니다. 이들의 역할과 공헌을 다시 되돌아보게 합니다. 그래서 주변(周邊)이라는 어원 속에 숨겨진 중심과 주변과의 역학 관계는 오늘날 이 시점에서도 여전히 유효하다 할 것입니다.

성(城) 안의 중심(中心)에 곡식과 식량을 제공하는 곳인 주(周), 목숨까지 바쳐 죽어서도 주인의 시신 곁을 지키는 희생을 상징하는 변(邊), 이 둘이 결합한 주변(周邊)은 중심(中心)에게 무한한 희생을 제공하는 존재입니다. 그러나 이러한 중심은 세계와 세상의 중심이지만, 주변의 희생 없이는 존재할 수도 생존할 수도 없음을 보여 줍니다. 이는 대립이 첨예하고 일방의 희생을 요구하는 21세기의 우리에게 중앙과 지방, 가진 자와 못 가진 자, 인간과 자연, 제일 세계와 제삼 세계 간의 관계를 성찰하도록 만들어 줍니다.

그래서 부산이 새로운 세상의 중심으로 부상하고 자리 잡아 가는 이때, 이전의 '중심'과는 달리 '주변'의 공헌과 희생에 감사하며 주변을 포용하고 함께 살아가는 진정한 부산이 되기를 희망해 봅니다. 그것이 바로 '끊임없이 베푸는 큰 가마솥과 같은 존재'라는 지명이 주는 부산의 의미이요, 성숙한 부산이요, 세계의 부산이요, 미래를 이끄는 부산일 것입니다.

01. 한자로 읽는 부산의 역사

정경주

제1장_한자로 읽는 부산의 역사

정경주

東(동녘 동): 东, dōng, 木-4, 8, 80

字解 회의. 日(날 일)과 木(나무 목)으로 구성되어, 해(日)가 나무(木)에 걸린 모습으로, 해가 뜨는 방향인 '동쪽'의 의미를 그렸습니다. 갑골문에서는 양끝을 동여맨 '포대기'나 '자루'를 그렸는데, 이후 '동쪽'이라는 의미로 가차되었고, 그러자 의미를 더욱 정확하게 표현하기 위해 해(日)가 나무(木)에 걸린 지금의 형태로 변했습니다. 이후 동쪽에 있는 집(東家동가)이라는 뜻에서 주인의 뜻이 나왔고, 다시 연회의 초대자 등을 뜻하게 되었습니다. 간화자에서는 초서로 줄여 쓴 东으로 씁니다.

字形 甲骨文 金文

古陶文 簡牘文

帛書 古璽文 說文小篆

萊(명아주 래): 莱, lái, 艸-8, 12, 12

字解 형성. 艸(풀 초)가 의미부이고 來(올 래)가 소리부로, 식물(艸)의 일종인 '명아주'를 말합니다. 이후 잡초, 거칠다, 묵정밭, 밭을 묵히다 등의 뜻이 나왔습니다. 來는 상

형자로, 麥(보리 맥)의 원래 글자인데, 이삭이 팬 보리의 모습을 그렸습니다. 보리는 식량 혁명을 일으킬 정도의 변혁을 가져다준 중앙아시아로부터 들어 온 외래종이었기에 '오다'는 뜻을 갖게 되었고 이로부터 다가올 미래라는 시간적 개념을 말하였고, 또 숫자에서의 개략 수를 지칭하기도 합니다. 그러자 원래 뜻은 땅속 깊이 뿌리를 내리는 보리의 특성을 반영해 뿌리를 그려 넣은 麥으로 분화했습니다. 간화자에서는 초서체로 줄여 来로 씁니다.

1. 거칠산국과 동평현

지금의 부산광역시는 옛날 동래군(東萊郡)을 중심으로 옛날 기장현(機張縣)과 부산진(釜山鎭), 그리고 가덕진(加德鎭) 및 김해(金海) 일부를 편입하여 발달한 도시입니다. 그런 사정은 고려 전기에 편찬된 『삼국사기(三國史記)·지리지(地理志)』의 다음 서술에 잘 나타나 있습니다.

> 동래군(東萊郡)은 본디 거칠산군(居漆山郡)으로 경덕왕(景德王)이 이름을 고쳐 지금 그대로 사용하고 있다. 소속 현(縣)이 둘인데, 동평현(東平縣)은 본디 대증현(大甑縣)으로 경덕왕이 이름을 고쳐 지금 그대로 쓰고 있으며, 기장현(機張縣)은 본디 갑화량곡현(甲火良谷縣)인데 경덕왕이 이름을 고쳐 지금 그대로 쓴다.

조선 초기에 편찬된 『동국여지승람』에는 동래의 다른 호칭으로 장산(萇山), 내산(萊山), 거칠산(居漆山), 봉래(蓬萊), 봉산(蓬山) 등이 있다고 하였습니다. 삼국사기의 거도(居道) 열전에는 또한 탈해왕(脫解王) 때 거칠산국(居漆山國)을 멸하였다는 말이 있고, 『삼국유사(三國遺事)』에 "장산국(萇山國)은 곧 내산국(萊山國)이며 동래현(東萊縣)"이라는 말이 있으니, 삼국시대 초기의 오랜 옛날 이곳에 일찍이 거칠산국, 내산국, 또는 장산국이라는 이름의 작은 고을 규모의 나라가 있었다가,

동평현의 동(東)과 내산(萊山)의 래(萊)를 합쳐 동래(東萊)가 되었던 것입니다.

『삼국사기』에는 거칠산(居漆山)을 또 거칠산(居柒山)이라고 표기하기도 하였는데, 칠(漆)과 칠(柒)은 본디 통용되는 글자입니다. 경주시와 울산시 경계지역인 치술령(鵄述嶺) 고개 아래에 신라 성덕왕(聖德王) 때 도성의 방어를 위해 쌓았다는 관문성(關門城) 성터의 일부가 아직 남아 있는데, 그 성벽 축조에 사용된 돌 가운데 산성 축조에 참여한 각 구역 담당 고을의 명칭이 새겨져 있습니다. 거기에 거칠산(居七山)이 세 글자가 보입니다. 거칠산은 한자 이름 이전에 고유어로 '거칠다'는 뜻을 한자를 빌어 표기한 지명임이 분명합니다.

거칠산국과 관련하여 동래 지방에는 이와 연관된 지명이 더러 남아 있습니다. 동래구에 칠산동(漆山洞)이 있거니와, 또 연제구와 부산진구, 남구의 경계지역에 걸쳐 있는 황령산(荒嶺山)의 '황(荒)'도 '거칠다'는 의미를 가지고 있으며, 내산(萊山)의 '내(萊)'는 '명아주' 풀을 나타내는 말이기도 하지만 또한 황폐한 전답에 우거진 잡초를 가리키는 말로도 쓰이고, 장산(萇山)의 '장(萇)'은 장초(萇楚) 즉 양도(羊桃), 우리말로 다래덩굴 즉 키위가 열리는 나무를 가리키는 말이지만, 또한 글자의 형상으로 풀이하면 풀이 무성하게 우거진 모습을 나타내는 말로도 볼 수 있습니다. 동래의 칠산동(漆山洞)의 '칠'이 '거칠산'의 '칠'에서 온 것이라 할 수 있거니와, 장산의 북쪽 기장군 철마면에 있는 구칠리(九七里) 또한 오래된 동네인데 동네 이름 역시 '거칠다'는 뜻과 무관하지 않습니다.

조선시대의 동래부 지도에는 대체로 수영의 서북쪽 망미동의 배산(盃山) 동남쪽에 옛날 읍성(邑城) 터가 있다 하였고, 또 해운대의 간비오산 동편에 장산국기(萇山國基) 즉 장산국의 옛터가 있다고 하였습니다. 망미동 일원은 동쪽으로 장산과 남쪽으로 황령산, 북쪽으로 칠산동을 끼고 있는 곳이니, 동래구와 금정구, 연제구, 수영구를 중심으로 하는 옛날 동래의 중심 지역이었던 듯합니다. 이와 별도로 해운대 좌동 지역에 장산국(萇山國)의 터가 있다고 하니, 동래의 거칠산국과 해운대의 장산국이 본디 같은 나라였던지, 또는 뒤에 거칠산국이나 내산국으로 합쳐진 것인지, 그 경과는 알 수 없습니다.

지금의 부산진구를 중심으로 동구와 중구, 영도구, 서구, 사상구, 사하구를 아우르는 지역은 신라시대로부터 조선 초기까지 동평현(東平縣)이 있었던 곳입니다. 동

1-1. 17세기에 편찬된 『여지도(輿地圖)』의 동래부지도. 좌수영 서편에 고읍성(古邑城),
해운대의 간비오산 동편에 장산국(萇山國) 터, 백양산의 백양사(白楊寺) 절 아래에
동평고현(東平古縣)이란 표기가 보인다.

국여지승람에 동평현은 동래읍에서 10리 남쪽에 있다고 하였는데, 이는 구 동래 군청에서 초읍 본동까지의 직선거리에 해당되는데, 대체로 지금의 당감동과 부암동 일대를 가리키는 것으로 알려져 있습니다. 이곳은 본디 신라시대 초기에 대증현(大甑縣)이 있었는데, 신라 중엽 경덕왕 때 동평현으로 고쳤다고 합니다. 대증현의 증(甑)은 '시루'를 뜻하는 글자이니, 시루 모양의 지형이 특이하였기 때문에 붙인 이름일 터입니다. 이근에 부암동(釜巖洞)이라는 지명이 있으니, 이곳에 있었던 솥 모양의 바위와도 무슨 관련이 있을 것입니다.

『신증동국여지승람』(권23)에는 동래현(東萊縣) 속현인 동평현(東平縣)의 신라 때 이름이 대증현(大甑縣)이라고 하였습니다. 『대동지지(大東地志)』(권7)에 "동평고현성(東平古縣城)이 신라 지마왕 10년(121)에 쌓은 대증산성이다. 동남쪽은 돌로 쌓고, 서북쪽은 흙으로 쌓았는데 그 둘레가 3508척이다."라고 하였습니다. 『삼국사기』에 신라 지마(祗摩) 이사금(尼師今) 10년(121) 2월에 대증산성(大甑山城)을 쌓았다는 기록이 있는데, 김정호의 『대동지지(大東地志)』에는 "동평고현성(東平古縣城)이 곧 신라 지마왕 때 쌓은 대증산성이다. 동남쪽은 돌로 쌓고, 서북쪽은 흙으로 쌓았는데 그 둘레가 3508척이다."라고 하였습니다. 신라시대의 축성 기록을 보면 파사왕 22년(101)에 금성 동쪽에 월성(月城)을 쌓은 지 얼마 안 된 시기에 주위 10km에 이르는 대증산성을 쌓았으니, 대증현은 신라 초기 남방의 중요한 군사 거점이었음을 알 수 있습니다.

동평현은 고려 시대에 양산군(梁山郡)에 소속되었다가 조선 세종 때 동래군으로 귀속되었습니다. 대개 속현(屬縣)의 이동은 그곳 주민의 원래 소속 관념과 깊은 관련이 있다고 본다면, 동평현은 내산국 또는 거칠산국이 있었던 지역과 달리 훨씬 일찍부터 양산과 함께 신라에 귀속되어 소국(小國)의 칭호 없이 바로 현(縣)이 되었던 것으로 보입니다.

동평현 지역의 남부 일부는 조선 중기 이후 부산진(釜山鎭)의 관할 구역으로 바뀌었습니다. 『동국여지승람』에 부산포(釜山浦)는 본디 동평현 남쪽의 바닷가 포구로 동래읍에서 21리가 된다고 하였으니, 이는 조선시대 동래 군청이 있었던 지금의 동래 시장 북쪽 끝에서 지금의 자성대(子城臺)까지의 직선거리에 해당합니다. 또한 동평현의 남쪽 8리에 절영도(絶影島)가 있다고 하였는데, 이는 부산진의 자성

1-2. 1970년대의 동평현(東平縣) 옛 성터. 길포 박원표 선생 사진자료.

대에서 영도까지의 직선거리에 해당합니다. 그러므로 동평현과 부산포는 자성대를 포함한 범일동과 좌천동 일대를 가리킵니다. 이 포구 뒤에 솥을 엎어 놓은 모양의 산이 있어서 부산(釜山)이라 한다고 하였으니, 이는 곧 좌천동과 범일동 서편의 산 언덕을 가리키는 말입니다.

부산포에 군사 방어기지인 진(鎭)을 설치한 것은 언제부터인지 분명치 않습니다. 조선 성종 14년(1483)에 부산진첨절제사 설순조(薛順祖)가 주진(主鎭)을 부산포에 설치할 것을 청하였다가 받아들여지지 않은 적이 있었습니다. 조선 초기 울산 개운포(開雲浦)에 있었던 경상좌도수군절도사(慶尙左道水軍節度使)의 본영(本營)을 동래부 남쪽 10리의 남촌(南村)으로 옮겼으니, 아마도 좌수영을 부산진으로 옮

1-3. 동래 지도의 부산진성. 부산진 본성 앞의 바닷가에 지금의 자성대 위치에 영가대가
보이고, 그 뒤로 부산 고성이 모습이 보인다.

기자는 건의였던 것으로 추정됩니다. 또한 김종직이 세조 4년(1458) 무렵에 저술한
『이준록(彛尊錄)』에 그 부친 김숙자(金淑玆)가 세종 10년(1428)부터 3년 동안 경상
좌도처치사(慶尙左道處置使) 김을신(金乙辛)의 초빙을 받아 부산진(釜山鎭)에서
막료(幕僚)로 근무했다는 말이 있습니다. 이로 보면 성종 조 이전 세종 조 초기부
터 이미 부산포에 진이 설치되어 있었던 것이 분명합니다.

　부산진의 서남쪽의 구 초량 일원에는 조선 초기부터 왜인들이 거주하도록 허용
해 주었습니다. 명종 6년(1551)에 부산포에 거주한 왜인의 수가 1,300여명에 이르고,
부산진을 방어하기 위하여 책정된 군사 536명에 이른다고 하였으니, 이곳은 일찍부
터 동남 해변의 일대 도회지를 이루고 있었던 것입니다. 임진왜란 뒤에 왜관(倭館)
을 신 초량인 대청동 일대로 옮기면서 예전에 왜인이 거주하였던 구 초량의 왜관
지역은 구관(舊館)으로 불렸습니다.

　해운대구의 장산 동편 좌동(左洞) 일대는 장산국(萇山國)의 옛터입니다. 오래
된 동래부 지도에 의하면 간비오 봉수의 동쪽, 기장과의 경계 지점에 장산국의 옛
터가 있다고 하였습니다. 간비오(干飛烏) 봉수(烽燧) 터는 지금의 부산기계고등학
교 서편 언덕에 있었습니다.

'간비오(干飛烏)'는 신라 시대 이래로 사용된 고유어의 하나일 터인데 그 의미가 분명치 않습니다. '간(干)'은 신라시대 고유어의 표기에 '한(翰)'과 혼용되어 대략 '간' 또는 '한'으로 읽혔는데, 대개 '크다'는 의미를 나타낸다고 합니다. 날아간다는 의미를 가진 '날 비(飛)'는 신라 시대 이래로 대체로 그 글자 뜻을 차용하여 'ㄴ' 또는 '날'의 음을 표기하는데 사용되는 사례가 많았습니다. 까마귀 '오(烏)'는 이곳 방언으로 까마구라 하는데, 우리나라 지명에 '오연(烏淵)'을 '까막소'라 하듯 또한 글자의 뜻을 차용하여 표현하는 경우가 많았습니다. 그렇게 세 글자를 임의로 연결하여 읽으면 대충 '간날까마구', 또는 '한날까막' 정도로 읽을 수 있을 터이나, 지금 그것이 무슨 말인지 알 수 없으니 확정하기 곤란합니다.

그렇지만 달리 볼 수도 있습니다. 백사장을 끼고 있는 송정(松亭) 동편 공수의 옛 이름이 비옥포(非玉浦)인데, 그 해안 좌우의 산언덕을 또한 원앙대(鴛鴦臺)라 하였고, 해운대 백사장의 동편 언덕 역시 원앙대라 한 기록이 있습니다. 새 이름 원앙은 고유어 '비오리'를 한자어로 표기한 것입니다. 비오리는 오리 가운데서도 등 날개가 검거나 갈색으로 짙은데 비하여 가슴과 옆구리가 유난히 흰 새인데, 대개

1-4. 송정 달맞이고개에서 내려다 본 송정 죽도와 공수 마을 동편의 원앙대. 비오리 세 마리가 물 위로 고개를 내밀고 바다로 향하는 것처럼 보인다.

백사장을 끼고 있는 해안의 둥근 산언덕이 비오리와 비슷하기 때문에 원앙이란 한자 이름을 붙인 것입니다. 공수 마을 동편 해안의 원앙대나, 송정 백사장 서편의 원앙대나 모두 백사장을 끼고 있는 해안 언덕입니다. 장산 서편 수영강의 재송동 쪽은 옛날 지도에 백사장으로 표기되어 있었으니, 장산의 크기로 보면 앞의 두 곳보다 훨씬 큰 비오리가 되는 셈입니다. 그렇게 보면 '간비오'는 '큰비오리'라는 의미로 읽힐 수도 있는 것입니다.

옛날 지도에 간비오 봉수대 넘어 동북쪽에 장산국(萇山國)의 옛터가 있다고 하였고, 또 수영강 동편에 석축으로 쌓은 긴 둑이 있는 것으로 표기 된 지도도 남아 있습니다. 그렇게 보면 이곳에 군사들이 갈가마귀 떼처럼 모여 있었다고 붙인 이름인지도 모릅니다. 또 남효온이 해운대에서 지은 글에 수영강 하구의 나루터를 오리도(五里渡)라 한다고 하였고, 또 예전 수영에 살았던 양병환 노인은 옛날 망미동에서 수영강을 건너 재송동으로 향하는 나루터가 있어서 '외옹건니'라 하였다는 말을 전해들은 적이 있는데, 혹 나루터 건너 있는 고갯마루를 표현한 말일지도 모릅니다.

2. 갑화량곡(甲火良谷)과 기장(機張)

機(기계 기): 机 jī, 木-4, 16, 40

字解 형성. 木(나무 목)이 의미부이고 幾(기미 기)가 소리부로, 나무(木)로 만든 '베틀(幾)'을 말했는데, 이후 모든 機械(기계)의 총칭이 되었습니다. 간화자에서는 机(책상 궤)에 통합되었습니다. 幾는 회의자로, 금문(**𢆶戈 𢆶戈**)에서 베틀에 앉아 실(幺)로 베를 짜는 사람(人)을 그렸는데, 이후 베틀이 戈(창 과)로 변해 지금의 자형이 되었습니다. 베 짜기는 대단히 섬세한 관찰과 손이 많이 가는 작업이기에 '세밀함'의 뜻이 생겼고, 그러자 원래의 '베틀'은 다시 木(나무 목)을 더한 機(기계 기)로 분화했습니다. 고대 사회에서 베틀은 가장 중요하고 복잡한 구조를 가진 機械(기계)의 대표였고 이 때문에 기계의 총칭이 되었습니다. 이후 '얼마'라는 의문사로 가차되어 쓰이자 원래 뜻은 木을 더한 機(틀 기)로 분화했습니다. 간화자에서는 几에 통합

되었습니다.

字形 [古璽文 이미지] 古璽文 [說文小篆 이미지] 說文小篆

張(베풀 장): 张, zhāng, 弓-8, 11

字解 형성. 弓(활 궁)이 의미부이고 長(길 장)이 소리부로, 활시위(弦현)를 '길게(長)' 늘어뜨려 활(弓)에 거는 것을 말하여, 이로부터 확대하다, '擴張(확장)하다', '誇張(과장)하다', 길게 늘어지다 등의 뜻이 생겼습니다. 이후 활이나 종이를 헤아리는 단위사로도 쓰였고, 별 이름으로도 쓰여 28수의 하나를 말합니다. 간화자에서는 長을 长으로 줄인 张으로 씁니다.

字形 [金文 이미지] 金文 [簡牘文 이미지] 簡牘文 [古璽文 이미지] 古璽文 [說文小篆 이미지] 說文小篆

지금의 부산광역시에는 옛날 기장군이 포함되어 있습니다. 『삼국사기』에 이르기를 기장은 옛날 갑화량곡(甲火良谷)이었는데, 신라 경덕왕 때 기장(機張)으로 이름을 고쳤다고 하였습니다. 『동국여지승람』에는 기장(機張)의 별칭이 차성(車城)이라 하였습니다. 갑화량곡과 기장과 차성은 무슨 상관성이 있는 것일까요? 기장의 옛 이름에 대하여 향토사를 연구하는 사람들 사이에 몇 가지 설이 있기는 하지만, 아직도 미진한 점이 많습니다.

기장의 고대 지명과 관련하여 두 개의 흥미로운 설화가 전합니다. 하나는 『삼국사기』 열전에 실린 거도(居道)의 일화이고, 다른 하나는 『삼국유사』에 전하는 굴정현(屈井縣) 취정사(鷲井寺) 전설입니다. 『삼국사기』에 전하는 거도(居道)의 일화는 다음과 같습니다.

거도(居道)는 그 족성(族姓)이 전하지 않고 어느 곳 사람인지 모른다. 탈해(脫解)이사금(尼師今) 때 간(干)이 되었는데, 당시 우시산국(于尸山國)과 거칠산국(居柒山國)이 이웃 경계에 끼여 있어서 적잖게 나라의 우환이 되었다. 거도는 변방 관원이 되자 남몰래 병탄할 뜻을 가졌다. 매년 한 번씩 장토야(張吐野)에 말떼를 모으고는 병사들로 하여금 타고 달리는 놀이를 하게 하니, 당시 사람들이 그를 마숙(馬叔)이라 일컬었다. 두 나라 사람이 익히 보고서는 신라에서 늘 하는 일이라 하여 괴이하게 여기지 않았다. 이에 병마(兵馬)를 일으켜 생각지도 않는 사이에 공격하여 두 나라를 멸하였다.

거도가 멸하였다는 두 나라 중에 우시산국(于尸山國)의 '시(尸)'는 신라 시대 음차(音借) 문자로 'ㄹ'음을 표시하였습니다. 그러므로 우시산국은 곧 지금의 울산(蔚山)입니다. 울산 서편에 기장과 접경을 이루는 큰 산을 지금도 우불산(于弗山)이라 합니다. 거칠산국(居漆山國)은 앞서 언급한 바의 내산국(萊山國)입니다. 탈해이사금은 서기 57년에서 80년까지 재위하였던 사람입니다. 신라 지마왕 10년(121)에 지금의 부산진 인근에 대증산성(大甑山城)을 쌓았으니, 탈해왕 때 거칠산국을 쳤다는 기록과 전후의 사건이 긴밀하게 연관되었을 가능성이 큽니다.

그런데 거도가 우시산국과 거칠산국을 치기 위하여 말떼를 모아 병사들에게 말달리기 놀이를 하게 하였다는 장토야(張吐野) 즉 '장토들'은 어디였을까요? 우시산국과 거칠산국을 공략했다는 문맥으로 보면 장토는 울산과 동래 사이의 어느 장소일 것입니다. 거도가 변방 관원이 되어 '장토들'에 말떼를 모았다고 하였으니, 이

1-5. 기장초등학교 앞에 남아 있는 기장읍성. 오른편으로 멀리 보이는 산이
일광산(日光山)인데, 그 너머 예전의 취봉산(鷲峰山), 지금의 달음산(達音山) 아래에
취정사(鷲井寺)가 있었다.

지역은 양산과 함께 일찍부터 신라에 귀속되었던 곳이고, 동래와 울산 사이에 양산을 제외하고 오래된 고을로는 기장 외에 다른 고을이 없기 때문입니다.

장토야(張吐野)의 토(吐)는 '뱉어내다'는 의미이고 '야(野)'는 '들'이므로 '장토야'는 '장밭들'로 읽을 수 있습니다. 병사가 타는 무장한 말을 곧 철기(鐵騎), 또는 철마(鐵馬)라고 일컫는 것은 한자어의 오랜 관습입니다. 그렇다면 거도가 말을 달리며 시위하였던 곳은 철마의 장전(長田) 계곡일 가능성이 높습니다. 철마의 장전(長田) 동네는 예로부터 '장밭'으로 불려온 오래된 동네이고, 장밭 계곡 서쪽 끝 철마산 서편의 송정리 입석 마을 앞에 삼국시대 이전에 세운 것으로 추정되는 입석(立石)이 남아 있는데, 이곳은 예전에 두전(斗田) 또는 말전(末田)으로 표기된 '말밭'이었다고 합니다.

더구나 이곳에 '달음산(達音山)'과 비음(飛音) 고개가 있는데, 달음(達音), 월암(月巖) 등의 표현은 '다름질'이라는 의미를, 비음은 '나른다'는 의미를 한자의 음과 뜻을 빌어 표기한 것이니, 수시로 병사들로 하여금 말을 타고 달리게 하였다는 마숙(馬叔)의 연례행사를 눈에 보는 듯합니다. 이렇게 보면 송정의 말밭과 철마산의 철마와 장전의 장밭이 모두 '장토야'의 고사와 관련이 있습니다. 철마면 지역은 서쪽과 북쪽으로 양산과 이어지면서 남쪽으로 동래로 통하는 길이 있고, 동북쪽으로는 석계(石溪) 또는 정관(鼎冠)을 거쳐 울산으로 통하는 길목이기 때문에 신라 남쪽 변방의 장수였던 거도의 거칠산국과 우시산국 정벌 설화에 잘 부합되는 곳입니다.

기장 지명과 연관하여 삼국유사에 실린 영취사(靈鷲寺) 설화 역시 잘 살펴볼 필요가 있습니다. 영취의 영(靈)는 영특하고 신령스럽다는 뜻이고, 취(鷲)는 수리를 가리키는 말인데, '수리'는 또한 '수레'를 나타내는 옛말로도 사용되었기 때문에, 이는 '차성(車城)' 또는 '거성(車城)'의 의미와 연관이 있기 때문입니다.

신라 진골 제31대 임금 신문왕 때의 일이다. 영순(永淳) 2년 계미년(683)에 재상 충원공(忠元公)이 장산국의 온정(溫井)에 목욕하고 성으로 되돌아가는 길에 굴정역(屈井驛)의 동지야(桐旨野)에 이르러 휴식하는데, 홀연 어떤 사람이 매를 놓아 꿩을 쫓으니, 꿩이 날아 금악(金岳)을 지나서 아무런 종적이 없었다. 방울 소리를 듣고 찾다가 굴정현(屈井縣)의 관청 북쪽 우물가에 이르니, 매는 나무 위에 앉아 있고 꿩은 우물 가운데 있는데, 물이 온통 핏빛이었다. 꿩은 날개로 새끼 두 마리를 껴안고 있고, 매 또한 측은하게 여기는 듯 감히 잡아채지 않았다. 충원공이 보고는 측은한 느낌이 들어서 점을 쳐보았더니, 이곳에 사찰을 세우면 좋겠다고 하였다. 서울로 돌아가 왕에게 아뢰고는 굴정현의 현청을 다른 장소로 옮기고, 그곳에 사찰을 창건하여 이름을 영취사(靈鷲寺)라 하였다.

1-6. 기장의 철마산 서쪽 기슭에 있는 송정리 입석 마을의 입석. 왼편 위로 보이는 산이 철마산이다.

『삼국유사』에 나오는 영취사의 소재에 대하여는 학자들 사이에 혹 통도사나 울산 서쪽의 옛 절터를 지목하는 이도 있으나, 영취사의 옛 터였다는 굴정현(屈井縣)의 위치는 어디인지 확정된 바 없습니다. 영취산은 석가모니가 설법한 산 이름으로서 불교에서는 매우 신성하게 여기는 곳이므로, 신라시대 이래로 전국에 '영취(靈鷲)' 또는 '영축(靈鷲)'이란 지명이나 사찰 이름으로 사용하는 경우가 더러 있었습니다. 그러나 모두 『삼국유사』에 실린 이 설화의 내용과는 일치하지 않습니다.

그런데 기장의 일광산 북쪽에 오랜 옛날부터 취정사(鷲井寺)라는 사찰이 있었습니다. 취정(鷲井)은 곧 '독수리 우물' 즉 삼국유사의 영취사 설화에 나오는 고사와 딱 맞아떨어지는 절입니다. 지금은 그 사찰이 없어졌지만, 조선 말기까지 역대 기장읍지에서는 백운산의 선여사(船餘寺), 앵림산의 안적사(安寂寺), 불광산의 장안사(長安寺)와 함께 나란히 표기될 정도로 취정사는 기장의 유서 깊은 사찰이었습니다. 신라시대 이래 우리나라 문헌에 취정(鷲井)이라 한 사찰로 전해지는 곳은 이곳을 제외하고는 전국 어디에도 없었습니다. 이 사찰은 충원공이 장산국의 온천에 들렀다가 돌아가는 길목에 보았다는 취(鷲) 즉 매와, 굴정현의 관아 북쪽에 있었다는 우물 등의 정황과 역사적 지리적 상황과 잘 부합됩니다. 취(鷲)는 곧 '수리'이고, '차(車)'는 '수레'이니, 한자로는 표기하는 글자와 나타내는 뜻이 모두 다르지만, 고유어의 '수리' 또는 '수레'는 그 음이 흡사하여 서로 통용되는 말입니다. 그러므로 취봉산(鷲峰山) 즉 '수리' 산 아래 있었던 굴정현(屈井縣)의 옛 이름을 한자로 표기하면서 산 이름의 '수리'를 다른 뜻의 한자로 차용하여 '차성(車城)'이라 하였음을 추정할 수 있습니다.

신라시대 지명이 고유어를 한자의 음과 뜻으로 차용하여 표기하였다는 점에 주목하면, '굴정(屈井)'이란 지명 또한 '갑화량곡(甲火良谷)'과 관련이 있음을 추정할 수 있습니다. 신라의 옛날 고유 지명은 당대에 사용된 한자의 음과 뜻을 취하여 표기되었는데, 갑(甲)은 '껍질'이란 말이고, 화(火)는 신라 지명에서 '불' 또는 '벌'의 음을 나타내는 데 사용되었습니다. 따라서 갑화(甲火)는 곧 방언의 '꺼풀'이나 '껍데기', 또는 '까불데기'의 '까불'에 해당하는 말이니, 따라서 갑화량(甲火良)은 곧 '까불랑 또는 '꼬부랑'에 가까운 말입니다. 굴정현의 굴(屈) 또한 굽힌다는 뜻의 방언인 '꼬부리다'의 '꼬불'이나 '구불'과 상통하는 의미가 있으니, 굴정(屈井) 또한 '구불 새미'의 뜻이거나, 또는 고유어의 '꾸부정'이란 말을 한자로 빌려 표기한 것일 가능성이 큽니다. 이렇게 보면 갑화량(甲火良)의 '꾸부랑' 또는 '꼬부랑'이나, 굴정(屈井)의 '꾸부정' 또는 '꼬부장'은 모두 이 지역에서 사용되는 토박이말로, 한자 표기는 다르지만 본디 같은 뜻을 나타내는 고유어에서 유래한 것입니다.

신문왕 이전에 있었던 굴정현(屈井縣)이나 경덕왕 이전에 있었던 갑화량곡(甲火良谷)을 경덕왕 때 이르러 '기장(機張)'으로 바꾼 것은, 본디 '수리 새미'라는 뜻의 한자어 '취정(鷲井)'의 음이 '솔개가 날개를 펼친다'는 뜻의 '치장(鴟張)'으로 와전된 결과일 수도 있습니다. 신라 경덕왕의 지명 개정은 재래의 신라 고유어의 음과 뜻을 취하면서 보다 한자어에 가깝게 바꾸는 형식을 취하였습니다. 재래의 '갑화량'이나 '굴정'이란 명칭에는 '굽힌다'는 소극적 의미가 내포되어 있었습니다. 그래서 취정에서 와전된 '치장(鴟張)'의 음과 뜻을 취하고, 한편으로 당초 거도(居道)가 말을 달렸던 장토야(張吐野)의 '장밭들', 또는 '장뱉들'에서 '장'의 음을 가져다가, '굽힌 것을 편다'는 뜻을 취하고, 또한 '뱉들'의 음에서 '베틀[機]'의 뜻을 취하여, 요새지로서의 의미를 갖는 기장(機張)이라는 한자식 명칭을 붙인 것은 아닐까요? 그러나 이들 지명의 유래는 너무 오래된 일이고, 문헌이 분명하지 않으므로 이렇게 한자의 음과 뜻으로 미루어 추정해 볼 뿐 함부로 단정하지는 못합니다. 그 해석의 합당성 여부는 기장에 대대로 세거한 사람들의 구전과 문헌을 좀 더 자세히 가려 살핀 다음에 판단할 문제입니다.

3. 죽기는 쉬워도 길을 빌려주기는 어렵다

삼국시대 초기 거도의 정벌 이후 부산 동래 지역에서는 삼국과 고려를 거치면서 소소한 변란이 없지 않았지만, 무엇보다 가장 참혹한 상처를 남긴 것은 선조 임진년에 바다 건너 일본이 아무런 이유 없이 십 수만의 대군을 이끌고 침략하여 우리의 강토를 유린하였던 임진왜란이었습니다.

임진왜란이 끝난 이후 부산 지역에는 바다 건너로부터 일본인의 침략을 경계하고 대비하기 위한 조처와 관련된 금석문이 많이 제작 건립되었습니다. 그 가운데는 가장 유명한 비석이 「동래남문비(東萊南門碑)」입니다. 이 비석은 1592년 4월 13일 왜적이 부산에 상륙하여 이튿날 부산진성을 포위 공격하고 그 다음날 4월 15일 동래성을 공격하여, 부산진과 동래부가 차례로 함락되고 동래부사 송상현과 부산진첨

1-7. 18세기의 기장 지도. 일광산(日光山) 북쪽에 취정사(鷲井寺)와 취봉산(鷲峰山)과 달음산(達音山)이 보이고, 철마산(鐵馬山) 서쪽에 입석리(立石里), 그 아래로 비음현(飛音峴, 즉 나름고개)과 장전리(長田里)가 보인다.

1-8. 「동래부순절도」의 아래 부분. 왜적들에게 포위된 가운데 수(帥)자 깃발을 세운 성 위에서 가도난(假道難) 글을 적은 패를 아래로 던지고 있고, 성 안팎으로 전투가 벌어지고 있다.

사 정발을 위시한 관원과 장졸과 주민이 장렬하게 항전하다 순절한 경과를 서술함 으로써, 충의(忠義) 정신을 칭송하고 왜적의 침범에 대비한 경계심을 고무하게 위 해 설치되었습니다.

이 비석의 비문은 당대의 최고의 유현(儒賢)으로 존숭되었던 우암(尤庵) 송시 열(宋時烈)이 지었고, 비문의 글씨는 동춘당(同春堂) 송준필(宋浚弼)이 썼으며, 당 대의 명필 이정영(李正英)이 제액(題額)을 썼습니다. 이 비문의 앞부분 내용은 다 음과 같습니다.

신종(神宗) 황제 만력 임진년(1592) 4월 13일에 왜적(倭賊) 수십만이 국경을 침 범하였다. 부산 첨사 정발(鄭撥) 공은 전함 3척으로 바다에 내려가 저항하여 싸 웠으나 잠깐 사이에 적의 배가 바다를 뒤덮었다. 공은 한편 싸우면서 퇴각하여 성으로 들어가 방어 준비를 하고 한편으로 장님으로 하여금 통소를 불게 하면서 평일처럼 태연하게 처신하니 군사와 백성이 화평하여 놀라지 않았다. 14일 새벽 적이 성에 다가오자 공은 사기를 올리며 성을 순시하니 사졸(士卒)들이 용맹을 떨쳐서 활을 쏘아 적을 무수히 맞추어 죽이니 세 곳에 시체가 산처럼 쌓였다. 정 오 무렵 공이 홀연 탄환에 맞아 절명하니 성은 그대로 함락되었다. 첩 애향은 나 이 열여덟인데 또한 스스로 목을 찔러 죽었다.

적은 내쳐 곧바로 동래성을 부수러 갔다. 병사(兵使) 이각(李珏)은 적이 많은 것을 보고는 별장(別將)과 더불어 성문을 열고 도망가 버렸다. 동래부사 송상현(宋象賢) 공은 부임한지 오래지 않았지만 남문 문루(門樓)에 올라가서 군사와 주민을 거느리고 적을 막았다. 적은 취병장(聚兵場)에 진을 치고 먼저 나무판자에다 글을 써서 성문 밖에 세우게 하였는데, "싸울 테면 싸우고, 싸우지 않으려면 우리에게 길을 내어 달라[戰則戰 不戰則假我道]"고 하였다. 공 역시 나무판자에다 글을 써서 적에게 던져 이르기를, "죽기는 쉬우나 길을 내어주기는 어렵다[死易假道難]"고 하였다. 적은 이에 세 겹으로 포위하였다.

15일 아침 적은 성의 뒷산으로부터 성을 깨고 들어왔다. 공은 호상(胡床)에 걸터앉아 조복(朝服)을 찾아오게 하여 갑옷 위에 꿰어 입었다. 왜적 중 평조익(平調益)이라는 자는 공이 일찍이 잘 대접하였던 자였다. 급히 공에게 다가와서 눈짓으로 피하게 하였으나, 공은 응하지 않았다. 또 옷을 끌어 빈틈 있는 구멍을 가렸으나 공은 이미 호상(胡床)에서 내려와 북향하여 절을 하였다. 절을 마치자 서찰을 써서 그 부친에게 영결하고는 수하 사람에게 일러 말하기를 "너는 내 허리 아래 점으로 나를 알아보라"라고 하였다. 공의 비장(裨將) 송봉수(宋鳳壽)와 김희수(金希壽) 등 네다섯 사람과 향리(鄉吏) 송백(宋伯) 등이 힘써 싸우다가 모두 죽자 공은 마침내 해를 당하였다.

임진왜란 초기에 부산진성이 한나절 만에 궤멸되자, 지역 방어의 책임을 맡은 경상좌도 수군절도사와 박홍과 병마절도사 이각 등이 무장(武將)들은 도망쳐 버렸지만, 나이 42세의 문관(文官) 송상현은 당초부터 동래성에서 죽을 각오를 하고 물러서지 않음으로써 국가로부터 위임받은 지방장관으로서의 책임을 무겁게 지켰습니다. 임진란이 끝난 뒤 동래부사로 온 이안눌이 사당을 지어 송상현공을 기념하는 사당을 지었고, 광해군 때는 송상현공의 고향 청주에 사당을 지어 충렬사(忠烈祠)라 하였으며, 효종 때 동래성 동문 밖에 안락서원(安樂書院)을 건립하면서 그 사당을 또한 충렬사라 하였습니다.

忠(충성할 충): zhōng, 心-4, 8, 42

字解 형성. 心(마음 심)이 의미부이고 中(가운데 중)이 소리부로, 어느 한 쪽으로도 치우치지

않은(中) 공평무사한 원칙을 견지하는 마음(中)이 바로 '충'이라는 뜻을 담았습니다. 이로부터 충성, 충심 등의 뜻이 나왔고, 孝(효)와 짝을 이루어 유가의 중요한 철학 개념이 되었습니다.

字形　**尹**金文　**尹**古陶文　**尹尹尹**簡牘文　**尹 尹**古璽文　**尹**說文小篆

烈(세찰 렬): liè, 火-6, 10

字解　형성. 火(불화)가 의미부이고 列(벌일렬)이 소리부로, 갈라낸 뼈(列)를 태우는 세찬 불(火)을 말합니다. 이로부터 猛烈(맹렬)하다, 혁혁한 공을 세우다 등의 뜻이 나왔고, 강직하고 고상한 성품의 비유로도 쓰였습니다. 列은 회의자로, 歹(뼈부서질알)과 刀(칼도)로 구성되어, 불로 지져 점을 칠 때 불로 지지면 일정한 모습으로 잘 갈라질 수 있도록 뼈(歹)에다 칼(刀)로 나란히 줄을 지어 홈을 파던 모습을 형상했습니다. 이로부터 '열을 지우다', 陳列(진열)하다, 排列(배열)하다, 갈라지다, 나누어지다 등의 의미가 생겼습니다. 이렇게 가공된 거북딱지나 동물 뼈를 불(火)로 지지면 쩍쩍 소리를 내면서 세차게(熱烈) 갈라지게 되고, 그 모양에 근거해 길흉을 점쳤습니다. 이후 기차 등 열을 지은 것을 헤아리는 단위사로도 쓰였습니다. 음역자로 쓰여 '레닌(列寧V. Lenin)'을 지칭하기도 합니다.

字形　**烈**金文　**烈**說文小篆

　　충렬(忠烈)이라 함은 국가에 대한 충성심이 매섭고 치열하다는 뜻입니다. 겹겹이 에워싼 적들의 위세에 굴하지 않고 죽음을 각오하고 의연하게 처신함으로써 변방을 지키는 지방 장관으로서의 책무를 다하였으니, 그 충성심이 매섭고 치열하였던 것입니다. 본디 이 비석은 동래성의 남문 밖, 온천천 가에 있었던 농주산(弄珠山)에 세우면서 본디 이름을 「동래남문비」라 하였으나, 사람들은 송상현 공 등의 충렬(忠烈)을 존중하여 「동래충렬비(東萊忠烈碑)」라고 하였습니다.

　　이 비석의 비문 내용은 또한 「동래부순절도(東萊府殉節圖)」라는 그림으로 그려져 전하였습니다. 이에 앞서 효종 때 민정중(閔鼎重)이 동래부사로 부임하여 임진왜란의 동래부 전투에 대한 이야기를 탐방하면서, 동래부사 송상현과 부산진첨사 정발이 죽음을 각오한 항전의 의지에 감동한 휘하 장수와 지사 및 동래 주민들이

（點地の城鎮浦山釜）　　　壇　公　鄭

1-9. 1910년대의 정공단(鄭公壇)과 「충장공정발전망비(忠壯公鄭撥戰亡碑)」. 길포 자료.

분발하여 싸운 정상과, 박홍과 이각이 도망친 경과를 그림으로 그려서 사당에 비치하여 주민들을 깨우치려는 계획을 하였으나 이루지 못하였습니다. 이런 내용은 비문에 적혀 있는데, 나중에 비석이 세워진 뒤에 그림을 그려 지금까지 전해지고 있습니다.

　임진왜란의 뼈아픈 추억은 부산진의 영가대에 있었던 「충장공절발전망비(忠壯公鄭撥戰亡碑)」, 다대포의 윤공단에 있는 「첨사윤공흥신순절비(僉使尹公興信殉節碑)」, 다대포 몰운대의 「충신정공운순의비(忠臣鄭公運殉義碑)」, 수영구 의용사의 「의용단비(義勇壇碑)」 등에도 새겨져 있습니다.

　　옛 사람이 말하기를 "세상이 잘 다스려지면 공(公)도 되고 경(卿)도 되지만 세상이 어지러우면 뱀이나 돼지 경(獍)이나 올빼미처럼 되는 자가 열에 여덟아홉이다."라고 하였다. 임진(壬辰)년 섬나라 오랑캐의 난리에 동래부가 처음 적의 예봉(銳鋒)을 받아서 부(府)와 진(鎭)이 차례로 함락되었으니 절의(節義)로 순절(殉節)한 사람들은 역사책에 실려져 있어 해나 별처럼 뚜렷하다. 오직 이곳 수영(水營)의 장수는 싸움터에서 죽지 않았으니 적병의 협박에 따라 그 명령을 듣고 오랑캐 옷을 입고 오랑캐 말을 하게 된 것도 괴상할 것이 없다. 그러나 이러한 사람들 중에 충성을 떨쳐서 죽였더라도 잊혀 전해지지 않으니 참으로 안타까운 일이다.

공경(公卿)은 재상과 장관의 지위에 해당하는 최고위 관직입니다. 사시(蛇豕)는 뱀처럼 간사하고 산돼지처럼 흉포한 인물을 가리키는 말이고, 효경(梟獍)은 제 어미조차 배반하여 잡아먹은 패륜을 일삼는 자를 가리키는 말입니다. 평화로운 시절에는 재상과 장관의 지위에서 부귀 권세를 누리던 박홍이나 이각과 같은 자들이 임진왜란의 난리를 당하여 제 한 목숨 건지려고 도망친 것을 비판한 말입니다.

4. 「약조제찰비(約條制札碑)」

碑(돌기둥 비): bēi, 石-8, 13, 40

字解 형성. 石(돌 석)이 의미부이고 卑(낮을 비)가 소리부로, 하관할 때 관을 줄에 매어 내리도록(卑) 도와주는 돌(石) 기둥을 말했는데, 이후 묘지의 주인을 표기하는 용도로 변화되었습니다. 卑는 원래 회의자로, 자원은 아직 명확하지 않지만 왼손(屮·좌)으로 사냥도구를 든 모습을 그린 것으로 추정됩니다. 일반적으로 田(밭 전)과 攴(攵·칠 복)으로 구성된 것으로 보고, 밭(田)에서 일을 강제하는(攴) 모습을 그렸으며 이 때문에 '시키다'의 뜻이 나왔고, 시키는 일을 해야 하는 사람의 의미로부터 지위가 '낮다'는 뜻이 생긴 것으로 풀이합니다. 하지만 금문(𤰉 𤰒 𤰒 𤰓 𤰓)을 더 자세히 살펴보면 왼손(屮, 又의 반대 꼴)과 單(홑 단)의 아랫부분처럼 뜰채 모양의 사냥 도구로 구성되어, 왼손으로 뜰채를 잡고 사냥하는 모습을 그린 글자로 풀이하는 것이 더 타당해 보입니다. 고대의 여러 그림을 보면 사냥대열에

언제나 말을 탄 지휘자가 있고 그 아래로 뜰채를 들고 이리저리 뛰어다니며 열심히 짐승들을 생포하는 사람들이 보입니다. 뜰채를 든 사람은 말 탄 사람보다 지위가 낮고 힘든 일을 하기에 卑에 '낮음'일을 '시키다'는 의미가 담기게 되었으며, 돕다 보좌하다의 뜻도 나왔습니다. 소전체에 들면서 卑는 甲(첫째 천간 갑)과 왼손의 결합으로 변하는데, 뜰채를 그린 부분이 갑옷을 의미하는 甲으로 바뀌었는데, 이것은 자형의 유사성도 유사성이지만 사냥은 곧 전쟁이라는 고대인들의 심리적 무의식과도 연계되어 있음을 보여줍니다.

字形 卑 說文小篆

부산은 조선 초기 이래 일본과의 교역을 위해 개방된 특수 지역이었는데, 임진왜란으로 일본과의 교역은 저절로 폐쇄되었습니다. 그러나 왜란이 끝나고 10년 만에 조선왕조는 또 다시 북쪽 국경 밖에서 갑자기 세력을 크게 확장한 여진족의 청(淸)나라의 남침 위협에 직면하였습니다. 이에 조선 정부에서는 임진왜란의 치욕을 무릅쓰고 남쪽 바다 건너 일본과의 화해를 추구하지 않을 수 없었습니다. 이리하여 임진왜란 이후 폐쇄되었던 왜관(倭館)을 다시 설치하여 일본과의 통교(通交)를 재개하였습니다.

일본과의 교역이 재개되고 일본인들이 왜관에 들어와 거주하면서 조선의 관원은 물론 민간인들과의 접촉은 피할 수 없었고, 잦은 접촉에 따라 조선인과 일본인 사이에 여러 가지 이유로 사소한 충돌이 생기지 않을 수 없었습니다. 여기에서 조선 정부에서는 대마도에서 파견된 일본인들과 협의하여 왜관에 거류하는 일본인들과 조선인들 사이의 접촉에서 생겨나는 문제를 해결하기 위한 규정을 만들고, 숙종 계해년(1683)에 이를 비석에 새겨 일반인들에게 공지하게 하였습니다. 그것이 「약조제찰비(約條制札碑)」입니다.

약조(約條)는 '상호 약속의 조목'이고, '찰(札)'은 팻말을 가리키고, 비(碑)는 글을 새긴 돌을 가리키는 말이니, '상호간의 교류를 통제하는 약조를 적은 팻말 대용의 비석'이라는 말입니다. 이 비석의 내용은 조선과 일본과의 사이에 맺은 거류민 협정으로 우리나라 외교사, 또는 국제법의 역사에 있어서 중요한 의미를 갖습니다.

1-10. 1970년대 용두산에 「척화비」와 함께 세워 놓았던 「약조제찰비(約條制札碑)」. 본디
왜관 문 밖에 세워놓았던 것을 경부선철도가 개설되면서 이리 저리 옮겼다가, 지금은
부산시립박물관으로 옮겨 놓았다.

하나. 금지 표시로 정한 경계 밖으로 대소사를 막론하고 제멋대로 넘어 나오는
　　자는 일죄(一罪)로 다스릴 것.

하나. 노부세(路浮稅)를 주고받다가 현장에서 붙잡히면, 준 자와 받은 자 모두 일
　　죄(一罪)로 다스릴 것.

하나. 개시(開市)할 때 각방에 몰래 들어가 숨어서 서로 물건을 사고파는 자는 피
　　차 모두 일죄로 다스릴 것.

하나. 5일마다 잡물을 공급할 때 색리(色吏)·고자(庫子)·소통사(小通事) 등을 화
　　인(和人)이 끌고 다니며 구타하지 말 것.

하나. 피차 양쪽의 범죄인은 모두 왜관 문 바깥에서 형을 집행할 것.

왜관에 있는 여러 사람으로서 만약 일용품을 마련코자 한다면, 왜관 사직(司直)
에게 알린 다음 통찰(通札)을 가지고 훈도(訓導)와 별차(別差)가 있는 곳에는 왕
래할 수 있다. 각 조의 제찰을 써서 왜관 안에 세워두어 이것을 밝게 살피도록
하라.

이 약조 가운데 사용된 용어는 조선의 관용어와 일본의 관용어가 섞여 있어서 조심하여 살펴야 합니다. 여기서 '일죄(一罪)'는 '하나의 범죄'라는 뜻이 아니라, 조선왕조의 형법 규정으로 '사형에 해당하는 죄'를 가리킵니다. '노부세(路浮稅)'는 무슨 통행세 같은 종류를 가리키는 것이 아니라, 그냥 '노보세[登반]'라는 일본 말을 조선의 한자음으로 바꾸어 적은 것으로, 잠상(潛商) 즉 불법으로 비밀 거래를 하는 장사꾼들이 수수료 형식으로 일본인에게 진 채무를 가리키는 말입니다. 개시(開市)는 '시장을 개장함'을 의미하는 말이지만, 통찰(通札)은 조선에서는 일반적으로 잘 사용하지 않는 말로 '통행을 허가하는 패를 가리킵니다. 화인(和人)은 일본인을 가리키는 말로 일본인 스스로 흔히 사용하는 말이지만 조선에서는 거의 사용하지 않았던 말입니다.

5. 「온정개건비(溫井改建碑)」

溫(따뜻할 온): wēn, 水-10, 13, 60

字解 형성. 水(물 수)가 의미부이고 昷(어질 온)이 소리부로, 원래는 강 이름으로 楗爲符(건위부)에서 나와 남쪽으로 흘러 黔水(검수)로 흘러들어 갑니다. 이후 따뜻한(昷) 물(水)이라는 의미로부터, 온천물은 물론 溫暖(온난)에서처럼 따뜻함의 일반적인 개념까지 지칭하였으며 마음 상태의 溫柔(온유)함도 뜻하게 되었습니다. 昷은 회의자로, 囚(가둘 수)와 皿(그릇 명)으로 구성되었는데, 『설문해자』의 해설처럼 죄수(囚)에게까지 먹을 것(皿)을 제공하는 '따뜻한 마음'을 뜻합니다.

字形 鼎 僵 石刻古文   溫 說文小篆

井(우물 정): jǐng, 二-2, 4, 32

字解 상형. 원래 네모지게 겹쳐 놓은 우물의 난간을 그렸으며, 이로부터 '우물'을 지칭하였고, 다시 우물처럼 생긴 것, 네모꼴로 잘 정리된 질서정연함을 뜻하게 되었습니다. 혹자는 우물의 난간을 그린 것이 아니라 우물 속을 파고들어 갈 때 옆

의 흙이 무너지지 않도록 설치한 우물 바닥의 나무틀을 그린 것이라고도 하는데, 참고할 만합니다.

字形 甲骨文 井米井 金文 井井 古陶文 廿米井 盟書 井 簡牘文 井米

井 說文小篆

부산지역은 한반도 동남 해변의 수려한 풍광으로 인하여 예로부터 신선이 노니는 곳으로 알려졌습니다. 내산(萊山)이란 말이 또한 동해 바다 가운데 신선이 산다는 섬 삼신산의 하나인 봉래(蓬萊)를 연상하게 합니다. 이러한 언어의 연상에 꼭 부합하는 곳이 동래 온천입니다.

동래 온천동에는 온천욕을 즐기기 위한 욕탕(浴湯) 시설이 여러 곳에 들어서 있습니다. 이곳은 신라시대 이래로 온정(溫井)이 있어서 인근 고을에서 사람들이 온천욕을 위해 즐겨 찾던 곳입니다. 고려 시대의 시문에도 이곳의 온천욕을 즐긴 기록이 심심찮게 전해오거니와, 조선 후기까지 노천(露天) 욕탕이 있었습니다. 이곳에는 영조 병술년(1766)에 온천을 위하여 욕탕 설비를 고쳐 세우면서 건립한 비석이 남아 있습니다.

> 온정(溫井)은 읍 북쪽 5리에 있는데, 금정산에서 발원하여 끌어들였다. 탕에 들어가 목욕하면 온갖 질병이 낫는다. 옛날 비석은 글자가 마모되어 증거로 삼을 수 없다. 강희(康熙) 신미년(1691)에 돌로 두 개의 탕을 만들고 지붕을 덮었는데 지붕이 낡으면서 탕이 막혀버렸다. 강필리(姜必履) 공은 나라의 어려움을 치료하는 솜씨로 동래의 백성을 소생시켜 일곱 가지 일을 밝히고 온갖 폐기된 일을 다시 일으키고는, 이에 온정을 다스려 감관(監官)에게 명령하여 고쳐짓도록 했다. 동쪽 옛 터로 내려가서 유좌(酉坐)를 임좌(壬坐)로 고쳐 앉히고, 도산성(島山城)의 석재를 빼어 와서 7월 상현에 개기(開基)하여 8월 24일에 입주(立柱)하고 9월 7일에 상량(上樑)하였다. 모두 9칸인데, 남탕과 여탕을 구분하였으니 상쾌하고 화려하여 마치 꿩이 날아가는 것 같다. 지키는 집을 짓고 대문을 만들고 안에는 비를 세웠다. 아! 강공이 아니면 이 온정은 없었을 것이고 감관이 아니면 이 건물

은 없었을 것이다. 명(銘)을 지어 말한다. 공께서 고을을 다스리니 백성들이 이에 힘을 입어 잘 살게 되고 공께서 온정을 수리하니 사람들이 질병이 없게 되었다. 천 년 만 년 동안 입으로 비석으로 전하기를. 성상 42년 병술년(1766) 10월 보름 여산 송광적 쓰다.

이 비석에는 온정의 욕탕과 욕탕을 덮는 건축물을 축조하는 과정에 대한 용어가 간략하게 잘 나타나 있습니다. 개기(開基)는 개토축기(開土築基) 즉 땅을 파서 건물 지을 터를 닦는다는 말입니다. 입주(立柱)는 목조 건물의 기본 골격이 되는 기둥을 세우는 일을 가리키는데, 주춧돌 위에 기둥을 세우면 당연히 기둥과 기둥 사이를 도리와 들보로 연결하여 버티는 작업이 진행됩니다. 상량(上樑)은 기둥과 도리 및 들보로 이루어진 건물의 기본 골격 위에 지붕의 최상층부인 지붕마루에 서까래를 버틸 종보를 올려놓는 작업입니다.

동래에 설치된 온정은 조선 말기에 일인들이 들어와 상업용 욕탕을 지어 경영하기 이전까지는 동래부에서 운영하는 공공시설이었습니다. 그런 사정은 1870년 전후로 동래부사를 역임하였던 해소(海所) 정현덕(鄭顯德)이 지은 「온정중수모연문(溫井重修募緣文)」에 보입니다. '중수(重修)'

1-11. 「온정개건비」 탁본.

는 거듭하여 수리한다는 말이고, '모연(募緣)'은 인연 있는 사람을 모집한다는 말이니, 이 때 이르러 뜻을 가진 사람들의 의연금을 모아 온정의 시설을 수리하려 했던 것입니다.

두 개의 온정은 예로부터 공덕을 베푸는 물로 전해왔기에, 사방으로 도와줄 의연금을 구하오니, 어찌 다만 사람들로 말미암아 일을 이룰 뿐이겠는가? 나 또한 삼가 고치려고 한다. 대개 이곳 온정은 동방의 이름난 온천으로, 콸콸 솟는 맑은 근원에는 유황석의 신령스런 액체를 흡족하게 담았으니, 복된 골짜기에 어찌 신선이 되는 금단(金丹)의 약을 부러워하겠으며, 시험해보면 온갖 병을 다스리니 구름처럼 안개처럼 사라진다 할 것이다.

그런데 이제 사방에서 오는 자들이 노숙(露宿)하며 찬바람 맞는 처지를 면치 못하기에, 이에 예전 사람이 그 마음을 미루어 그 장소에다 큰 건물을 지어 확장하고, 두 곳 욕탕의 위치에 정하여 남녀와 노소가 함께 논다는 나무람을 분별하니, 열 자 남짓의 공간이 제법 넓어서 여러 사람들이 노출되는 우려가 없다. 다만 세월이 오래되어 잘 소통되었던 원탕이 간혹 막기기도 하고, 게다가 비바람이 쳐서 무너지니 장차 폐기하게 되었다. 이제 새로 공사를 하려고 하니 재력이 모자라기에, 이에 비용을 거들 사람이 있기를 바라고, 삼월 삼짇날에 토목 공사를 시작하려 한다.

모든 군자들께서는 터럭만큼의 보시라도 아끼지 마시고, 기장과 울산 양산의 이웃 고을도 같은 동네로 여겨 도와주시기 원하면서, 이에 사찰에서 신도들의 시주를 받는 흉내를 내오니, 이 어찌 염치에 손상이 있겠는가? 엎드려 바라옵건대 백리 거리를 멀다 여기지 마시고, 각기 한 팔의 힘을 거들어주신다면, 바람을 쐬고 물놀이를 하는 공간이 또한 놀이하는 장소가 되어, 푸른 눈썹과 흰 치아로 기생의 무리가 즐겁게 놀고, 흰 사슴과 금 물고기를 타고 훨훨 날아다니는 신선이 왕림할 것이다.

정현덕 부사의 모연문을 보면, 온천이 있는 구역을 선남선녀와 신선이 모여들어 노는 유흥(遊興)의 장소로 생각하고 있었음이 분명합니다. 그러나 온천이 있는 이 지역 주변이 일찍부터 유흥가로 발전하게 된 것은 결코 우연이 아닌 것입니다.

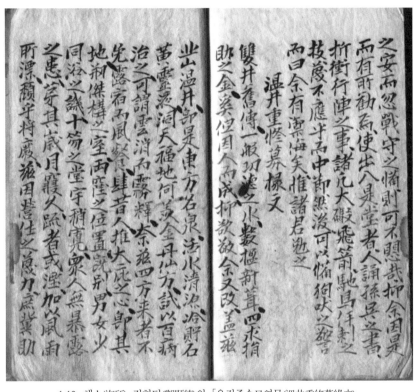

1-12. 해소(海所) 정현덕(鄭顯德)의 「온정중수모연문(溫井重修募緣文)」

02. 한자로 읽는 부산의 기억

임형석

제2장_한자로 읽는 부산의 기억

임형석

1. 자기 고장의 역사를 대하는 우리의 태도

歷(지낼 력): 历, lì, 止-12, 16, 52

字解 형성. 止(발 지)가 의미부이고 厤(다스릴 력)이 소리부로, 다스려 온(厤) 흔적(止)을 말합니다. 원래는 두 개의 禾(나무 성글 력)과 止로 구성되어 곡식(禾)이 제대로 자랐는지를 걸어가며(止) 확인하는 모습에서 '지나감'을 그렸습니다. 인간이 걸어온 이 흔적이 바로 과거이며, 지나간 과거를 다 모은 것이 바로 歷史(역사)입니다. 간화자에서는 소리부인 厤을 力(힘 력)으로 대체한 历으로 씁니다.

字形 〔갑골문 자형〕 〔갑골문 자형〕 甲骨文 〔금문 자형〕 〔금문 자형〕 金文 〔설문소전 자형〕 說文小篆

史(사관 사): shǐ, 口-2, 5, 52

字解 회의. 원래는 장식된 붓을 손(又)으로 쥔 모습을 그렸는데, 자형이 조금 변해 지금처럼 되었습니다. 손에 붓을 쥔 모습으로부터 역사를 기록하는 史官(사관)이라는 의미를 담았으며, 이후 문서 관리나 역사를 기록하는 관리의 일반적인 명칭이 되었습니다. 이로부터 歷史(역사), 자연이나 사회의 발전과정을 지칭하게 되었으며, 또 『史記(사기)』의 간칭으로도 쓰입니다.

字形 甲骨文　復金文　古陶文　簡　牘文　說文小篆

　　자신이 사는 고장을 사랑하는 것은 당연한 일입니다. 그것은 자신의 삶을 사랑
하는 일이기 때문입니다. 자신이 태어나서 자란 고향이라면 그 고장 구석구석에 자
신의 이야기가 묻어 있기 때문에 더구나 그러하겠습니다. 사람은 혼자 살 수 없는
법이라서 자신뿐 아니라 가족의 내력(來歷)도 생기게 마련이고 대를 잇다보면 굽이
굽이 내력에 서리서리 이야기가 서려 세대에서 세대로 이어질 법합니다.

　　우리가 여기서 이야기하려는 고장은 부산입니다. 부산의 역사를 말하라는 주제
탓에 역사라는 말이 들어가긴 했지만 내력이라는 말이 더 좋다고 고백하지 않을
수 없습니다. 역사가 좀 딱딱하고, 경외감(敬畏感)을 불러일으킬 소지가 큰 것과
달리 내력은 좀 더 살갑게 느껴지는 탓이려니 합니다. 아득한 느낌의 역사보다 내
력은 좀 더 작은 단위, 곧 개개인의 역사나 가족의 역사, 고장의 역사를 가리키는
데 적합한 것은 아닐까요?

　　이야기를 시작하려니 아득한 느낌이 듭니다. 부산과 기억이란 말이 너무 커서
아득하게 느껴지고, 게다가 한자라는 단서가 붙었기 때문일 것입니다. 우리가 그리
는 부산은 제 나름의 부산입니다. 개개인의 내력도 저마다 다를 것이니 말입니다.
그런데 이것을 '우리 부산'이나 '우리 기억'으로 뭉뚱그려 이야기하려니 쉽지가 않
아지는 것입니다.

　　이제 말한 내력을 좀 더 풀어서 말하기에 앞서 역사란 무엇인지 먼저 말해야
할 것 같습니다. 이렇게 묻고 보니 '역사란 무엇인가?'라는 말이 떠오르고 흔히 카
(Edward Hallett Carr, 1892~1982)가 쓴 역사철학 책이 따라 떠오릅니다. 카는 이렇
게 말한 적이 있습니다.

　　　역사가는 사실들의 비천한 노예도 아니고 난폭한 지배자도 아니다. 역사가와 사
　　실의 관계는 평등한 관계, 주고받는 관계이다. …… 역사가는 자신의 해석에 맞

추어 사실을 만들어내고 또한 자신의 사실에 맞추어 해석을 만들어내는 끊임없는 과정에 종사한다. …… 자신의 사실을 갖지 못한 역사가는 뿌리가 없는 쓸데없는 존재다. 자신의 역사가를 갖지 못한 사실은 죽은 것이며 무의미하다. 따라서 '역사란 무엇인가'라는 질문에 대한 나의 첫 번째 대답은, 역사란 역사가와 그의 사실들의 지속적인 상호작용의 과정, 현재와 과거의 끊임없는 대화라는 것이다.(『역사란 무엇인가』에서)

멋진 문장입니다. '현재와 과거의 끊임없는 대화'라는 말을 카는 교양 있는 사람답게 매우 문학적으로 표현합니다. 하지만 카의 문장에는 몹시 고약한 녀석이 하나 웅크리고 있습니다. 현재의 역사가와 과거의 '사실(事實)'이 대화한다고 말해야 정확할 텐데 이것을 카는 매우 문학적으로 표현했습니다. 역사가들은 사실을 실제 벌어진 일이라고 정의하는 사전과 달리 역사학의 사실을 규정합니다. 곧 역사가가 인식한 사건(事件)이 바로 사실이라고 말입니다. 카는 겸손하게 말한 것이겠지요. 그러나 인식이란 말은 먼저 틀을 가지고 하는 생각을 가리킵니다. 틀에 들어가지 않으면 그것이 얼마나 중요한 일이든 간에 모두 탈락하고 말 것입니다. 역사가에게 역사적 사실이란 정해진 틀에 들어가는 것만 가리키는데, 틀은 누가 만드는 것일까요? 바로 역사가입니다. 여기서 우리는 삐에르 메나르의 돈키호테를 떠올리지 않을 수 없습니다. 자기가 어떤 틀에 의해 생각한다고 하고 그 틀을 자기가 만들다니요! 그래서 유일하게 대화할 수 있다는 역사가의 자격을 겸허히 사양하고 제 나름의 '내력'을 이야기하는 데 치중하려고 합니다.

역사의 전통은 또한 기록(記錄)을 중시하는 것입니다. '역사는 보통 인간과 그들이 벌인 일이 과거부터 어떻게 변화해왔는지를 지역, 국가, 세계 단위에서 기술한 것.' 사전적 정의입니다. 일반적인 역사의 정의에서도 변화하는 사건과 변화를 고정시키려는 기록이 있다고 분명하게 말하고 있지 않습니까? 하지만 개개인이 고장을 사랑하는 마음으로 제 나름의 내력을 기록하는 일이 몹시 소중하다고 저는 생각합니다.

2. 기억의 장소들

記(기록할 기): 记, jì, 言-3, 10, 70

字解 형성. 言(말씀 언)이 의미부이고 己(몸 기)가 소리부로, 사람의 말(言)을 결승(己)으로 기록해 두는 모습을 그렸습니다. 이로부터 記錄(기록)하다, 잊지 않다, 공문서, 저작물 등의 뜻이 나왔고, 서사를 위주로 하는 문체의 이름으로도 쓰였습니다.

字形 記 說文小篆

憶(생각할 억): 忆, yì, 心-13, 16, 32

字解 형성. 心(마음 심)이 의미부이고 意(뜻 의)가 소리부로, 뜻(意)을 마음(心)에 담아두다는 뜻으로부터 '생각하다'는 의미를 그렸으며, 이로부터 기억하다, 회억하다, 추측하다의 뜻도 나왔습니다. 또 抑(누를 억)과 같이 쓰여, 抑制(억제)하다는 뜻도 가집니다. 간화자에서는 소리부 意을 乙(새 을)로 바꾸어 忆으로 씁니다.

전통 역사학에서 기록이라고 부르는 것을 프랑스 역사가 삐에르 노라(Pierre Nora, 1931~2001)는 '기억(記憶)이라고 바꿔 부르고 있습니다. 일반 역사학에서 말하는 기록과 노라가 말한 기억의 함의는 다릅니다. 이제 제가 이야기하려는 내력은 노라의 기억 개념에 가깝습니다. 노라는 『기억의 장소』라는 역사책에서 이렇게 말한 적이 있습니다.

2-1. 삐에르 노라

여러 차원들이 서로 만나는 교차로로서의 장소들은 우선 항상 현재성을 띠는 사학사적 차원을 갖는데, 왜냐하면 역사학의 역사로서 그것들은 역사를 구성하는 재료, 즉 역사의 도구, 역사의 생산 및 그 과정의 역사이기 때문이다. 그러면서도 또한 민족지학적 차원을 갖는데, 왜냐하면 끊임없이 우리로 하여금 전통의 온기 속에서 체득된 친숙한 습속에서 벗어나게 만들어 주고 우리 고유의 정신적 지도를 제작하게 만들기 때문이다. 그리고 심리학적 차원을 갖는데, 왜냐하면 우리에게는 개별성=집단성이라는 등식을 상정하는 것이 필요하고, 개인차원에서는 명확하고 분명하게 정의될 수 없는 개념들(……)을 더듬거리며 사회적인 것의 영역으로 이전시킬 필요가 있기 때문이다. …… 기억이란 사실상 내용물이라기보다는 하나의 틀이며, 언제나 가변적인 쟁점이고, 전략들의 집합이며, 존재하는 것으로서보다는 만들어지는 것으로서 더욱 가치가 있는 어떤 실재이다. 말하자면 여기서 우리는 기억의 장소들의 문학적 차원을 건드리는 셈이고, 그것이 주는 재미는 궁극적으로 역사가의 연출기술과 개인적 앙가주망에 달려 있다.(『기억의 장소』「권두언」에서)

노라는 카보다 세련되고 솔직하며 노숙합니다. 기억은 구체적이거나 추상적이거나 각자의 '장소(場所)'를 가지게 됩니다. 기억이나 기억의 장소는 물론 카의 말처럼 문학적이기도 합니다. 그래서 노라는 문학이나 연출기술, 앙가주망을 말하고 있는 것입니다.

노라가 말한 '기억의 장소'는 그보다 30년 정도 이전에 제기되었던 '집단적 기억'이니 '회상문화(回想文化)'라는 개념을 곱씹으며 모자랐던 점을 채우기 위해 나온 것입니다. 집단적 기억이니 회상문화라는 개념들이 전통, 문화, 역사의 연속성(連續性)을 전제하고 있지만 이것은 개념의 운동에서 잘못된 생각이라고 노라는 생각해서 '기억의 장소들이라는 개념으로 발전시켰습니다. 역사를 구해보자는 생각에서 그랬다고 보입니다. 역사도 과학의 일종이라면 과학 지식의 본성에 내재된 '오해(誤解)'의 기능을 전제하지 않으면 안 될 것입니다. 노라는 그래서 기억과 역사가 결코 동의어가 아니며 심지어 모든 점에서 대립하는 말이라고 합니다.

기억의 장소들은 그럼 무엇일까요? 노라의 말에 따르면 가장 넓은 의미의 장소일 것입니다. 그는 '지형학적인 것뿐 아니라 개인, 건물, 기념물, 예술품, 텍스트, 상징적 행동 등이 모두 기억의 장소들'이라고 말합니다. 장소가 지형학적이라는 것은 말할 필요도 없지만 장소가 오로지 지형학적인 것만은 아니라는 말이 재미있습니다. 노라는 장소를 기념할 만한 모든 것을 가리키는 말로 사용하고 있습니다. 프랑스 역사학자인 노라는 『기억의 장소』 3부작에서 우선 공화국, 민족, 프랑스들이라는 유형을 제시합니다. 그리고 각각에 많은 것들을 포함시키는데, 예를 들어 '삼색기, 라마르세예즈, 전사자 기념비, 7월 14일, 『프랑스의 지리적 모습』, 베르됭, 파리의 기념상들, 프랑크족과 골족, 프랑스인과 외국인, 우파와 좌파, 미식, 투르 드 프랑스, 잔 다르크' 등등 같은 소제목들이 나타납니다.

參(석 삼삼성 참간여할 참): 叁, cān, cēn, shēn, 厶-9, 11

字解 형성. 晶(밝을 정)과 人(사람 인)이 의미부이고 彡(터럭 삼)이 소리부로, 별(晶, 星의 원래 글자)이 사람(人)의 머리 위를 환하게 비추는(彡) 모습을 그렸고, 이로부터 서쪽 하늘에 나타나는 參星(참성)을 말했습니다. 이후 晶이 厽(담쌓을 루)로 변해 지금의 자형이 되었습니다. 三(석 삼)의 다른 표기법으로도 쓰이는데, '삼'이라는 숫자를 강조하기 위해 彡을 三으로 바꾸어 叁으로 쓰기도 하는데, 厽가 厶(사사 사)로, 人이 大(큰 대)로 변했습니다. 별빛이 사람의 머리 위로 쏟아지는 모습에서부터 침투하다의 뜻이 생겼고, 다시 參與(참여)의 뜻이 나왔습니다. 그러자 스며들다는 뜻은 물(水수)을 더해 滲(스밀 삼)을 만들었는데, 틈을 비집고 스며드는 것에 물(水)만 한 것이 없기 때문입니다. 간화자에서는 叁으로 씁니다.

字形 金文 古陶文 簡牘文 帛書 古璽文 說文小篆 說文或體

與(더불 여): 与, yǔ, 臼-8, 14, 40

字解 형성. 与(어조사 여)가 의미부이고 舁(마주들 여)가 소리부로, 서로 함께 '더불어' 힘을 합해 무거운 물건을 마주 드는(舁) 모습을 그렸으며, 이후 주다는 뜻도 생겼습니다. 간화자에서는 초서체로 줄인 与로 씁니다.

字形 金文 盟書 簡牘文 石刻古文 說文小篆 說文古文

삼색기는 프랑스의 국기, 라마르세예즈는 프랑스의 국가, 전사자 기념비는 전쟁 기념물, 7월 14일은 달력의 날짜, 『프랑스의 지리적 모습』은 책, 베르됭은 제1차 세계대전의 전쟁터, 파리의 기념상들은 후세가 선조를 기리기 위한 기념물, 프랑크족과 골족은 과거에 존재했던 현재 프랑스인의 조상 그룹, 프랑스인과 외국인은 아직도 문제시되는 사람들의 생각, 우파와 좌파는 정치적 의견을 달리하는 의식, 미식은 일종의 취미, 투르 드 프랑스는 유명한 프랑스의 연례 축제, 잔 다르크는 민족의 위인입니다. 우리가 흔히 장소라고 생각하는 지형학적인 것은 불과 얼마 되지 않고 오히려 장소가 아닌 것이라 생각하는 것들이 대거 포함되어 있습니다. 왜 그럴까요? 다시 노라의 말을 들어봅시다.

> 우리의 민족적 기억의 급속한 소멸은 내가 보기에 그 기억이 남달리 체현되어 있는 장소들에 대한 목록의 작성을 요청하는 듯하다. 왜 민족적 기억에 대한 일반론이 아니라 사례 연구를 선택하였을까? 기억의 장소들은 내가 보기에 그 존재 자체와 명백함의 무게로 인해 기억과 민족 그리고 이들 사이의 복잡한 관계들이 지니고 있는 모호함을 해결해 주기 때문이다. …… 기억이란 망각의 반대말이 아니며(기억은 망각을 포괄한다) 회상의 동의어도 아니기(기억은 회상을 전제한다) 때문이다.(『기억의 장소』「권두언」에서)

삐에르 노라는 20세기 프랑스 역사학자로서 자신의 임무를 자각하고 있다고 할 수 있습니다. 민족국가가 성립한 이후의 역사학자는 근대민족국가의 정체성을 유지시키는 데 일조할 의무가 있다는 것이고 국가의 기억이 소멸하는 듯한 위기에 처했을 때 민족국가의 역사학자로서의 임무를 수행해야 한다는 생각이겠습니다. 그런데 임무를 수행하는 방식은 몹시 고대적입니다. 곧 장소들에 대한 '목록(目錄)'의 작성'이라는 것과 '기억하거나' '회상하는' 것 말입니다. 모두 고대 그리스에서 문학과 역사가 시작될 때 함께 생긴 작업들입니다.

근대민족국가의 역사가가 아니라 자신이 사는 고장을 사랑하는 사람으로서 우리는 굳이 국가의 기념비적인 것에 매달릴 필요도, 의무도 없습니다. 더구나 '부산적인 것이 근대민족국가를 넘어서는 것이기 때문에라도 그렇다고 저는 생각합니다. 다만 '기억의 장소'를 끄집어 낸 이유는 우리가 '장소들에 대한 목록을 작성할 필요가 있으며 그것은 우리 고장 부산을 '기억하거나' '회상하는' 일이 될 것이기 때문입니다. 그렇다면 사실 우리가 오늘 이야기해 볼 만한 것은 '장소들의 목록'이 될 것입니다.

3. 장소들의 목록

따라서 여기서 중요한 것은 아예 도달하기 불가능할 정도로 모든 것을 총망라하는 일이 아니라 유형별로 주제를 정하고, 수준 높은 안목을 갖고, 대상들을 선정하고, 풍요롭고 다양한 접근을 시도하며, 최종적으로 방대한 전체의 전반적인 균형을 취하는 일이다.(『기억의 장소』「권두언」에서)

목록은 참조(參照)를 뛰어넘습니다. 무엇인가 실제 내용을 찾기 위해 필요한 것이 목록. 이것이 일반적인 생각입니다. 내용이 중심이고 목록은 부수적인 것이라고 말입니다. 그러나 고대에는 목록에 대한 생각도 달랐습니다. 목록 자체가 바로 내용이고 그것을 채우는 또 다른 말들은 굳이 필요 없다는 것이 고대의 생각입니다. 말과 실재에 대한 역전이 생기면서, 곧 고대를 벗어나면서 생각이 뒤바뀌었을 뿐입니다.

場(마당 장): 场, [塲], cháng, 土-9, 12

🔖字解 형성. 土(흙 토)가 의미부이고 昜(볕 양)이 소리부로, 신에게 제사 지내는 흙(土)을 쌓아 만든 평평한 땅을 말하는데, 아마도 태양신(昜, 陽의 원래 글자)에게 제사를 지냈던 데서 유래한 것으로 보입니다. 이로부터 극장이나 시장처럼 사람이 많이 모이는 場所(장소)를 지칭하게 되었습니다. 이후 사물의 경과를 나타내는 단위사로도 쓰였습니다. 달리 塲으로 쓰기도 하며, 간화자에서는 昜을 㐫으로 줄여 场으로 씁니다.

字形 ![篆文] 簡牘文　場 說文小篆

所(바 소): suǒ, 戶-4, 8, 70

字解 회의. 戶(지게 호)와 斤(도끼 근)으로 구성되었는데, 戶는 서민의 집을, 斤은 연장의 하나인 자귀를 나타냅니다. 따라서 近은 고대 사회에서 가장 중요한 연장의 하나였던 도끼(斤)가 놓인 그 곳(戶)이 바로 사람이 '거처하는 處所(처소)'임을 말했습니다. 이후 '…하는 곳(것, 사람, 바)'을 뜻하는 문법소로 쓰이게 되었습니다.

字形 ![금문 등 여러 자형] 金文 ![簡牘文] 簡牘文 ![古璽文] 古璽文 ![說文小篆] 說文小篆

어쨌든, 우리는 이제 '부산에 대한/위한 목록'을 작성할 필요가 생겼습니다. 기억을 유형화하고 안목을 높이기 위해서입니다. 부산은 대한민국이거나 조선이거나 고려이거나 등등이 아닙니다. 부산은 그 자체로 하나의 단위입니다. 오늘 저는 제 나름의 유형을 정하겠지만 앞으로 다시 어떤 것이 부산의 부산다움으로 기억할 만하고 계속 회상하게 만들 수 있는 것인지, 목록 작성 작업은 끝나지 않습니다. 아마 부산이 존속하는 동안은 끝나지 않을, 잠정적으로 영원한 목록 작성 작업을 시작할 것입니다. 전에 없던 일을 하려면 상상력이 몹시 필요합니다. 그래서 이런 말이 가능할 것입니다. '자, 여기가 로도스 섬이오. 뛰어보시오.'

(1) 해양

부산을 해양, 곧 바다와 연결시키는 것은 세월 지난 은유(隱喩)인 것 같아 식상합니다. 그러나 부산이 오늘에 이르기까지 내력을 더듬어 본다면 이것은 결코 상상력의 결핍이 아닐 것입니다. '삼포지향(三包之鄉)'이라는 말을 떠올려 봅시다. 이 고장이 싸안은 세 가지는 강, 산, 바다입니다. 복잡한 지질학적 구조를 가진 부산은 격절된 여러 분절(分節)들의 결합체(結合體)입니다. 부산의 젖줄이라는 낙동강(洛東江), 진산(鎭山)이라는 금정산(金井山), 그리고 태평양(太平洋)이 합쳤습니다. 그 중 부산의 시작이자 가장 중요한 줄기는 역시 바다입니다.

하지만 현재 부산의 기형적 도시 구조를 낮은 산이 눈에 잘 띄기 때문에 우선 산줄기부터 말해보렵니다. 낙동정맥(洛東正脈)이 금정산에서 튀어 올랐다 백양산, 황령산 따위 높은 봉우리를 떨구고 간 부산의 산세는 바다에 이르기까지 기세가 줄지 않습니다. 큰 산줄기가 남북으로 달리다 갈리는 바람에 부산은 크게 세 구역으로 나뉩니다. 낙동강을 끼고 있는 좁고 긴 낙동강 회랑(回廊) 지역, 금정산 줄기를 서쪽에, 황령산 줄기를 동쪽에 두고 있는 좁고 긴 중앙 회랑 지역, 그리고 수영강을 낀 수영강 회랑 지역이 그것입니다.

얼핏 오늘의 부산 행정구역을 생각하면 부산 역사가 중심 회랑과 수영강 회랑이 만나는 연산동이나 복천동 정도에서 시작되었다고 생각하기 쉬울 듯합니다. 그러나 부산의 시작은 바다이고 이들 고분은 훨씬 나중에야 역사에 등장하게 된 신생아들입니다. 구석기 후기에 만들어진 고인돌이 바닷가 곳곳에서 보고되고(안타깝게도 남은 것이 거의 없습니다) 신석기 시대의 조개무지가 동삼동에서 발굴되어 이런 사실을 여실히 보여주고 있습니다.

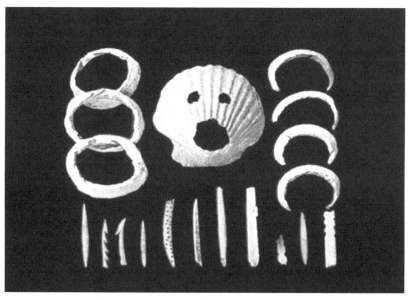

2-2. 동삼동 패총에서 발견된 얼굴 모양 조개 가면 장식

구석기와 신석기 시대의 바다는 당시에도 중요한 삶의 터전이었을 것입니다. 하지만 이런 바다가 해양이 되기 위해서는 단순한 삶의 터전 정도가 아니라 인류사의 어떤 기억을 되살릴 수 있어야 합니다. 특히 인류가 이룩한 문명(文明), 그리고 각 문명의 상관관계를 보여줄 수 있을 때 말입니다. 우리가 부산 역사를 거슬러 올라갈 때 도달할 수 있는 연대는 아주 멉니다. 문헌 기록에 따르면 가야(伽倻) 정도까지이겠지만 고고학의 성과를 빌면 상상을 뛰어 넘습니다.

다음은 강, 특히 낙동강입니다. 낙동강의 하구 지역이 오늘의 모습을 갖춘 것은 얼마 되지 않았습니다. 농사를 짓긴 했지만 홍수기 범람지(氾濫地)에 지나지 않은 낙동강 양안에 기나긴 둑을 쌓고 낙동강 물길을 지금의 본류로 잡은 일제강점기 이후의 모습입니다. 구포 둑의 일부나 김해 제방의 일부는 물론 이전에도 존재했지만 말입니다. 지금의 내동과 물금 선까지 깊숙이 들어온 거대한 물돌이가 가야 시대의 낙동강 하구 모습이었을 것입니다. 충적지(沖積地)가 형성되긴 했지만 낙동강

2-3. 패총이 발견되기 전의 동삼동 바닷가 모습. 지금 한국해양대학교가 자리 잡은 조도가 앞에 보인다.

하구의 고대 형태는 오랜 지질학적 운동 때문이고 가장 큰 동인은 지각 판의 충돌입니다.

어쨌든 지각 판의 충돌 따위 몰랐을 고대 해양 세력에게 대동-물금 선의 낙동강 하구(河口)는 이상적인 항만을 제공했습니다. 김수로왕과 허황후의 신화에서 볼 수 있듯, 가야는 틀림없는 해양 세력이었습니다. 그것이 얼마나 뻗어 이어져 있었는지 가늠하기 힘들지만, 가야가 거대한 해양 네트워크의 한 분절이었던 것은 틀림없습니다. 가야와 동떨어져 독립적으로 형성되었을 연산동, 복천동 세력도 해양 네트워크를 가진 가야 수중에 떨어져 가야 제국의 하나가 된 것은 어쩌면 당연한 결과였을 것입니다.

고대 해양 네트워크가 중국 중심으로 재편된 이후 서해안이 동아시아 해양 네트워크의 중심 지대가 되었고 그 동안 부산을 포함한 한반도 동남부 해안 지대는 중요성을 상실하게 됩니다. 동남부 해안 지대가 중요성을 회복한 것은 아이러니하게도 가장 대륙적인 민족인 원나라의 일본 원정과 관련되어 있습니다. 흔히 삼포 등으로 통칭하는 포구들의 이름이 등장하기 시작하는 것도 이때입니다. 부산과 일본의 연동 운동이 시작된 것입니다.

(2) 무역

부산과 역사적으로 가장 밀접한 관계를 맺고 있는 외국이 일본입니다. 본래 일본은 외국이 아니었지만 말입니다. 끊임없이 이동하는 선사시대인의 경로를 추적하다 보

2-4. 가덕도 신석기 매장 유적에서 발견된 인골. 목뼈 부근에서 옥장식이 발견되었다.

貿(바꿀 무): 贸, mào, 貝-5, 12, 32

字解 형성. 貝(조개 패)가 의미부이고 卯(넷째 지지 묘)가 소리부로, 재물(貝)을 서로 바꾸다는 의미로부터 '교역'과 貿易(무역)의 뜻이 나왔습니다. 이후 '경솔하다'는 뜻으로 가차되기도 했습니다.

字形 𧶠金文 𧶠古陶文 𧶠簡牘文 𧶠說文小篆

易(바꿀 역쉬울 이): yì, 日-4, 8, 40

字解 상형. 자원이 불분명합니다. 『설문해자』에서는 도마뱀을 그렸다고 했고, 곽말약은 그릇과 담긴 물을 그려 다른 그릇으로 옮기는 모습에서 '바뀌다'는 뜻이 나왔다고 했습니다. 아마도 도마뱀이 환경에 따라 몸의 보호색을 쉽게 바꾸기 때문에 '변하다'는 뜻이 나온 것으로 추정됩니다. 변하다고 할 때에는 變易(변역)에서처럼 '역'으로, 쉽다고 할 때에는 容易(용이)에서처럼 '이'로 구분해 읽습니다.

字形 甲骨文 金文 古陶文 簡牘文 石刻古文 說文小篆

면 지금의 일국적(一國的) 사고방식을 뛰어넘는 사실을 발견할 수 있습니다. 강원도 고성 문암리의 신석기 유적에서 발견된 옥 장식품, 여수 앞바다 안도 유적의 신석기시대 옥 장식품이 가까운 일본의 큐슈 섬에서 발견된 옥 장식품과 연결되어 있는 점을 상기할 필요가 있습니다. 최근 이것을 연결시킬 극적인 고고학적 발견이 있었습니다. 부산 앞바다 가덕도 신석기 유적에서 발견된 옥 장식품이 그것입니다.

한반도 옥 장식품의 계보를 좇아가 보면 중국 요녕성 소재 홍산문화(紅山文化)와 동시대에 시작되어 동해안에서 남해안으로 전파된 경로를 추적할 수 있습니다. 이것은 심지어 바다 건너 큐슈까지 아우르는 옥 문화권이 존재했다는 사실을 증명합니다.

처음엔 무역이 아니었을 것입니다. 옥처럼 상징성이 강한 종교 유물은 무역의 대상이기 쉽지 않습니다. 신석기시대의 옥은 다만 문명의 이동을 우리에게 알려줄 뿐입니다. 그러나 선사시대가 저물자 상황은 많이 달라집니다. 앞서 언급한 가야

제국이 해양 네트워크를 일본 열도까지 뻗치면서 그들은 문명을 옮겼습니다. 가야의 철정이 일본 열도에서 발견된 것을 봐도 알 수 있는 일입니다.

문명과 경제에서 뒤처진 일본의 중요성이 강화되면서, 적어도 고려 후기부터 한반도 동남부 해안 지대가 일본 경제권과 연결되었을 것입니다. 이것은 고려를 이은 조선에도 계속 이어지게 되는데, 외교의 탈을 썼지만 실질적 이익을 보는 분야인 무역과 관련되어 있습니다. 네트워크가 다만 무역이나 경제에 머무는 것이 아님은 다시 말할 필요가 없습니다.

(3) 왜관

倭(왜국 왜): wō, 人-8, 10, 12

字解 형성. 人(사람 인)이 의미부이고 委(맡길 위)가 소리부로, 볏단을 짊어진 여인(委)처럼 왜소한 사람(人)이라는 뜻인데, 키가 작고 왜소한 일본인이나 일본을 지칭하는 말로도 쓰였습니다.

字形 倭 說文小篆

館(객사 관): 馆, [舘], guǎn, 食-8, 17, 32

字解 형성. 食(밥 식)이 의미부이고 官(벼슬 관)이 소리부로, 음식(食)을 제공하며 손님을 접대하는 관공서(官)라는 의미로, 『설문해자』에서는 "客舍(객사)를 말한다. 『주례』에 의하면 50리마다 시장이 있고 시장에는 객사가 마련되었는데, 거기서는 음식을 준비해두어 손님을 맞았다."라고 했습니다. 食은 임시로 만들어진 집이라는 뜻에서 舍(집 사)로 바뀌어 舘(객사 관)으로 쓰기도 합니다. 이후 손님을 접대하는 집이나 외국의 公館(공관), 旅館(여관), 문화적 장소 등을 뜻하게 되었습니다.

字形 館 古璽 館 說文小篆

일본 측의 거짓 역사가 판을 치는 분야 중의 하나가 고대사입니다. 가야의 역사를 뒤집어 야마토 정권의 한반도 경영이라는 터무니없는 날조를 감행하는 저의를 짐작하지 못할 것은 아닙니다. 한반도 경영이란 허구를 뒷받침하는 기관이 임나 일본부(任那日本府)일 것입니다. 임나일본부의 장소를 특정하지 못하는 지금, 일본과 부산의 관련성을 부여할 아주 뚜렷한 장소는 왜관입니다.

왜관은 한자말이 가리키는 것만 일차원적으로 주목하면 연속된 건물이나 특정 구역을 가리키는 것으로 오해하기 쉽습니다. 그러나 왜관이라는 장소는 우선 기관(機關)이나 제도(制度)로서의 장소라는 점을 잊어서는 안 되겠지요.

일찍이 조선 초기에 구획된 왜관이라는 장소는 특히 낙동강을 따라 많은 흔적을 남겼습니다. 지금 경상북도에 있는 왜관이라는 지명이 그것을 잘 보여주고 있습니다. 하지만 왜관이라면 무엇보다 초량왜관입니다. 초량이란 지명이 아직 부산에 남아 있지만 왜관이 있을 당시 초량은 광범위한 지역을 가리키는 말입니다. 실제 지금 서구 남부 민동 일대까지도 초량이라 불렀던 사실을 보아도 알 수 있습니다. 어쩌면 초량이란 지명은 왜

2-5. 변박이 그린 초량왜관도

관과 별개로 있었던 것이 아닐지 모릅니다. 왜관의 이동을 초량이라는 지명이 따라

다니는 형국이었을 지도 모르지요. 그래서 왜관은 무엇보다 기관으로서의 장소인 것이 분명합니다.

왜관과 짝을 이루는 장소는 조선통신사(朝鮮通信使)가 될 것입니다. 에도 막부의 요청에 응해 조선에서 파견한 수십 차례의 외교 사절은 조선의 문화를 일본에 전파하기도 했지만 일본의 문화를 수입하는 통로이기도 했습니다. 이들의 기록인『해사록(海槎錄)』도 왜관에 딸린 조선통신사에 다시 딸린 장소가 될 것입니다.

조선 후기 실학의 등장을 이야기할 때 청나라를 배우자는 북학(北學)을 첫 손 꼽습니다. 하지만 일본과 파트너가 된 초량왜관을 다시 생각하면 우리는 '남학(南學)'의 가능성을 이야기하지 않을 수 없습니다. 남학이라는 용어가 있기는 있습니다. 김광화 패거리의 불교 혁명 세력이 자칭한 말입니다. 그러나 동·서·북의 학이 모두 있는데 이것에 대응하는 김광화 패거리의 남학은 인식 근거가 약합니다. 일본에서 수입한 신문물, 기기 등을 포괄하는 지식 체계를 남학이라 부르는 것이 타당하겠다고 생각합니다. 이것은 청장관 이덕무(李德懋, 1741~1793)가 대표할 것이고 그와 남학도 각각 하나의 장소로 상정하는 것이 옳겠습니다.

(4) 개항

개항의 반대편에 있는 장소는 '쇄국(鎖國)'일 것입니다. 우리 역사에서 근대를 절감하기 시작한 사건이 바로 개항일 텐데, 개항의 첫 장소가 바로 부산이었습니다. 개항이라는 사건이 우리에게 미친 영향은 이루 말할 수 없이 큽니다. 그 모든 것을 받아낸 장소가 부산이라는 점은 '부산들', 곧 부산의 부산다움이 얼마나 깊고 풍요로운지 알리는 장소의 하나일 것입니다.

개항이라니! 항구가 없던 곳에서 항구를 연다니. 이것은 새로운 시작을 알리는 말입니다. 결국 우리가 지금 누리거나 고통 받는 모든 것이 새롭게 시작한 장소가 바로 부산이 아니던가요. 한자 문화권이 종말을 고하고 세계사의 운동 속으로 빨려 들어간 장소가 여기 아니던가요.

개항의 반대편이 쇄국이라고 이미 말한 것처럼, 개항은 정치적 장소를 가지는

2-6. 부산이 개항한 뒤, 부산은 근대화의 입구였다. 사진은 조선왕조 말기 대구에서 활동한 서양 선교사가 주문한 피아노를 일본이 경영하는 부산세관에서 반출하는 모습이다.

데 그것이 바로 '개화'입니다. 개항이 수동성에 기반(羈絆)되어 있는 것이라면 그것의 능동적 장소는 개화일 것입니다. 물론 불운한 기획으로 마감하고 말았지만 개화의 장소성은 개항에서 찾아야 할 것입니다.

(5) 근대

近(가까울 근): jìn, 辵-4, 8, 60

字解 형성. 辵(쉬엄쉬엄 갈 착)이 의미부이고 斤(도끼 근)이 소리부로, 가까운 거리를 말하는데, 일상 도구인 도끼(斤)를 가지러 갈(辵) 수 있는 가까운 거리라는 뜻을 담았습니다. 이후 가까운 시간도 뜻하게 되었고, 近接(근접)하다, 親近(친근)하다의 뜻이 나

왔고, 총애나 실력자 가까이 있는 사람의 비유로도 쓰였습니다.

字形 𨒙𨒑 簡牘文　𧗟 說文小篆　𣥏 說文古文

代(대신할 대): dài, 人-3, 5, 60

字解 형성. 人(사람 인)이 의미부이고 弋(주살 익)이 소리부로, 다른 사람(人)으로 바꾸다는 뜻에서 교체하다, 代身(대신)하다 등의 뜻이 나왔으며, 한 세대 한 세대 바뀌면서 역사가 이어진다는 뜻에서 世代(세대)와 朝代(조대)의 뜻도 나왔습니다.

字形 代代 簡牘文　𤳉 說文小篆

다음과 같은 기술을 발견하고 놀라움을 금치 못한 적이 있습니다.

> 「한국의 발견」을 기획하는 과정에서 그러한 '문화의 없음'이 부산을 책 한 권 속에 따로 담는 일을 망설이게 했다. 서울에 이어 우리나라에서 둘째로 큰 도시인 부산이 이 나라의 정치, 행정 그리고 특히 경제에서 차지하는 자리의 넓이가 이곳이 직할시로 거듭난 1963년까지 그 어미 땅이었던 경상남도에 견주어 오늘에 훨씬 더 넓다는 것은 아무도 부인하지 않으나 그 안에 펼쳐진 모듬살이의 내용이 다양성을 지니지 못하여 보이므로, 1981년에 직할시가 된 인천과 대구를 '경기도' 편과 '경상북도' 편에 각각 넣어서 다루기로 결정한 데에 이어, 부산도 또한 '경상남도' 편에 덧붙여 다루어야 옳겠다는 의견이 있었다. 그러나 이 고장의 곳곳에 숨은 듯이 흩어져 있는 선사 시대의 유적과 아울러 임진왜란을 앞뒤로 하여 조선 시대를 통틀어 이곳이 해 온 한반도의 남쪽 관문 구실, 그리고 개항 뒤로 한 세기가 넘게 이 항구 도시가 한반도의 근대 역사에 차지해 온 큰 구실에 눈길이 미쳤을 때에 부산 땅 안에서 펼쳐져온 모듬살이의 내용을 결코 가볍게 볼 수만은 없겠다는 생각을 하게 되었다. …… 말하자면 부산에 '문화가 없는 것이 아니라 그 '문화'가 내륙의 다른 지역의 문물에만 익숙했던 눈에는 쉽게 모습이 다 드러나지 않는 것일 따름이었다.(「한국의 발견」『부산』「머릿글」에서)

한국 브리태니커를 창립하고 『뿌리 깊은 나무』의 편집인이던 한창기 씨가 쓴

2-7. 한창기 씨

것으로 짐작하는 이 글은 놀랍게도 1983년 무렵의 것입니다. 제 생각이 형성될 때 영향을 주지 않았지만 이제 다시 읽어보니 그렇게 오래 전에 이렇게 비슷하게 생각할 수 있었는가 하는 생각에 감동을 느낍니다. 구구절절 동감하는 이 글은 부산의 부산다움을 생각하게 합니다.

한창기 씨는 복수(複數)의 부산, 곧 부산들을 우선 역사적으로 차례로 되짚어 봅니다. "그리고 개항 뒤로 한 세기가 넘게 이 항구 도시가 한반도의 근대 역사에 차지해 온 큰 구실에 눈길이 미쳤을 때"라는 말은 부산이 어떤 장소라고 생각하는지 웅변하는 구절이 아니겠습니까?

제물포 등과 더불어 개항하긴 했지만 근대 중국의 조계(租界)에 해당하는 지역, 특히 일본인의 전관거류지(專管居留地)가 형성되어 가장 많은 일본인이 거주하게 된 부산이 우리 근대사에 차지하는 위상은 남다를 수밖에 없습니다. 그리고 일그러진 채 이식된 우리의 근대가 어떻게 굴절되게 되었는지 추적할 만한 단서가 여기 남아 있다고 말할 수밖에 없습니다. 그런 의미에서 한국의 근대는 부산들에서 우선 찾아야 할 것으로 보입니다.

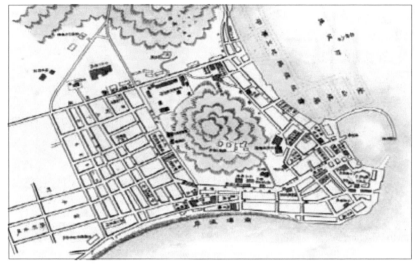

2-8. 일본인이 개발한 용두산 부근의 신시가지 조감도. 근대화의 청사진이다.

(6) 전쟁

戰(싸울 전): 战, zhàn, 戈-12, 16, 60

字解 형성. 戈(창 과)가 의미부이고 單(홑 단)이 소리부로, 무기(戈)를 동원한 '전쟁'을 말하는데, 單이 사냥 도구의 일종임을 고려하면 싸움이라는 것이 戰爭(전쟁)과 사냥에서 출발하였음을 보여줍니다. 이후 다투다, 싸우다의 뜻이, 다시 戰慄(전율)에서처럼 두려워하다의 뜻도 나왔습니다. 간화자에서는 單을 占(차지할 점)으로 간단하게 줄인 战으로 씁니다.

字形 𢧄 𢧄 金文 𢧄 戰 簡牘文 𢧄 石刻古文 戰 說文小篆

爭(다툴 쟁): 争, zhēng, zhèng, 爪-4, 8

字解 회의. 손(爪·조)과 손(又·우)으로 중간의 물건을 서로 빼앗으려 '다투는' 모습이었는데,

자형이 변해 지금처럼 되었으며, 이로부터 빼앗다, 다투다, 鬪爭(투쟁), 戰爭(전쟁) 등의 뜻이 나왔습니다. 간화자에서는 윗부분의 爪를 간단히 줄여 争으로 씁니다.

字形 　甲骨文　簡牘文　說文小篆

　　무역의 길은 전쟁(戰爭)의 길입니다. 부산이 가진 장소성에서도 손에 꼽을 만한 것이 전쟁입니다. 고대 부산에 얼마만큼 전쟁이 있었는지는 상세하지 않습니다. 그러나 부산의 땅에 깊이 각인된 전쟁은 크게 두 가지입니다. 다 아는 것처럼 임진왜란과 육이오, 두 차례의 큰 전쟁이 그것입니다.

　　임진왜란의 경과야 모두 아는 것처럼 '정명가도(征明假道)'를 내세운 일본 도요토미 막부의 침략에 의해 시작되어 잠시 휴지기를 가졌다가 재발하여 장장 일곱 해를 끈 큰 전쟁입니다. 조선왕조를 크게 전기와 후기로 나눈다고 할 때 그 기준이 된다 할 정도로 큰 영향을 끼쳤습니다.

　　다시 돌이켜 보면 임진왜란은 하나의 장소이고 그 장소에서도 가장 큰 함의를 지닌 것이 부산 땅입니다. 앞서 해양과 무역을 언급할 때 이야기한 것처럼, 한반도에서 서해안 중심의 구도가 흔들리기 시작한 것이 고려의 원나라 식민지 시기이고 그 중심에 부산을 포함한 한반도 동남부 해안 지대가 자리하고 있었던 것입니다. 대륙 세력과 해양 세력의 충돌이라는 장기 운동을 개시한 이 사건은 결국 오늘 우리를 만드는 원동력이 되었다고 말할 수 있겠습니다.

　　중세의 해양 세력을 대표하는 왜구 문제의 근치를 위해 발동한 원나라의 일본 원정은 실패로 귀결되고 말았습니다. 이것의 상징성은 오늘날도 작동하고 있는데, 불침 항모 일본 열도를 외치는 일본 우익의 머릿속에서 말입니다. 이러한 상징성의 이면에 도사린 열도 탈출의 운동 방향이 결국 임진왜란을 일으키게 된다고 말할 수도 있을 것입니다. 임진왜란은 일본 경제권의 성장에 이은 팽창 운동의 한 꼭짓점을 이룬다고 봐야겠고 오랜 잠복기를 끝낸 다음 나온 정한론, 강화도조약, 개항, 일본인 전관거류지 등은 그 작은 봉우리들입니다.

　　부산이 고스란히 받아낸 임진왜란의 폭풍은 많은 결과를 낳게 됩니다. 가깝게

2-9. 육군사관학교에 뺏긴 「동래부순절도」. 장소성은 이 그림이 왜 부산에 있지
않은지도 되묻고 있다.

는 왜관의 정비, 조선통신사의 왕래, 남학의 수입 등이 그것일 테고, 멀리는 개항, 조선과 한국의 근대, 오늘날 세계 내지 동아시아 체제 내에서 한국과 부산의 위치를 규정지은 것일 터입니다.

임진왜란에 비할 것은 아니지만 동시대성이라는 점에서 육이오 전쟁이 가진 장소성도 절대 무시할 수 없는 것입니다. 그 절실함이야 사실 조일 칠년 전쟁에 비할 바가 아닙니다. 오늘날 우리가 살고 있는 부산의 경관을 형성하는데 결정적인 역할을 하게 된 것도 바로 육이오 때문입니다.

육이오를 형용하는 많은 말 가운데 가장 적절해 보이는 것도 역시 소련, 중국을 위시한 대륙 세력과 미국이 중심이 된 해양 세력의 충돌일 것입니다. 이번 전쟁도 앞서 이야기한 것처럼 해양 세력의 장기 운동 과정에서 일어난 한 차례의 충돌일 테지만 부산을 비롯한 한국의 심령과 정신에 끼친 영향은 무지막지합니다. 물론 물질적 충격은 말할 것도 없이 말입니다.

오늘날 우리가 고통을 느끼는 모든 일의 가까운 기원을 찾으라고 하면 바로 육이오라고 말하지 않을 수 없습니다. 더구나 아직까지 너무 많은 기억이 이에 연관되어 있습니다. 만약 심령사(心靈史)의 층위에서 체제 전환의 문제를 생각한다면 부산은 바로 해원상생(解冤相生)의 땅이 되어야 마땅한 장소이겠습니다.

(7) 항도

港(항구 항): gǎng, 水-9, 12, 42

字解 형성. 水(물 수)가 의미부이고 巷(거리 항)이 소리부로, 항구를 말하는데, 물길(水)이 닿아있는 거리(巷)라는 의미를 담았습니다. 또 홍콩(Hong Kong)의 한자 이름인 香港(향항)의 줄임형으로도 쓰입니다.

字形 ![港] 說文新附字

都(도읍 도): dū, 邑-9, 12, 50

字解 형성. 邑(고을 읍)이 의미부이고 者(놈 자)가 소리부로, 선왕의 신주를 모신 종묘가 설

치된 읍(邑), 즉 都城(도성)을 말합니다. 중요하고 큰 읍을 말한 데서 大都市(대도시)의 뜻이, 다시 '완전하다', '모두'라는 뜻까지 나오게 되었습니다.

字形 　都 䜌 䣎 金文　䣁 䣎 䣎 䣜 古陶文　䣡 䣡 䣜 盟書　䴏

䜌 都 䜌 簡牘文　䴏 說文小篆

　앞서 이야기한 몇몇 장소를 아우를 현재의 장소를 생각하면서 '부산들, 곧 부산의 부산다움까지 얹을 요량이라면 역시 항도만한 것은 없다고 생각합니다. 항도는 항구도시를 줄인 말입니다. 항만이나 항구가 산업적 측면에서 이야기한다면 항구도시, 항도는 항구가 도시와 가진 연관성을 이야기해야 합니다.

　도시의 복합성을 다시 말할 필요는 없지만 인류사적 의미에서 도시의 원형을 생각해야만 하겠습니다. 멀리 아나톨리아 고원과 메소포타미아에서 최초로 형성된 도시는 종교 도시 내지 성벽 도시의 성격을 가집니다. 하지만 최초의 도시와 그를 이은 이후의 도시들은 모두 주변부를 통합하는 유통의 중심지로서 기능, 네트워크의 결절점이라는 점이 원형 내지 본질입니다. 성쇠의 정도 차이는 있었지만 본질을

2-10. 그림엽서 속의 송도해수욕장. 송도해수욕장은 우리나라 최초의 해수욕장이다. 근대성의 증상 가운데 하나인 벗은 신체가 허용되는 곳으로 유명했다.

벗어난 도시는 역사적으로 있었던 적이 없습니다.

　항도 부산도 마찬가지일 것입니다. 낙동강 회랑 지대를 중심으로 한 고대 항구가 근대 해양 세력의 등장과 더불어 현 부산의 구도심 지역으로 옮기고 수심 깊은 항구를 찾아내면서 항도 부산이 형성, 성장합니다. 도시를 네트워크의 결절점이라 규정할 때 부산의 막강한 국내, 국제 네트워크는 앞서 근대를 이야기할 때 한창기 씨의 말이 이미 충분히 증명하고 있습니다. 이제 빛이 많이 바랬지만 아직도 이 항도의 운명은 역시 항구를 중심으로 한 네트워크 기능과 떼서 생각할 수 없을 것입니다.

　이 항도의 운명은 어떻게 될까요? 가덕도에 신항만이 생겼지만 그것은 산업 이상의 의미를 부산들에 제공하지 못하고 있습니다. 그리고 새로운 항구인 공항이 제자리걸음 내지 후퇴한 것은 이 항도의 미래에 깊은 그늘을 드리우고 있습니다. 절체절명의 시간이 흐르고 있습니다. 낙관적이진 않지만 비관할 일도 아닙니다. 앞으로 항도에 초점을 집중한다면, 장기 지속의 역사에서 부산들이 차지할 자리는 저절로 떠오를 테니 말입니다.

03. 한자로 읽는 부산의 지명

김화영

제3장_한자로 읽는 부산의 지명*

김화영

地(땅 지): [坔, 埊, 墬], dì, 土-3, 6, 70

字解 형성. 土(흙 토)가 의미부이고 也(어조사 야)가 소리부로 '땅'을 말하는데, 만물을 생산하는(也) 대지(土)라는 의미를 담았으며, 이로부터 대지, 지구, 육지, 영토, 토지, 지방, 지위, 바탕 등의 뜻이 나왔습니다. 달리 '대지'는 물(水수)과 흙(土)으로 구성되었다는 뜻에서 坔, 산(山)과 물(水)과 흙(土)으로 구성되었다는 뜻에서 埊, 혹은 흙(土)으로 둘러싸였다(防방)는 뜻에서 墬 등으로 쓰기도 했습니다.

字形 金文 盟書 簡牘文 說文小篆 說文籀文

名(이름 명): míng, 口-3, 6, 70

字解 회의. 夕(저녁 석)과 口(입 구)로 이루어져, 캄캄한 밤(夕)에 입(口)으로 부르는 사람의 '이름'을 말하며, 이로부터 부르다, 姓名(성명), 이름을 붙이다, 시호 등의 뜻이 나왔습니다. 또 사물의 명칭이나 物目(물목)의 뜻도 나왔으며, 옛날에는 文字(문자)라는

---

* 본문의 한자의 어원에 관한 설명은 『한자어원사전』(하영삼, 2014)의 내용을 인용한 것임을 미리 밝힙니다.

뜻으로도 쓰였습니다.

字形　(비)(비)甲骨文　召召金文　吕古陶文　名吕簡牘文
　　　石刻古文　召古璽文　吕說文小篆

---

1. 부산(釜山)

　　부산은 15개구 1개 군을 가진 광역시로서 그 면적은 총 765.82㎢에 달합니다. 기장군이 가장 큰 면적을 차지하여 전체의 28.36%이고, 다음으로 강서구 23.58%, 금정구 8.51% 순입니다. 아래의 그림만 봐도 대강 그 면적을 짐작할 수 있을 것입니다. 필자는 부산에서 나고 자라난 순수 토박이로, 여느 대도시와 비교해 봐도 부산만큼 날씨가 좋은 곳이 없는 것 같다고 아주 주관적으로 생각하고 있습니다.

　　지명(地名)이란 말 그대로 '땅의 이름'을 뜻하지만, 한편으로는 조상이 남겨놓은 귀중한 문화유산이기도 합니다. 이는 그 지역의 지형지물과 언어를 바탕으로 형성되며, 거기에다 전설, 역사, 풍속, 문화 등의 요소까지 더해져서 만들어집니다. 지(地)는 만물을 생산하는 대지라는 의미를 담고 있는 단어입니다. 名(이름 명)은 夕(저녁 석)과 口(입 구)로 이루어져, 갑골문에는 (비)으로 그려져, 어두운 밤에 입으로 부르는 것이 이름을 뜻하는 단어가 되어 버렸습니다. 왜 이름자에 달이 있는 것일까요? 왜 저녁이어야만 했을까요? 낮이면 안 되는 것이었을까요? 이름을 말할 수 있는 다른 사물은 없었던 것일까요? 이러한 의문들이 꼬리에 꼬리를 물어, 더욱 갑골문에 푹 빠져들 수밖에 없습니다. 우리나라의 지명은 대부분 한자로 기록되어 있지만 표기는 한글로 되어 있는 경우가 많습니다. 고속도로나 국도의 도로 명을 예로 들어봅시다. 도로에 '서울산'이라는 한글표기만 있다면, 무엇이 가장 먼저 생각나는가요? 인터넷에도 '서울산'이라고 치면, 온갖 산의 이름들이 나열되어 나옵니다. 그러니 우리도 이 단어를 보고, 제일 먼저 '서울+산'으로 쉽게 이해하게 됩니다. 그러나 이는 '서+울산'을 나타내는 것입니다. 그렇다면 쉽게 이해하기 위해 한자로 표기해야 할

3-1. 부산시의 행정명

까요? 그런데 한자로 적었을 경우, 한글보다 더 쉽게 이해할 수 있나요? 한자를 안다면 모를까. 생각보다 한자를 아는 사람이 적고, 우리는 일상생활에서 한자보다 한글을 더 많이 접하므로 한자로 표기한 지명을 읽는데 익숙하지 않다는 데 또 함정이 있습니다. 개인적으로 한글 옆에 괄호를 두고 그 안에 한자를 표기했으면 좋겠지만, 표지판의 특성상 그 많은 단어를 적는 것도 번잡스러울 것 같긴 합니다.

지명을 간단하게 설명하는 것은 매우 어려운 일입니다. 이는 원래 지명이 명명된 원인과 관계가 있습니다. 앞서 언급했다시피 지명은 그 지역의 지형지물, 언어를 바탕으로 형성되며, 거기에다 전설, 역사, 풍속, 문화 등의 요소까지 더해져서 만들어진다고 하였습니다. 그러므로 지명은 자연경관과 생활풍습과도 밀접한 관련을 맺게 됩니다. 그러니 산, 강, 물, 지형, 풍수지리, 교통과 관련된 지명은 물론, 불교, 유교, 도교나 샤머니즘 등 종교적 색채를 나타내는 지명이 생기는 것은 자연스러운 일입니다. 부산에 있는 지명도 여기에서 크게 벗어나지 않습니다.

우선 부산(釜山)이라는 지명은 언제부터 사용되었는지 정확한 시기는 알 수 없지만 『성종실록』(1470년, 성종 1년)에 처음으로 보입니다.[1] 그러다가 『동국여지승람』(1481년)이 완성된 15세기 말엽부터는 부산이라는 지명이 일반화 된 것으로 추정됩니다. 『동국여지승람』에는 산 모양이 가마 꼴과 같아서 부산(釜山)이라고 불렀다고 명시하였습니다. 그 후 기록들은 이를 그대로 인용하여 부산(釜山)이라고 기록하였고, 그것이 오늘에 이르고 있습니다.

釜(가마 부)는 金(쇠 금)이 의미부이고 父(아비 부)가 소리부입니다. 큰 '가마솥'을 뜻하며, 금(金)과 부(父)가 좌우 구조가 아닌 상하 구조로 결합하면서 획이 생략되어 지금처럼 되었습니다. 금문에서는 🝲로 그려져, 금(金) 대신 부(缶)가 사용되었습니다. 이는 가마솥이 금속이 아닌 토기로 만들어졌음을 나타내고 있습니다. 지금의 가마솥을 연상하면 토기로 만든 가마솥은 생소하게 느껴질 만도 하지만, 솥의 재질은 선사 시대에는 토기를 사용하였고, 청동기 시대에는 청동을 사용하였습니다. 무쇠로 사용하기 시작한 것은 철기 시대에 들어서면서부터입니다. 또한 우리나라에서도 솥이 흙이 아닌 놋쇠나 구리로 만들기 시작한 것은 고려 시대 이후부터입니다.

산(山)은 갑골문에서부터 ⛰과 같이 세 개의 산봉우리를 그려 연이어진 '산의 모습을 그려냈습니다. 산을 한 번 생각해보세요. 무엇이 떠오르는가요? '계곡, 산등성이, 바위, 언덕' 등 바로 산에서 볼 수 있는 자연경관이 제일 먼저 떠오를 것이고, 또 '높다, 웅장하다' 등처럼 산을 보면서 느끼는 감정이 떠오를 수 있을 것입니다. 그 밖에 중국에서는 왕의 죽음을 산이 무너지는 것(崩御)에 비유하기도 했습니다. 그래서 한자에서도 산(山)을 부수자로 하는 글자들을 살펴보면 대개 다음과 같은 3가지 특성을 가집니다. 첫째, 崇(높을 숭, 숭산을 의미), 華(산 이름 화, 화산을 의미), 崑(곤륜산 곤, 곤륜산을

---

1) 조선시대 『태종실록』(1402년, 태종2년)에 부산(富山)이라는 명칭이 처음 보였는데, 이후의 『경상도지리지』(1425년), 『세종실록지리지』(1454년), 『경상도속찬지리지』(1469년), 『해동제국기』(1471년)에도 전부 부산(富山)이라고 표기되어 있습니다.

{의미} 등과 같이 직접 산을 나타내는 것. 둘째, 岩(바위 암), 嚴_(바위 암), 峻_(높을 준), 嵬_(높을 외) 등과 같이 암석이나 높은 것을 나타내는 것. 셋째, 岡_(산등성이 강), 峽_(골짜기 협), 岸_(언덕 안), 崩_(무너질 붕) 등과 같이 산의 특징이나 산에 속하는 것들의 특징들을 나타내는 것이 있습니다.

산지가 많은 우리나라의 특성상 지명에 산(山)자가 들어가는 경우는 매우 많다 하겠습니다. 부산과 가까운 곳을 예로 들어보려고 하면, 바로 떠오르는 곳이 있지 않습니까? 그렇습니다. 마산(馬山), 양산(梁山), 울산(蔚山)입니다. 주위의 지명을 한 번 살펴보세요. 무심히 지나쳐 온 수많은 지명들이 새롭게 역사·문화·종교 등의 요소를 듬뿍 안고 그대에게 다가올 것입니다.

2. 종교(宗敎)

宗(마루 종): zōng, 宀-5, 8, 42

> **字解** 회의. 宀_(집 면)과 示_(보일 시)로 구성되어, 조상의 위패를 모신 제단_(示)이 설치된 집_(宀) 즉 종묘를 말하며, 이로부터 동일 종족이나 가족, 종파, 종갓집 등을 말하게 되었고, 다시 으뜸, 정통 등의 뜻이 나왔습니다.

> **字形** 甲骨文 金文 古陶文 盟書 簡牘文 說文小篆

敎(가르칠 교): [教], jiào, jiāo, 攴-7, 11, 80

> **字解** 형성. 子_(아들 자)와 攵_(攴, 칠 복)이 의미부이고 爻_(효 효)가 소리부로, 아이_(子)에게 새끼 매듭_(爻) 지우는 법을 회초리로 치며_(攵) 가르치는 모습을 그렸는데, 새끼 매듭_(結繩·결승)은 문자가 출현하기 전 기억을 보조하던 주요 수단이었고, 그것을 가르치는 것이 教育_(교육)이었습니다. 이로부터 지식이나 기능 등을 전수하다는 뜻이 생겼고, 학술 등의 유파를 뜻하여 宗敎_(종교)라는 뜻도 나왔으며, 이후 사역동사로도 쓰였습니다. 달리 孝_(효도 효)가 소리부이고 攵이 의미구조로 된 敎로 쓰기도 하는데, 가르침의 최고 대상의 하나가 '효'임을 천명했습니다.

字形 甲骨文 金文 簡牘文 石刻古文 說文小篆 說文古文

부산의 지명에서 가장 쉽게 눈에 띄는 것이 바로 종교적 색채를 지닌 지명들입니다. 즉, 앞서 얘기한 불교, 유교, 도교나 샤머니즘을 나타내는 동명들입니다. 우리가 흔히 이야기하는 종교(宗敎)라는 한자는 언제, 어디에서부터 기원한 것일까요? 종(宗)자와 교(敎)자는 갑골문에 이미 나타나 있습니다.

宗(마루 종)은 宀(집 면)과 示(보일 시)로 구성되어 있습니다. 갑골문에는 ⬆️이라고 그려, 제단이 설치되어 있는 집을 나타내었습니다. 즉 종묘를 뜻했습니다.

敎(가르칠 교)는 子(아들 자)와 攵(칠 복)이 의미부이고 爻(효 효)가 소리부입니다. 갑골문에는 ⬆️로 그려, 아이에게 새끼 매듭 지우는 법을 회초리로 치며 가르치는 모습을 그렸습니다. 새끼 매듭은 한자로 결승(結繩)이라고 부르는데, 이는 문자가 출현하기 전 기억을 보조하던 주요 수단이었습니다. 그러므로 오늘날 문자를 가르치듯이 그 당시엔 결승법을 가르쳤습니다. 이것이 교육(敎育)의 시초였습니다. 지금에서야 매로 학생들을 교육하는 것이 금지되다시피 했지만, 몇 년 전까지만 해도 학교에서 또는 집에서 아이들을 가르칠 때 매는 공공연히 사용되던 것이었습니다. 그렇다면 갑골문 시대부터 있어왔던 매로 아이들을 가르치는 현상은 3천여 년의 역사를 지니고 있는 셈입니다.

(1) 부처님(불교) 향기 느끼며

佛(부처 불): [仏, 伏, 彿, fú, 人-5, 7, 42]

字解 형성. 人(사람 인)이 의미부고 弗(아닐 불)이 소리부로, 원래는 진짜가 아닌(弗) 비슷한 사람(人)을 말했으며, 이로부터 '마치', 방불케 하다 등의 뜻이 나왔으며, 彿(비슷할 불)이나 髴(비슷할 불)과 같이 썼습니다. 그러나 불교 유입 이후 붓다(Buddha)의 음역

자로 쓰였는데, 이는 사람(人)이되 사람이 아닌(弗) 신의 경지에 오른 존재라는 뜻을 담았습니다. 유교를 숭상했던 조선시대에는 佽로 쓰기도 했는데, '요상한(夭요) 사람(人)'이라는 뜻을 담아 불교에 대한 부정적 인식을 반영했습니다.

字形 佛 說文小篆

자, 갑골문에서 종(宗)자와 교(敎)자가 상술한 의미로 사용되어졌다면, 종교라는 단어는 언제부터 지금의 뜻을 가지게 된 것일까요? 종교가 한 단어가 되어 처음으로 사용될 때, 현재의 뜻으로 사용되었을까요? 종교(宗敎)는 본래 산스크리트어를 중국어로 번역한 불교용어였습니다. 중국에 불교가 전래되었을 때 『능가경(楞伽經)』에서 '근본이 되는 가르침'이라는 의미를 가지고 있는 'Siddhanta Desana'를 '종교'로 번역한 것입니다. 그런데, 19세기 말 일본 메이지(明治) 시대에 '신과 인간을 잇는다.'라는 의미를 지닌 'Religion'의 대응어로 '종교'를 사용한 것이 오늘날의 종교의 뜻이 되었습니다. 현재의 종교는 불교, 기독교 등 개별 종교들을 총칭하는 개념으로 사용되고 있습니다.[2] 불교는 후한(後漢) 초기 실크로드를 통해 중국에 유입되고 나서, 수(隋)나라를 거쳐 당(唐)나라 때 가장 전성기를 맞이하였습니다. 비록 송(宋)나라 이후부터 성리학, 양명학, 실학 등이 융성하였다고는 하나, 지금까지도 중국인들에게 가장 큰 영향력을 발휘하는 종교는 불교일 것입니다. 처음 불교가 중국에 들어왔을 때, 중국에서는 신(神), 귀신(鬼), 신선(仙)이 있었을 뿐이지 부처님(佛)은 존재하는 대상이 아니었습니다. 그러므로 이를 뜻하는 새로운 단어를 생각해내야 했는데, 그것이 바로 불(佛)입니다. 불(佛)은 '부처님'을 뜻하는 단어이며, 불교(佛敎)는 '부처님을 모시고 그 종지를 받든 종교'를 의미합니다. 여기에서 佛(부처 불)은 人(사람 인)이 의미부이고 弗(아닐 불)이 소리부입니다. 사람이지만 사람이 아닌 신의 경지에 오른 존재라는 뜻을 담았으니, 이보다 더 부처를 뜻할 수 있는 한자가 있을까 싶습니다.

부산에서는 보수동(寶水洞), 부용동(芙蓉洞), 아미동(峨嵋洞), 연산동(蓮山洞)이 불교적 색채가 강하게 느껴지는 동명입니다. 이중에서 보수동과 아미동을 살펴

---

2) 증산도 도전편찬위원회, 『증산도 道典』(대원출판사, 1994), 19쪽.

봅시다.

1. 보수동(寶水洞)

寶(보배 보): 宝, [珤], bǎo, 宀-17, 20, 42

字解 형성. 宀(집 면)과 玉(옥 옥)과 貝(조개 패)가 의미부이고 缶(장군 부)가 소리부로, 집(宀) 안에 옥(玉)과 조개 화폐(貝) 같은 보물이 가득 든 모습을 그렸고, 이로부터 寶物(보물), 보배, 귀한 물건의 뜻이 나왔고, 돈, 미덕, 아끼는 물건 등을 지칭하게 되었습니다. 간화자에서는 宀과 玉으로 구성된 宝로 씁니다.

字形 甲骨文 金文 古陶文 簡牘文 說文小篆 說文古文

水(물 수): shuǐ, 水-0, 4

字解 상형. 굽이쳐 흐르는 물을 그렸습니다. 그래서 水(물 수)는 '물'이나 물이 모여 만들어진 강이나 호수, 또 물과 관련된 동작을 비롯해 모든 액체로 그 의미가 확장되었습니다. 하지만 중국에서 '물'은 단순히 물리적 존재로서의 물의 의미를 넘어, "최고의 선은 물과 같다(上善若水·상선약수)"라고 한 노자의 말이 아니더라도, 治(다스릴 치)나 法(법 법)에서처럼 물은 언제나 남이 꺼리는 낮은 곳으로 흐르며 모든 것을 포용하는, 사람이 살아가야 할 도리를 담은 지극히 철리적인 존재로 인식되었습니다.

字形 甲骨文 金文 古陶文 簡牘文 帛書 古璽文 說文小篆

보수동(寶水洞)은 중구(中區)에 있는 동명으로, 1990년대까지만 해도 대학생들은 이곳으로 와서 책을 사곤 했습니다. 보수동하면 바로 떠오르는 것이 책방골목입

니다. 1950년 6.25 사변이후 부산이 임시수도가 되었을 때, 이북에서 피난 온 손정린씨 부부(구 보문서점)가 보수동 사거리 입구 골목 안 목조 건물 처마 밑에서 박스를 깔고 미군부대에서 나온 헌 잡지, 만화 고물상으로부터 수집한 각종 헌책 등으로 노점을 시작한 것이 지금의 보수동 책방 골목이 되었습니다.[3]

3-2. 보수동 입구의 책을 든 아저씨 상

책방길목으로 가는 길목에 책을 한가득 들고 있는 인자한 모습의 아저씨 동상이 있습니다. 1960~70년대에는 70여 점포가 들어서 당시 생활이 어려운 피난민과 가정 형편이 어려운 수많은 학생과 지식인들이 자신이 가져온 귀중한 책을 내다 팔기도 하고 저당 잡히기도 하였습니다. 또 다시 자기가 필요한 헌책을 싼값에 사서 학업에 충실할 수 있었습니다.

이 시기를 겪지 않은 세대들은 저 동상의 모습이 낭만적으로 느껴질 수도 있을 것입니다. 그래, 낭만도 있을 수 있겠습니다. 그러나 그 낭만에 앞서 그 시대를 살았던 사람들의 애환이 더 와 닿아야 하지 않을까 싶습니다.

책이라고 하면 바로 떠오르는 명구가 있습니다. 아시죠? 바로 안중근 의사의 말입니다. 그는 그 유명한 '一日不讀書, 口中生荊棘(하루라도 책을 읽지 않으면 입 안에 가시가 돋는다.)'는 말을 하여, 독립운동에 참여하면서도 학문을 게을리 해서는 안 된다고 경고하였습니다. 2015년도에 문화체육관광부에서 조사한 만화와 잡

---

3) http://www.bosubook.com/소개글

지를 제외한 성인의 연간 독서율은 65.3%로 나왔고, 연간 독서량은 9.1권으로 집계되었습니다. 약 35%에 해당되는 나머지 사람들은 스마트폰이나 컴퓨터 혹은 다른 여가활동으로 인해 책을 읽지 않는 것입니다. 의자에 앉아 있는 것도, 책을 읽는 것도 다 습관입니다. 그러한 습관이 없다면 앉아 있는 것도, 책을 읽는 것도 고문처럼 느껴질 것입니다. 책을 읽지 않으면 사고의 깊이, 횟수가 줄어듭니다. 살아있는 좀비가 되기 싫다면 일 년에 책 몇 권 읽기라는 목표를 정해서 실천해보는 건 어떨까요?

이전, 필자가 보수동 책방을 처음 간 건 사전을 좀 싸게 사기 위함이었습니다. 90년대만 해도 큰 사전을 옆구리에 끼고 대학교를 다녔었습니다. 그때는 사전이 너무 무거워 손목도 아프고 힘들었지만, 지금 생각해보니 아름다운 추억인 것 같습니다.

3-3. 보수동 책방골목 입구의 계단길

책방골목으로 들어서기 직전, 오른쪽을 쳐다보면 보기만 해도 아찔한 수많은 계단길이 나옵니다. '저기를 어찌 다 올라갈고'라는 생각이 절로 듭니다. 그리고 보면 중구의 중앙동역에서 나오면 40계단 문화관광 테마 거리가 있는데, 여기는 그 계단보다도 더 많아 보입니다. 40계단 위쪽은 6·25 전쟁 당시 부산으로 몰려든 피란민들이 판잣집을 짓고 모여 살던 장소로, 부두에서 들어오는 구호물자를 내다 팔던 장터로 피란살이의 상징입니다. 영도 대교와 함께 헤어진 가족의 상봉 장소로도 유명하였습니다.[4) 산

꼭대기를 향해 비탈진 길을 깎지 않고 그대로 그 길 따라 집을 지었는데, '헉' 소리가 절로 나오는 장소임에는 분명합니다. 이렇게 비탈진 길에 집을 지은 곳은 부산 곳곳에서 볼 수 있습니다. 아미동, 감천동, 신선동 등등. 그래서 그런 곳에는 '만디 버스'가 다니는 것인지도 모르겠습니다. '만디'는 '꼭대기'라는 의미를 가진 부산 사투리입니다. 자, 그럼 책방 골목을 누비면서 왜 이곳이 보수동이 되었는지 생각해 보세요. 안타깝게도 책과는 관련이 없습니다.

보수동이라는 동명은 보수천(寶水川)이라는 물이 흘러 지명으로 명명된 것입니다. 보수동의 어느 부분에 불교와 관련된 곳이 있을까요? 학자들은 옛날 보수동에 사찰이 있었기 때문에 그렇게 명명한 것으로 추측하고 있습니다.

보수(寶水)는 법수(法水)라고도 하는데, 법수는 불교에서 중생의 번뇌를 씻어주는 부처님의 가르침을 물에 비유한 말입니다. 寶(보배 보)는 宀(집 면), 玉(옥 옥), 貝(조개 패)가 의미부이고 缶(장군 부)가 소리부입니다. 갑골문에는 ⬚ 로 그려, 집 안에 옥과 조개 화폐 같은 보물이 가득 든 모습을 그렸습니다. 그러니 보물도 보물이지만 집 안에 돈이 많은 부자의 형상을 나타낸 한자 같기도 합니다.

허신(許愼)은 『설문해자(說文解字)』에서 "옥은 아름다운 돌이다. 옥은 다섯 가지 덕성을 지니고 있다. 윤기가 나면서 온화한 것은 인(仁)에 비유할 수 있고, 결이 있어 밖에서 그 안을 알 수 있는 것은 의(義)에 비유할 수 있으며, 그 소리가 잔잔히 퍼져서 멀리까지 전해져 들리는 것은 지(智)에 비유할 수 있고, 구부러지지 않고 쪼개지는 것은 용(勇)에 비유할 수 있으며, 날카로우나 해를 끼치지 않는 것은 결(潔)에 비유할 수 있다."[5]라고 하여, 옥을 인간이 지녀야 할 덕목에 비유한 것입니다. 이처럼 한자문화권에서 옥은 보석 그 이상의 의미를 지니고 있습니다.

水(물 수)는 대표적인 상형자로, 갑골문에 ⬚ 로 그려 굽이쳐 흐르는 물을 나타내었습니다. 상술한 부분에 보수는 또한 법수(法水)라고 말한다고도 했는데, 왜 부처님의 가르침을 법수라고 부른 것일까요? 현대에서 법(法)이란 엄격한 잣대를 가지고 죄의 경중을 헤아려 심판을 하는 것을 말합니다. 그런데 법(法)이라는 한자에

---

4) [네이버 지식백과] '40계단 문화관광 테마 거리'(한국향토문화전자대전, 한국학중앙연구원)
5) "玉, 石之美者, 有五德: 潤澤以溫, 仁之方也; 鰓理自外, 可以知中, 義之方也; 其聲舒揚, 專以遠聞, 智之方也; 不撓而折, 勇之方也; 銳廉而不忮, 潔之方也."

물이 들어가 있습니다. 왜 고대 중국인들은 딱딱하기 그지없는 법이라는 의미에 물을 집어넣은 것일까요?

法(법 법)은 水(물 수)와 去(갈 거)로 구성되어 있습니다. 금문을 살펴보면 **鸞, 澧**과 같이 물과 사람 외에 해태를 그린 경우가 있습니다. 해태는 시비를 따지고 선악을 구별하여 악한 사람을 뿔로 받아 죽이는 상상 속의 동물입니다. 그렇다면 이 법이라는 한자에 지금의 의미가 생긴 것은 이해할 수 있겠습니다. 그런데 물은 왜 필요했던 것일까요? 이에 대해서 하영삼(2014)은 "법이란 모름지기 물의 흐름처럼 해야 한다는 뜻을 담았습니다. 물은 언제나 높은 곳에서 낮은 곳으로 흐르지 낮은 곳에서 높은 곳으로 역류하지 않는 항상성을 가지기에 법(法)은 항상 공평하고 또한 일정해야 합니다."라고 말했습니다. 이것이 바로 법이 지향해야 될 점입니다. 그래서 법에 항상성을 가진 물이 들어가 있는 것입니다. 그럼, 다시 원래의 동명으로 돌아가서 보수동의 의미를 살펴보면, 이는 부처님의 가르침이 온 누리의 사람들에게 널리 퍼지어 근심과 걱정을 씻어주는 동네라는 의미를 지니고 있다는 것을 알 수 있습니다.

2. 아미동(峨嵋洞)

峨(높을 아): é, 山-7, 10

字解 형성. 山(뫼 산)이 의미부이고 我(나 아)가 소리부로, 산세(山)가 의장용 칼(我)처럼 높고 빼어남을 말합니다. 또 사천성에 있는 峨嵋山(아미산)을 지칭하기도 합니다.

字形 **山我** 說文小篆

嵋(산 이름 미): méi, 山-9, 12

字解 형성. 山(뫼 산)이 의미부이고 眉(눈썹 미)가 소리부로, 사천성에 있는 산(山)의 이름으로 峨嵋山(아미산)을 말하는데, 五臺山(오대산)과 普陀山(보타산)과 함께 중국의 3대 불교 성지의 하나로 불립니다.

아미동(峨嵋洞)은 중국 사천성(四川省)의 아미산(峨嵋山)과 한자가 같은데, 이 아미산은 중국 3대 불교 성지의 하나로, 불교가 중국에 처음으로 정착한 곳이며, 여기에서부터 동쪽으로 불교가 전파되었습니다.

그런데 아미동의 유래에는 움집을 의미하는 '애막'이라는 옛말이 변하여 아미(峨嵋)가 되었다는 설과 이곳에 반월형의 토성이 있었는데, 이것을 아미월(峨嵋月)이라고 부른데서 비롯되었다는 설이 있습니다. 이 설들은 불교와는 전혀 관련이 없습니다. 이에 대한 논증은 관련학자들의 몫이겠지만, 아미동에는 공교롭게도 아미산(峨嵋山)이라는 구릉성 산지가 존재합니다. 중국의 아미산과 이름이 같은 것입니다.

그렇다면 다시 한자를 살펴봅시다. 峨(높을 아)는 山(뫼 산)이 의미부이고 我(나 아)가 소리부입니다. 아(我)는 지금에서야 '나'를 대표적으로 지칭하지만, 갑골문에는 𢨶 로 그려, 날이 여럿 달린 특수한 창을 나타내었습니다.[6] 그러므로 아(峨)는 산세가 의장용 칼처럼 높고 빼어남을 뜻하는 한자이며, 아미산(峨嵋山)을 지칭하는 한자이기도 합니다.

嵋(산 이름 미)는 山(뫼 산)이 의미부이고 眉(눈썹 미)가 소리부입니다. 이 역시 사천성에 있는 아미산(峨嵋山)을 뜻하는 한자입니다.

그러므로 이 동명의 음을 아미라고 한데에는 상술한 두 가지 설 이외에, 불교의 영향도 분명 있었으리라고 추측됩니다.

부산 사람이라 하여도 부산에 대해 다 아는 것이 아닙니다. 특히나 요즘 젊은 이들은 앞서 설명한 책방골목이나 40계단 등의 역사적 의미를 거의 모르고 있습니다. 안타깝게도 그냥 부산의 특징을 나타내는 관광지로 인식하는 것이 아닌가하는 생각도 듭니다. 아미동의 '비석마을'도 우리의 역사가 숨어있는 곳입니다. 개항 이후 일본인들은 부산 각처에 흩어져 있던 공동묘지를 아미동으로 옮기게 하고 영도와 부산진, 대신동에 있던 화장장도 1909년 이곳으로 옮기게 하였습니다.[7] 그러니 이곳은 일본인들의 공동묘지가 있던 곳이었습니다. 제2차 세계대전에서 일본이 패망

---

6) 하영삼(2014)은 "아(我)는 적을 치기 위한 대외용 무기가 아니라 내부의 적을 처단하고 내부(즉 우리)의 결속을 다지기 위한 대내용 무기로 보이며, 여기서부터 '우리'라는 뜻이 나왔을 것으로 보입니다."라고 말했습니다.

7) 주경업, 『부산이야기99』(부산민학회, 2008), 100쪽.

하자 일본인들은 선조의 무덤을 같이 가져 갈 수 없어 무덤은 남겨둔 채 그들의 나라로 돌아가게 됩니다. 그러다가 한국전쟁 때 피난민들이 부산으로 밀려오면서 마땅한 집이 없자 정부에서는 이곳에 집을 짓고 살라고 합니다. 이 곳 공동묘지가 있는 곳에 말입니다. 공동묘지 터를 새로 밀고 집을 지을 여력이 어디 있었겠습니까? 당시 일본인 묘지는 땅을 파서 납골함을 안치한 다음 그 위를 한 가운데 구멍이 뚫린 지대석으로 덮고, 지대석 위에 비석좌대를 3장 더 쌓아올린 다음 그 위에 묘비(墓碑)를 세웠습니다. 그리고 그 묘비석 주위로 외곽 벽을 둘러 경계석으로 삼았습니다.[8] 그러니 이 묘지는 사람들이 집을 짓고 살기에 최적의 장소가 되어, 사람들은 바로 그 묘지 위에 집을 짓고 살게 됩니다. 지금도 이곳 비석마을을 가보면, 일부 집 아래에 비석을 주춧돌로 삼은 것을 종종 볼 수 있습니다. 필자가 여기를 찾았을 때는 쉽게 비석을 발견할 수가 없었습니다. 기찻집 예술 체험장에 들려 관련 자료를 보고 친절한 주인의 설명을 듣고 겨우 찾을 수 있었습니다. 우선 땅에 계단 위쪽을 가리키는 손가락 그림이 그려져 있는 곳을 찾아야 합니다. 그러고 나서, 기찻집에서 받은 자료들을 들고 보물찾기 하듯 비석들을 찾으면 됩니다.

3-4. 비석을 찾을 수 있게, 계단에 그려진 손가락 그림

3-5. 비석을 주춧돌로 삼은 집

---

8) KBS부산재발견 제작팀, 『부산재발견』(우진, 2012), 18쪽.

3-6. 완전한 묘지 위에 세워진 집(발견당시)　　　　3-7. 2016년 정비한 모습

　　2014년에는 1912~1914년 사이 조성된 완전한 묘지 위에 세워진 건물이 발견되기도 했습니다. 아래의 그림은 이 때 발견된 묘지로, 발견당시의 모습과 정비한 모습입니다. 그동안은 일부 건축물 아래 비석을 주춧돌로 삼은 것만 볼 수 있었는데, 이를 통해 완전한 무덤 위에 집을 지은 것을 확인할 수 있었습니다.

　　아미동은 처음부터 있던 이름이 아닐지라도 이러한 곳에 일본인들이 공동묘지를 만들고 화장터를 만들어, 그 동명과 깊은 연관을 맺게 한 것은 참으로 절묘하다 하겠습니다.

　　지금의 아미동은 비석문화마을이라는 명칭을 더해 사람들에게 부산의 역사를 알게 해주는 장소로 거듭나고 있습니다. 다만 아직도 홍보가 덜 된 탓인지 이를 많이 아는 사람들이 주위에 적었다는 것은 아쉬움으로 남습니다. 많은 사람들이 부산의 역사, 문화 등에 관심을 가지고 부산을 새롭게 써 나가길 희망해봅니다.

(2) 신선(도교)이 노니는 곳

道(길 도): dào, 辵-9, 13, 70

字解 회의. 首(머리 수)와 辵(쉬엄쉬엄 갈 착)으로 구성되었는데, 首에 대해서는 의견이 분분하지만 사슴의 머리를 그린 것으로 보입니다. 사슴의 머리(首)는 매년 자라나 떨어지는 뿔을 가졌기에 순환의 상징이기도 합니다. 그래서 道는 그런 순환의 운행(辵) 즉 자연의 준엄한 법칙을 말했고, 그것은 인간이 따라야 할 '길'이었습니다. 이로부터 '道라는 숭고한 개념이 담겼고, 이런 길(道)을 가도록 잡아(寸촌) 이끄는 것이 導(이끌 도)입니다.

字形 金文 古陶文 盟書 簡牘文 說文小篆 說文古文

중국에서 탄생한 도교(道敎)는 삼국시대부터 우리나라에 전래되어, 우리의 토착신앙과 불교에 혼합되어 지금까지도 민간생활에 뿌리깊이 자리 잡고 있습니다. 불로장생, 선단, 온갖 신선, 여러 도술, 천상과 지상 등 우리의 호기심을 자극할만한 소재가 무궁한 것이 도교의 요소들입니다. 진나라 시황제가 불로장생에 미쳐 서복을 시켜 온 천하를 돌며 불로초를 찾게 한 것은 유명한 일화입니다.

도교(道敎)의 道(길 도)는 금문에서는 로 그려, 首(머리 수)와 辵(쉬엄쉬엄 갈 착)으로 구성된 모습입니다. 이 머리(首)에 대해서는 의견이 분분하지만 사슴의 머리를 그린 것으로 보입니다. 사슴의 머리에 있는 뿔은 다 자라나면 떨어지고, 또 자라나므로 순환의 의미를 가지고 있습니다. 그래서 도(道)는 그런 순환의 운행 즉 자연의 준엄한 법칙을 말했습니다. 그러므로 도교란 자연의 법칙을 따르는 종교인 것입니다. 그래서 도교에는 산천초목에 전부 신이 존재하는 걸로 보았습니다.

알다시피 신선은 도교에 나오는 신적 존재로, 이들은 불로불사의 낙원에 산다고 전해집니다. 그중에 곤륜산에 산다는 서왕모(西王母)의 과수원에는 3천 년 마다 한 번 열리는 복숭아가 있는데, 이걸 먹으면 불로장생(不老長生)한다고 전해지고 있습니다. 곤륜산 말고 삼신산(三神山)으로 불리는 봉래산(蓬萊山), 영주산(瀛州山), 방장산(方丈山)도 도교에서 나오는 전설 속의 산들입니다. 이 산에는 신선이 살며 불사의 영약이 있다고 합니다.

자, 그렇다면 부산에서 이러한 도교적 색채가 강하게 느껴지는 곳이 어디인지는 바로 알 수 있을 것입니다. 그렇습니다. 영도(影島)입니다. 영도에는 봉래동(蓬萊洞), 신선동(新仙洞), 영선동(瀛仙洞), 청학동(靑鶴洞)이라는 동명이 있어, 이름만 들어도 바로 도교가 떠오를 것입니다. 그 밖에 중구의 영주동(瀛州洞)과 금정구의 선동(仙洞)을 들 수 있습니다.

이러한 영도의 동명과 가장 인연이 깊은 사람은 바로 임익준(任翊準)입니다. 그는 절영도진(絶影島鎭)에 온 3대 첨사로, 지금의 영도의 봉래산, 영선동, 신선동, 봉래동, 청학동은 전부 그가 작명한 것입니다. 원래 영도의 이름은 절영도(絶影島)였는데, 여기에서 국가가 말 목장을 운영하였습니다. 이곳에서 기른 말은 그림자가 끊길 정도로 빠르다고 해서 절영도라고 불렀습니다. 그가 작명한 영도의 동명이 현재에도 쓰이는 걸 보면, 그와 영도의 깊은 인연을 짐작케 합니다. 실상 그가 재임한 1883년 8월부터 1년간 백성들의 세금을 줄이거나 면제했고 식량을 베풀었습니다. 그러므로 영도 사람들이 그의 공덕을 지금까지도 기리는 것이 아니겠습니까?

切(끊을 절)은 금문에서는 𢆶 로 그려, 4개의 糸(가는 실 멱)과 刀(칼 도)로 구성되어 있었습니다. 칼로 실을 자르는 모습으로, '끊다'는 의미를 나타낸 것입니다. 그러다가 소전체에 들면서 자형의 변화가 생기고 나서 지금의 모습이 되었습니다.

影(그림자 영)은 彡(터럭 삼)이 의미부이고 景(볕 경)이 소리부입니다. 태양으로 인해 생기는 높은 집들의 '그림자'를 형상화한 글자입니다. 그러니 절영(絶影)은 글자 그대로 '그림자가 끊기다'는 의미를 가지고 있습니다.

1. 봉래동(蓬萊洞)

봉래동(蓬萊洞)은 영도구의 중앙에 위치해 있으며, 남쪽으로 봉래산(蓬萊山)이 있고, 동쪽은 청학동, 서쪽은 영선동·신선동, 북쪽은 해안과 접해 있습니다. 봉래동은 북항 대교를 타고 들어오면 '조선소길'을 지나게 되어있습니다. 이 길을 따라 대

선조선, 한진중공업 등 해운업계의 회사가 쭉 나열해 있습니다.

봉래동의 봉래(蓬萊)는 원래 쑥과 명아주를 뜻하는 한자입니다. 부수자가 풀초인 것만 봐도 바로 풀과 연관이 있다는 것을 짐작할 수 있습니다. 그런데, 소리부인 봉(逢)과 래(來)가 '만나고' '오는' 것을 뜻하니, 우스갯소리이지만 신선이 사는 곳을 봉래산이라 명한 것에 이러한 의미도 있지 않을까 싶습니다. 신선들이 이 산에 와서 서로 만나는 장소로 말입니다.

봉래산은 일제 강점기 때는 일본인들이 고갈산(沽渴山) 또는 고갈산(枯蝎山)이라 격하해 부르기도 하였습니다. 봉래동은 부산항을 마주한다 하여 항정(港町)이라 불리었지만, 해방 후 원래의 이름을 되찾았습니다.

고갈산(沽渴山)에서 沽(팔 고)는 水(물 수)가 의미부이고 古(옛 고)가 소리부입니다. 금문에서는 ▨로 그려져 있는데, 이는 원래 강의 이름입니다. 이후 估(값 고), 賈(장사 고)

3-8. 봉래동 조선소길

와 발음이 같아, '팔다는 뜻으로 가차되어 쓰이기도 했습니다.

渴(목마를 갈)은 水(물 수)가 의미부이고 曷(어찌 갈)이 소리부로, 금문에서는 ▨로 그려, 목이 말라 입을 크게 벌리고 물을 애타게 찾는 모습을 나타내었습니다. 이를 풀이해보면, '물이 없어 목이 마르다'는 의미를 나타낸다 하겠습니다.

흉한 산 이름인데, 인터넷에 고갈산이라고 치면 블로거들이 봉래산에 대한 이야기를 하면서 어릴 때부터 고갈산이라 불렀었다는 말을 많이 합니다. 그런데 그 내용들을 살펴보면, 이 이름에 대해 별 반감이 없다는 느낌을 받았습니다. 누군가의 이름을 '사신'이라고 지었다고 합시다. 그 사람은 한평생 '사신'으로 살아갈 것입니다. 끔직스럽지 않은가요? 우리의 정기가 서려있는 산을 사람들이 계속해서 '고갈', '고갈'이라고 부르면 사람의 입에서 나오는 기운은 어쩔 것인가요? 너무나 비약적인 표현일 수도 있지만, 부디 알고 사용합시다. 일본인들이 어떤 마음으로 우리의 산천초목을 해치고 우리 민족들을 괴롭혔는지 기억하고 우리 조상이 아끼고 소중하게 여긴 그 이름대로 불러줘야 할 것입니다.

2. 영선동(瀛仙洞)

瀛(바다 영): yíng, 水-16, 19

字解 형성. 水(물 수)가 의미부이고 嬴(찰 영)이 소리부로, 물(水)이 가득 차 있는(嬴) '못(沼澤소택)'을 말하며, 이로부터 '바다'의 뜻도 나왔습니다. 또 하북성 河間(하간)현에 있던 지명으로도 쓰입니다.

字形 〔瀛 그림〕 說文小篆

仙(신선 선): [屳, 僊], xiān, 人-3, 5, 52

字解 형성. 人(사람 인)이 의미부이고 山(뫼 산)이 소리부로, 신선을 말하는데, 산(山)에 사는 사람(人)이 신선임을 말해 줍니다. 이로부터 신선이 되다, 신선처럼 가볍다, 신선이 사는 세계를 뜻하였고, 초월이나 죽음의 비유로도 쓰였습니다. 『설문해자』에서는 屳(사람 산 위에 있을 한)으로 쓰기도 했고, 달리 山을 署(오를 선)으로 바꾼 僊으로 쓰기도 합니다.

字形 〔屳 그림〕 說文小篆 〔僊 그림〕 說文小篆

영선동(瀛仙洞)이라는 한자를 보면, 바로 떠오르는 도교적 의미가 있는가요? 중국에서 신선이 산다는 3대 영산의 하나인 영주산과 신선이라는 단어가 떠오르지 않습니까? 그렇습니다. 영선(瀛仙)이라는 한자는 말 그대로 '영주산의 신선'을 의미하고 있습니다. 그러나 원래부터 이 이름이었던 것은 아닙니다. 옛 이름은 나릿가

3-9. 절영해안산책로

(津)였습니다. 이전의 부산 시청 자리인 용미산(龍尾山) 아래에서 영도로 향하는 배를 타면 닿는 나루가 바로 이곳이어서 나룻가라 불리었습니다. 그러다가 임익준이 영선이라고 지었으며, 일제 강점기 때에는 일본 쪽을 보기에 알맞은 곳이라 하여 어영정(御影町)이라 불렀습니다. 해방 이후에는 임익준이 명명한 대로 다시 영선동이라고 부르게 되었습니다.

영선동은 봉래동이나 신선동과는 또 다른 매력이 있는 동네입니다. 이곳에는 그 어떤 곳보다 바다가 아름답게 느껴지는 산책길이 있습니다. 바로 절영해안산책로입니다. 산책로 왼쪽 윗길에는 일반 가정집들이 다닥다닥 붙어 있고, 그 집들과 산책로 사이에는 가파르고 길며 좁은 계단들이 있습니다. 그 중 유명한 계단이 피아노 계단입니다. 피아노 계단은 형형색색으로 칠을 하여, 어린아이들의 동심을 자극하고 있습니다. 오른쪽에는 남항대교와 바다가 보입니다. 9월에 이곳을 찾으면 뜨거운 햇살에 비해 바람은 시원한 가을 색을 띄고 있음을 느낄 수 있습니다. 한가롭고 평화로워 보이는 이 곳 바로 신선이 사는 곳이 아니고 무엇이겠습니까?

영선동(瀛仙洞)에서 瀛(바다 영)은 水(물 수)가 의미부이고 嬴(찰 영)이 소리부입니다. 물이 가득 차 있는 '못'이나 '바다'를 뜻합니다. 여기에서 소리부의 영(嬴)은 금문에서 𡞋, 𡞱, 𡟁으로 그려, 女(여자 예)가 의미부이고 羸(짐승이름 라)가 소리부인 한자입니다. 마치 짐승에게 잡혀가는 혹은 잡아먹히는 여자의 모습을 나타낸 듯합니다. 바다 신에게 제물로 바쳐지는 여성의 모습이라고 하는 것이 훨씬 의미가 와 닿습니다. 그런데 현재 이 한자는 '가득 차다', '더하다' 등의 의미로만 사용되고 '괴물에게 희생물로 바쳐지다' 등의 의미는 전혀 없습니다. 영화 '반지의 제왕'에 "역사는 시간이 지나 전설이 되고, 전설은 시간이 지나 신화가 된다."라는 말이 있습니다. 시간이 흘러 실제 있었던 일이 현재의 우리에게는 신화나 전설로 남아 있는지도 모를 일인 것입니다. 실제로 진시황의 병마용 갱도 1974년에 발견되기 전까지 사람들에게 한낱 전설에 지나지 않았습니다.

(3) 예학(유교)이 살아 숨 쉬는 곳

禮(예도 례): 礼, ﬅ, 示-13, 18, 60

字解 형성. 示(보일 시)가 의미부이고 豊(예도·절인사 례)가 소리부로, 옥과 북 등을 동원해(豊) 경건하게 신을 모시던 제사(示) 행위를 말합니다. 이로부터 '예도'나 '예절'의 뜻을 갖게 되었으며, 예물이나 축하하다 등의 뜻도 나오게 되었습니다. 간화자에서는 豊을 줄여 乙(새 을)로 쓴 礼로 쓰는데, 『설문해자』 고문체에서도 이렇게 썼습니다.

字形

조선시대 500여 년 동안 가장 중시 받은 종교는 단연 유교일 것입니다. 그리고 지금까지 이 유교의 정신이 살아있는 곳이 우리나라이기도 합니다. 유교(儒敎)의 儒(선비 유)는 人(사람 인)이 의미부이고 需(구할 수)가 소리부입니다. 갑골문에서는 떨어지는 물과 팔을 벌리고 서 있는 사람을 그려 목욕하는 제사장의 모습을 형상화했습니다. 제사장은 그 집단의 지도자였으며, 지도자는 여러 경험과 학식을 갖춘 사람이어야 했기에, 이후 학자나 지식인을 통칭하는 개념으로 쓰이게 되었습니다.

　유교의 기본사상인 삼강오륜(三綱五倫)은 세 가지 강령(綱領)과 다섯 가지 인륜(人倫)을 의미합니다. 삼강은 군위신강(君爲臣綱), 부위자강(父爲子綱), 부위부강(夫爲婦綱)으로, 임금과 신하, 어버이와 자식, 남편과 아내 사이에 지켜야 할 도리를 말합니다. 오륜은 부자유친(父子有親), 군신유의(君臣有義), 부부유별(夫婦有別), 장유유서(長幼有序), 붕우유신(朋友有信)을 말합니다. 어릴 때부터 들어왔던 말들이라, 우리에게는 너무나 친숙한 표현이기도 합니다. 이처럼 친숙하다는 말은 우리 생활에 유교가 여전히 뿌리 깊이 자리 잡고 있다는 뜻이기도 합니다.

　조선시대에는 국가가 유교를 널리 보급하고자 향교를 설립하고 서원을 세웠습니다. 부산에서는 동래와 기장에 향교를 세우고, 안락 서원을 건립하였습니다. 동래 향교는 현재 명륜동(明倫洞)에 위치하고 있고 부산광역시 기념물 제61호로 지정되어 있습니다. 명륜동은 『동래부지』(1740)에서는 신향교동(新鄕校洞)이라 하였는데, '새로운 향교 마을'이라는 뜻입니다. 향교가 있는 마을을 교동(校洞) 또는 교리(校里)라고 많이 불렀습니다. 현재에서도 이와 같은 동명은 전국 곳곳에서 볼 수 있습니다. 그런데, 향교가 여러 차례 위치를 옮기게 되자 구교동(舊校洞), 신교동(新校洞)이란 이름이 생겨나게 되었으며, 신향교동도 그러한 의미에서 지어진 이름입니다. 지금의 명륜동이라는 명칭은 향교의 중심 건물인 명륜당을 따서 지어진 이름인데, 유생들이 유학을 공부하던 강당으로 '인간사회의 윤리를 밝힌다.'라는 뜻입니다. 『맹자·등문공편(孟子·滕文公篇)』에 '학교를 세워 교육을 행함은 모두 인륜을 밝히는 것이다.'라고 한데서 유래하였습니다.

　明(밝을 명)은 초등학교 미취학 아동도 알 정도로 우리에게는 익숙하고도 쉬운 한자입니다. 해와 달로 구성되어 갑골문에 🌙으로 그려져 있어, 낮에는 해, 밤에는 달이 있어야만 사방이 밝을 수 있기에 밝다는 의미를 나타낸 한자입니다.

　倫(인륜 륜)은 人(사람 인)이 의미부이고 侖(둥글 륜)이 소리부입니다. 여기에서 소리부인 륜(侖)은 금문에서는 🏠로 그려, 윗부분은 입을, 아랫부분은 대를 엮어 놓은 모습을 나타내었습니다. 다관 피리와 같은 악기를 불 때의 조리(條理)나 순서를 형상화한 것으로 보입니다. 여기에서 조리 혹은 순서의 의미가 나왔지만, 악기에서 나오는 소리의 조화, 화합이라는 함의도 지니고 있는 것 같습니다. 그렇기에 륜(倫)은 사람과 사람 사이에서의 조화로운 삶을 지향하는 한자가 아닐까 싶습니다.

1. 삼락동(三樂洞)

三(석 삼): [參, 弎, 弍], sān, 一2, 3, 80

字解 지사. 세 개의 가로획으로 숫자 '삼'을 나타냈는데, 三은 중국에서 天(천)과 地(지)와 人(인)을 상징하는 길한 숫자로 쓰입니다. 이후 소리부인 弋(주살 익)을 더한 弍으로 쓰기도 했습니다.

字形 〔三〕甲骨文 〔三〕金文 〔三〕簡牘文 〔弍〕汗簡 〔二〕說文小篆 〔弎〕說文古文

樂(풍류 악·즐거울 락·좋아할 요): 乐, yuè, 木-11, 15

字解 형성. 木(나무 목)과 두 개의 幺(작을 요)가 의미부이고 白(흰 백)이 소리부로, 나무(木)와 실(幺·요)로 만든 악기를 그렸습니다. 원래는 木과 幺로만 구성되었는데, 이후 소리부인 白이 더해져 지금의 자형이 되었습니다. '악기'나 음악이 원래 뜻이며, 이후 음악은 즐거움을 주는 것이라는 뜻에서 '즐겁다'의 뜻이, 사람들이 음악을 좋아한다는 뜻에서 '좋아하다'의 뜻이 나왔습니다. 音樂(음악)이나 樂器(악기)를 뜻할 때에는 '악'으로, 즐겁다는 뜻은 樂天(낙천)에서와 같이 '낙'으로, 좋아하다는 뜻은 樂山樂水(요산요수)에서처럼 '요'로 구분해 읽습니다. 간화자에서는 초서체를 형상화한 乐으로 씁니다.

字形 〔樂〕甲骨文 〔樂〕金文 〔樂〕古陶文 〔樂〕盟書 〔樂〕簡牘文 〔樂〕古璽文 〔樂〕唐寫本說文 〔樂〕說文小篆

사상구에 위치한 삼락동(三樂洞)의 지명도 참 재미있습니다. 원래 이 지역은 『동래부지』(1740)는 물론이거니와 이후 읍지의 어느 곳에서도 그 기록을 찾아볼 수가 없습니다. 원래 이곳에 좁은 사주가 있었기 때문에, 이곳을 유두(流頭), 그 강을 유두강(流頭江), 그 지역을 유두동(流頭洞)이라 불렀다고 하는데, 이 삼락동의 유

래를 사락(砂礫)에서 온 것으로 학자들은 보고 있습니다. 그런데 『맹자·진심상편(盡心上篇)』에 다음과 같은 구절이 있습니다. "군자에게는 세 가지 즐거움이 있습니다. 부모님이 다 살아계시고 형제가 무고한 것이 첫 번째 즐거움이요, 우러러 하늘에 부끄럽지 않고 굽어보아도 사람들에게 부끄럽지 않은 것이 두 번째 즐거움이며, 천하의 영재를 얻어서 교육하는 것이 세 번째 즐거움이다.'[9] 이 구절은 군자의 세 가지 즐거움에 대해 읊은 것입니다. 이것이 사(砂)와 락(礫)처럼 모래와 조약돌이라는 의미보다 유교의 가르침을 동명으로 하는 것이 더욱 좋기 때문에 발음이 비슷한 한자로 바꾼 것으로 보입니다. 해운대구의 좌동·중동·우동은 말 그대로 왼쪽에 있는 마을, 중간에 있는 마을, 오른쪽에 있는 마을을 의미했는데, 한자의 의미를 좋게 하기 위해, 左(원좌)를 佐(도울좌)로 바꾸고, 右(오른쪽 우)를 佑(도울 우)로 바꾸었습니다. 삼락도 같은 맥락에서 바뀐 동명인 것입니다.

三(석 삼)은 지사자로, 갑골문에는 三으로 그렸습니다. 고대의 삼(三)은 하늘, 땅, 사람을 상징하는 길한 숫자였습니다. 그런데 지금 중국에서는 散(흩어질 산)의 해음자(諧音字)[10]라는 인식이 강해 그렇게 좋은 의미로 사용되지 못하고 있습니다. 예를 들어 중국어에서 '세 개의 발을 가진 고양이'라는 의미인 삼각묘(三脚猫)는 '돌팔이 의사'를 지칭하는 말이고, '세 개의 팔'이라는 의미인 삼지수(三只手)는 '소매치기'를 의미합니다. 시대에 따라 이렇듯 숫자가 가지는 함의도 달라지고 있습니다. 이는 시대의 변화에 따라 사회상이 달라지고 그에 따라 사람들의 인식체계도 달라졌다는 것을 의미합니다. 철학적인 의미를 지녔던 삼(三)이 단순하게 3개만을 주로 지칭하게 되었다는 것은 우리들의 사고방식도 그만큼 단순해졌다는 의미가 아닐까요? 현상의 이면을 알아채지 못하고 표면에만 집착하여 평가하고 생각하는 현대인의 삶을 어떻게 하면 좋을까요? 한자를 알아 가면 옛 선인들의 삶의 지혜를 보고 느

---

9) "君子有三樂, 父母俱存, 兄弟無故, 一樂也, 仰不愧於天, 俯不怍於人, 二樂也, 得天下英才, 而教育之, 三樂也."

10) 독음이 같거나 비슷한 글자를 말합니다. 예를 들어 九(아홉 구)는 久(오랠 구)의 해음자라서 사람들이 장수를 비는 의미에서 선호하는 숫자이고, 八(여덟 팔)은 돈을 벌다는 의미인 발재(發財)의 발(發)과 해음자라서 선호합니다. 현재의 중국인들이 가장 좋아하는 숫자는 8자가 아닌가 싶습니다. 오죽했으면 2008년 북경 올림픽 개최시간을 2008년 8월 8일 8시 8분 8초까지 하려고 애를 썼겠습니까!

3-10. 삼락공원 유채꽃

낄 수 있어서 생각이 절로 깊어지게 됩니다. 한글을 사랑하고 아끼는 것은 기본이
거니와 우리말의 50% 이상을 차지하고 있는 한자 학습에 대한 중요성도 다시 한
번 더 생각해봐야 할 것입니다.

잠시 이야기가 옆으로 빠진 것 같습니다. 다시 본론으로 들어가서, 樂(풍류 악즐거울
락좋아할 요)은 다 알다시피 세 개의 뜻과 음을 가지고 있습니다. 이 세 개의 뜻은 별개
로 있는 것이 아니라 서로 유기적으로 의미가 연결되어 있습니다. 木(나무 목), 두 개
의 幺(작을 요)가 의미부이고 白(흰 백)이 소리부입니다. 갑골문에서는 ¥으로 그려, 나
무와 실로 만든 악기를 나타내었습니다. '악기'로 연주되는 '음악'은 사람들에게 '즐
거움'을 선사하며, 이러한 음악을 사람들이 '좋아하다'라는 의미를 총체적으로 가지
고 있는 것이 이 한자입니다.

지금의 삼락동에서는 낙동강과 그 옆을 끼고 있는 삼락동 생태공원을 볼 수
있습니다. 낙동강만으로도 충분히 가슴이 뚫릴 것만 같은 시원함을 느낄 수 있을
것인데, 거기에다 유채꽃이 피어 있는 모습을 보고 있자면 누군들 그냥은 지나치지
못할 것입니다.

그러니 삼락동에 가서 군자의 세 가지 즐거움뿐만 아니라 지금의 우리들이 느
끼고 즐겨야 할 세 가지는 무엇인지 한 번 생각해봐도 좋을 것입니다.

2. 오륜동(五倫洞)

五(다섯 오): wǔ, 二-2, 4, 80

字解 지사. 갑골문에서 두 획이 서로 교차된 X자 모양으로, '다섯'을 나타내는 약속 부호로 사용했습니다. 가로획을 다섯 개 나열하여 표시하기도 했지만, 너무 번잡해 X자형의 교차된 모양이나 X자형의 아래위로 가로획을 더하여 '다섯'을 나타냈습니다. 이후 五方(오방)과 五帝(오제), 五行(오행) 등의 비유로도 쓰였습니다.

字形 ☰☒甲骨文 ☒☒金文 ☒古陶文 ☒盟書 ☒☒☒☒☒簡牘文 ☒帛書 ☒ ☒ ☒古璽文 ☒石刻古文 ☒ 說文小篆 ☓ 說文古文

倫(인륜 륜): 伦, lún, 人-8, 10, 32

字解 형성. 人(사람 인)이 의미부이고 侖(둥글 륜)이 소리부로, 같은 무리(人) 사이에서의 次序(차서차례)(侖)를 말하는데, 정착 농경을 일찍 시작한 고대중국은 경험에 의한 나이 중심의 사회였기에 사람들 간의 次序가 倫理(윤리)의 핵심 개념으로 자리 잡았고, 이후 이는 사람(人)들에게 두루(侖) 미칠 수 있는 윤리 개념으로 발전하였습니다. 간화자에서는 侖을 仑으로 줄여 伦으로 씁니다.

字形 🖋簡牘文 🖋說文小篆

오륜동(五倫洞)의 오륜은 상술했듯이 부자유친(父子有親), 군신유의(君臣有義), 부부유별(夫婦有別), 장유유서(長幼有序), 붕우유신(朋友有信)을 말합니다.

부자유친은 '부모는 자식에게 인자하고 자식은 부모를 존경하고 섬김을 다 하라'는 뜻입니다. 우리가 생각하는 아버지(父)는 무엇인가요? 요즘 우리가 생각하는 아버지는 어떤 이미지인가요? 이전의 아버지 세대는 돈만 열심히 벌어다주면 아버지로서의 본분을 다 한다고 생각하는 사람들이 많았습니다. 그러나 지금은 부자유친의 윤리처럼 상호 간의 소통을 중요하게 여기는 사회 환경으로 바뀌었습니다. 몇 천 년 전에 있었던 소중한 윤리의식이 지금 또 다시 필요한 사회가 된 것입니다. 그렇다면 제일 먼저 한자가 만들어진 시기에 아버지란 어떤 이미지였을까요?

父(아비 부)는 갑골문에 ㅓ 로 그려져, 돌도끼를 손으로 잡은 모습을 형상화하였습니다. 이런 모습이 아버지라는 뜻을 나타내게 된 것은 그 시대에 돌도끼는 생활에서 없어서는 안 될 기본적인 생산도구, 전쟁도구로 사용되어, 힘의 상징이었기 때문입니다. 그래서 그러한 역할을 했던 것이 '남자'였고 이후 '아버지'라는 의미로 확장되었습니다. 그러니 이전 시기에 아버지는 집안을 책임지는 권위를 지닌 존재가 아니었을까요?

군신유의는 '군주와 신하의 관계는 의리에 바탕을 두어야 한다.'라는 말입니다. 현대를 살아가는 우리들에게 군주와 신하는 무엇을 대변하는가요? 요즘에는 갑을이라는 말로 관계를 설정합니다. 갑이 이전의 군주의 의미를 전부 대신할 수는 없겠지만, 인간관계에서 상하의 위치에 있는 사람들은 무엇보다 의리가 없다면 언제든 무너질 수 있는 모래성이나 마찬가지입니다. 힘이 있다고 신하를 억압만 하는 군주는 언제든 그 결말이 비참할 수밖에 없습니다.

君(임금 군)은 口(입 구)가 의미부이고 尹(다스릴 윤)이 소리부로, 갑골문에는 ㅓ으로 그려, 손으로 붓을 잡고 먹에 찍는 모습을 형상하였습니다. 즉 문서를 작성하라고 명령을 내리거나 작성할 수 있는 권한을 지닌 자를 일컫는 말이었습니다. 이것이 의미가 확장되어 '임금', '군주'의 의미까지 생기게 된 것입니다. 현대에 이르러서는 한 나라, 혹은 직장의 중요정책을 결정할 때 윗사람이 도장 혹은 사인을 하는 것으로 그 의미를 대신할 수 있을 것입니다. 만약 잘못된 결정을 내린다면 국가와 회사의 운명은 불을 보듯 뻔할 것입니다.

부부유별은 '남편과 아내는 구별함이 있다.'라는 의미로, 이는 부부 간에는 서로의 본분이 존재하므로 침범하지 말고 서로 존경하여야 한다는 뜻입니다. 예나 지금이나 혼인을 하려면 최소 성인이 되어야만 온전히 혼인식을 치를 수 있습니다. 옛날에는 남자가 성인이 되었다는 것을 무엇으로 나타내었을까요?

夫(지아비 부)는 大(큰 대)와 一(한 일)로 구성되어, 갑골문에는 夨로 그려 있습니다. 이는 사람의 정면 모습에 비녀를 상징하는 가로획을 더해, 비녀 꽂은 '성인' 남성을 나타낸 것입니다. 고대 중국에서는 남자도 어른이 되면 머리에다 비녀를 꽂았습니다. 영화 '공자'를 보면, 공자를 비롯한 '성인 남자'들이 전부 비녀를 꽂고 있는데,

이 모습이 바로 부(夫)의 모습과 똑 같습니다. 실제로 영화의 모습을 보면 갑골문과 똑같은 모습에 소름이 끼칠 정도입니다. 어찌되었든 '성인 남자'가 되면 혼인할 수 있는 기본 자격이 주어지고 혼인을 하고 나면 남편이 되므로, 이후 '지아비'라는 뜻을 가지게 된 것입니다.

婦(며느리 부)는 女(여자 여)와 帚(비 추)로 구성되어 갑골문에서는 ♣로 그려, 비의 모습만을 그렸습니다. 금문에서는 ♣로 그려, 비를 든 여자의 모습을 그렸습니다. 여자가 집 안을 청소하는 모습을 나타낸 것입니다. 실제로 부부의 관계를 나타내는 한자는 부처(夫妻)이지 않을까 싶습니다. 성인 남자가 부(夫)라면, 성인이 된 여자를 나타내는 한자가 바로 처(妻)입니다. 처(妻)는 금문에 ♣로 그려, 꿇어앉은 여자의 뒤에서 비녀를 꽂아 주는 모습을 형상하여 여성의 성인식을 반영한 글자였습니다. 성인이 되어야만 다른 사람의 아내가 될 수 있었기에, 이 글자에 '아내'나 아내로 삼다 등의 뜻이 생겼습니다.

장유유서는 '나이 든 사람과 젊은 사람 사이에는 순서와 질서가 있다.'라는 말입니다. 갑골문을 공부하다 보면 한자의 의미를 절대 잊어버릴 수 없는 단어 중에 長(길 장)이 있습니다. 장단(長短)이나 회장(會長)에서, 전자는 '길다'는 의미로 사용되었고 후자는 '우두머리, 연장자'라는 의미로 사용되었습니다. 갑골문에서 장(長)은 ♣으로 그려, 머리칼을 길게 늘어뜨린 노인이 지팡이를 짚은 모습을

3-11. 오륜동에서 바라본 회동수원지

나타내었습니다. 성인의 남녀는 모두 머리를 올려 비녀를 꽂는데, 비녀를 꽂을 머리카락도 없거니와 그러한 힘도 없을 정도로 나이가 들어버린 모습을 나타낸 것입니다. 그러나 이와 같이 힘없는 노인의 의미 말고도 연륜에서 우러나오는 풍부한 경험 또한 이 한자가 가진 의미입니다. 그리하여 '연장자'라는 의미가 생겨나게 되었고 이는 한 집안, 한 회사의 우두머리를 지칭하게 되었습니다. 이웃나라 중국은 사회주의 국가가 되고 나서 나이의 많고 적음에 관계없이 서열 중심의 사회가 되었습니다. 조선시대에 유교의 폐단이 극에 달했었고, 그로 인해 이후 우리나라 사람들은 유교라면 좋지 않은 인식을 가지고 있습니다. 그러나 유교에는 분명 도덕윤리에 관한 엄청난 정도(正道)의 힘을 가지고 있습니다. 이는 오늘날 우리가 되살려야 하는 덕목임에 분명합니다.

붕우유신은 '친구 사이에는 믿음이 있어야 한다.'라는 말입니다. 信(믿을 신)은 言(말씀 언)이 의미부이고 人(사람 인)이 소리부로, 글자 그대로 사람의 말이라는 의미를 담았습니다. 여기에 어떤 의미가 더 해졌는지는 알겠죠? 바로 믿음입니다.

이렇듯 유교의 덕목을 일러주는 이 동네의 매력은 어디에 있는 것일까요? 우선 이 마을을 들어서기 전에 먼저 보이는 것이 오륜대 순교자 성지입니다. 이곳에는 조선말기 한국 순교자들의 유물과 교회사 자료들이 전시되어 있습니다. 입구에 들어서면 오른쪽에는 순교복자 이정식과 양재현의 얼굴상이 있고, 정면에는 성모상이 보입니다. 유교에 입각한 마을 이름을 보기 전에 기독교의

3-12. 오륜동 입구의 입석

성지부터 보게 되는데, 아이러니하게도 이 근처에는 가톨릭 대학교, 브니엘 고등학교, 지산 고등학교 등 기독교 재단의 학교들이 밀집해 있습니다. 이는 아마도 이 성지의 영향이지 않을까 싶습니다. 이 성지를 지나 조금 더 가면 오륜동이라고 쓰여 있는 큰 입석이 보입니다. 입석을 어떤 마을에서는 선돌이라고 부르기도 합니다.

오륜동은 예나 지금이나 향어 회를 파는 가게들이 참 많습니다. 이 오륜동에는 회동수원지가 있기 때문에 개발이 묶여 있는 곳이기도 합니다. 그래서인지 자연 그대로의 아름다움을 맘껏 감상할 수 있습니다. 이전에 개발이라는 명분 아래 무차별적으로 자연을 훼손시킨 곳이 어디 한 둘인가요? 지금은 이 자연과 인간이 같이 평화롭게 공존하는 방법을 모색해야 합니다. 자연을 훼손시키지 않으면서 인간이 제대로 살 수 있는 방법을 생각해야 하는 것입니다. 사진에서처럼 저 자리에 서서 물을 바라보고 있노라면 과거와 현재의 모습이 고스란히 느껴지는 착각에 빠지게 됩니다. 그 자리에 우리의 선조들이 똑같이 물과 그 너머 산을 쳐다보지 않았을까요? 이곳은 유학자뿐만 아니라 신선들도 좋아할 아름다운 경관을 뽐냅니다. 그러니 옆 마을은 신선들이 노니는 선동(仙洞)인 것입니다.

구불구불 오륜동의 길을 이리저리 한가로이 거닐면서 삼강오륜을 되새겨 본다면 그 기분이 색다를 것입니다. 조금 안타까운 점은 바쁜 현대인의 삶 속에서 걸어서 즐기는 낭만은 찾기가 힘들다는 점입니다. 시간을 내어 이 마을 구석구석 자연경관과 선조들의 삶의 자취를 느끼려 하기에는 우리들 마음속에 여유가 없을 듯합니다. 하지만 분명한 건 동명의 의미를 알고 거길 가서 한 걸음 한 걸음 내디딜 수만 있다면 우리 선조들의 체취를 조금은 느낄 수 있을 거라는 점입니다.

(4) 민속신앙

信(믿을 신): xìn, 人-7, 9, 60

字解 형성. 言(말씀 언)이 의미부이고 人(사람 인)이 소리부로, 사람(人)의 말(言)은 언제나 진실하고(信) 신뢰가 있어야 한다는 의미를 담았는데, 전국 시대 때의 일부 글자에서는 言이 口(입 구)로 바뀐 구조가 되기도 했습니다. 이로부터 믿음, 信仰(신앙),

진실하다, 편지, 소식, 信號(신호) 등의 뜻이 나왔습니다.

字形 (金文) (古陶文) (簡牘文) (古璽文) (石刻古文) 說文小篆 (說文古文)

仰(우러를 앙): yǎng, 人-4, 6, 32

字解 형성. 人(사람 인)이 의미부이고 卬(나 앙)이 소리부로, 사람(人)을 올려다보는(卬) 것을 말하고, 이로부터 '우러르다', 경모하다, 기대다, 信仰(신앙) 등의 뜻이 나왔습니다. 원래는 卬(나 앙)으로 써, 앉은 사람(卩·절)이 선 사람(人)을 올려다보는 것을 형상화했는데, 卬이 일인칭 대명사로 쓰이자 人을 더해 분화한 글자입니다.

字形 說文小篆

토속 신앙 혹은 민간 신앙을 바탕으로 동명을 이룬 경우는 우리나라 전국에서 보입니다. 당리(堂里), 당산리(堂山里), 당사(堂舍), 당사(堂社), 당촌(堂村) 등은 이름만 들어도 동명의 유래를 바로 짐작할 수 있는 곳입니다. 부산에서 이에 해당되는 동명으로는 구서동(久瑞洞), 당리동(堂里洞), 사직동(社稷洞)이 있습니다.

1. 구서동(久瑞洞)

구서동(久瑞洞)은 1914년 행정구역 개편 때, 구서(九瑞)·두실(斗實)·금단(琴端)이라는 3개의 자연마을을 합하여 구서리(九瑞里)라 칭하였고, 동래군 북면에 속하게 되었습니다. 구서동은 굿을 하는 동네라는 뜻에서 굿판, 굿터에서 비롯되었을 것으로 풀이됩니다. 선경3차 아파트와 신동아 아파트 사이의 계단을 내려가 보면 여러 사진이 전시되어 있는데, 그 중 제단을 찍은 사진이 있습니다. 이 사진의 밑에는 '두실마을의 풍요와 평안을 기원하기 위한 재를 올리는 제단. 선경3차 아파트를 지으면서 현재 법해사로 옮겨 보존하고 있으며, 위패는 약 600년 된 것으로 추정하고 있다.'라는 설명이 덧붙여져 있습니다. 이뿐만 아니라 또 굿을 했던 장소로 유명한 곳으로는 금정산 번우암(飜雨岩)이 있습니다. 이는 구서동 위쪽에 있으며,

이곳은 기우소(祈雨所)로 치성을 드리는 장소로 이용되었습니다.

飜(날 번)은 飛(날 비)가 의미부이고 番(순서 번)이 소리부입니다. 몸을 뒤집으며 마음껏 날아다니는 새의 모습을 그려, '뒤집다'나 '바꾸다'의 의미를 나타내었습니다. 그러니 번우암은 '비로 바꾸는 바위'라는 뜻입니다. 그러므로 여기에서 기우제를 지내는 것은 당연하다 하겠습니다.

구서동에 해당되는 한자는 이전에는 구서(九瑞)였다가 언제부터인지 모르겠으나, 지금의 구서(久瑞)로 바뀌어 있습니다. 이들을 한자로만 풀이한다면, 전자는 '아홉 가지 상서로움'을 뜻하고,

3-13. 두실마을의 풍요와 평안을 기원하기 위한 재를 올리는 제단

久(오랠 구): jiǔ, 丿-2, 3, 32

字解 지사. 소전체에 근거해 볼 때 윗부분이 사람이고 엉덩이 쪽에 뾰족한 침 같은 것을 꽂은 모습입니다. 엉덩이 부위에 침이나 뜸을 뜨는 모습을 그린 것으로 추정되며, 이로부터 '뜸'이나 '뜸을 들이다' 등의 뜻을 갖게 되었고, 다시 '오래'라는 뜻도 나왔습니다. 그러자 원래 뜻은 火(불 화)를 더한 灸(뜸 구)로 분화했습니다.

字形 乁 說文小篆

瑞(상서 서): ruì, 玉-9, 13, 20

字解 형성. 玉(옥 옥)이 의미부이고 耑(시초 단)이 소리부로, 군신과 빈객이 만날 때 신의의

증표로 삼던 옥기(玉)로, 珪(규), 璧(벽), 琮(종), 璜(황), 璋(장) 등을 총칭하는 이름입니다. 상대를 처음(耑)으로 인증하는 옥(玉)으로 된 증표라는 의미에서 서로 간의 화기애애한 분위기를 표시하고, 이로부터 祥瑞(상서)나 吉祥(길상)의 뜻이 나온 것으로 추정됩니다.

字形 珸珸 簡牘文　瑞 說文小篆

후자는 '오랫동안의 상서로움'이라고 할 수 있겠습니다. 글자의 표면으로만 보면 아홉 가지 보다 오랫동안이 더 좋으니까 후자의 한자가 더 좋겠다고 생각할 수 있겠지만 그 이면을 들여다보면 둘은 결국엔 같은 의미라고 볼 수 있습니다.

久(오랠 구)는 丿로 그린 소전체에 근거해 볼 때, 윗부분이 사람이고 엉덩이 쪽에 뾰족한 침 같은 것을 꽂은 모습입니다. 엉덩이 부위에 침이나 뜸을 뜨는 모습을 그린 것으로 추정되며, 이로부터 '뜸'이나 '뜸을 들이다' 등의 뜻을 갖게 되었고, 다시 '오래'라는 뜻도 나왔습니다.

九(아홉 구)는 갑골문에 乙, 九 등으로 그려, 이의 자원에 대해서는 의견이 분분하지만 갑골문이나 금문에서 이미 숫자를 나타내는 '아홉'의 뜻으로만 쓰였습니다. 중국에서 9는 최고의 숫자로 알려져, 완성을 의미하며 또한 '많다'는 의미까지도 가지고 있습니다.

瑞(상서 서)는 玉(옥 옥)이 의미부이고 耑(시초 단)이 소리부입니다. 군신과 빈객이 만날 때 신의의 증표로 삼던 옥기로, 상대를 처음으로 인증하는 옥으로 된 증표라는 의미에서 서로 간의 화기애애한 분위기를 표시하고, 이로부터 상서(祥瑞)나 길상(吉祥)의 뜻이 나온 것으로 추정됩니다.

2. 사직동(社稷洞)

社(토지 신 사): [社], shè, 示-3, 8, 60

字解 회의. 土(흙 토)와 示(보일 시)로 구성되어, 숭배(示) 대상으로 삼는 토지(土) 신을 말하며, 이로부터 토지 신을 모시는 제단이라는 뜻도 나왔습니다. 또 25家(가)를 지

칭하는 지역 단위로 쓰였고, 이 때문에 어떤 단체나 社會(사회)를 지칭하게 되었습니다. 농업 사회를 살았던 중국에서 토지의 중요성 탓에 곡식 신을 뜻하는 稷(기장 직)과 결합하여 '국가'를 상징하기도 했습니다. 달리 袿로 쓰기도 하는데, 토지 신(土)과 강 신(水·수)에게 제사를 드림을 강조했습니다.

字形 甲骨文 金文 帛書文 簡牘文 汗簡 說文小篆 說文古文

稷(기장 직): [禝], jì, 禾-10, 15, 12

字解 형성. 禾(벼 화)가 의미부이고 畟(보습 날카로울 측)이 소리부로, 옛날부터 중국에서 전통적으로 재배되어 오던 대표적 농작물(禾)의 하나인 기장이나 수수를 말합니다. 稷이 대표적 농작물이었기에 자연스레 사람들의 숭배 대상이 되었을 것이고, 이후 오곡의 대표로 인식되었음은 물론 后稷(후직)처럼 온갖 곡식을 관장하는 신으로 지위가 격상되기도 했습니다. 달리 禾 대신 示(보일 시)가 들어간 禝으로 쓰기도 하는데, 제사 행위를 강조한 결과로 보입니다.

字形 金文 簡牘文 說文小篆

사직동(社稷洞)은 조선시대에 여고리(余古里)와 석사리(石社里) 두개의 자연부락이 형성되어 여고부락, 석사부락으로 불렸습니다. 여고리에 사직단이 있었는데, 일제 강점기에 일본인들이 없애버렸습니다. 우리 민족이 정신적으로 결집할 수 있는 수단을 없애버린 것입니다. 그러나 우리는 다시 해방과 더불어 이 사직단의 이름을 빌려 사직동이라는 이름으로 동명을 지었습니다.

임금을 비롯한 지방수령이 토지 신과 곡식 신에게 제사를 드려 나라의 풍요와 지방의 안녕을 비는 곳이 바로 사직단입니다. 원래 사직(社稷)에서 사(社)는 '토지 신'을 의미하고, 직(稷)은 '곡식 신'을 의미합니다. 토지와 거기에서 생산되는 곡식을 고대 중국인들은 나라의 근간을 유지하는 가장 기본이라 여겼습니다. 이는 우리나라도 마찬가지입니다.

社(토지신 사)는 土(흙 토)와 示(보일 시)로 구성되어 있는데, 갑골문에는 △라고 그려져 있습니다. 이는 바로 흙을 봉긋이 쌓아올려 제단같이 만든 모습이며, ♨와 같은 갑골문에 보이는 점 세 개는 바로 토지신에게 술을 바치는 모습을 나타낸 것입니다. 그러므로 흙을 쌓아올려 만든 제단에 술을 바치며 토지신에게 비는 행위를 나타낸 것이 사(社)입니다.

稷(기장 직)은 禾(벼 화)가 의미부이고 畟(보습 날카로울 측)이 소리부입니다. 갑골문에는 ♨으로 그려, 곡식을 앞에 두고 사람이 무릎을 꿇고 앉아 있는 형상을 나타내었습니다. 바로 곡식 신에게 제사를 지내는 모습을 하고 있는 것입니다. 그렇게 제사 지내던 모습이 지금에까지 방식만 변하여 이어져오고 있습니다.

사직동의 원래 부락이었던 여고부락과 식사부락은 지금의 어디인가 하면, 사직1동이 석사부락이 있던 곳이고 사직3동이 여고부락이 있던 곳입니다. 사직1동에는 '석사로'라는 도로명만 있으나, 사직3동에는 상호명, 학교명, 도로명 등에 '여고'를 붙여 많이 사용하고 있습니다. 그러니 사람들은 이 지역을 지나치면서 한번쯤은 궁금해야 할 것입니다. "왜 '여고'라는 이름이 저렇게 많이 쓰이지?"라고 말입니다.

3-14. 사직야구장

그리고 사직동에는 뭐니 뭐니 해도 사직체육관이 있어, 부산 사람들이 다른 동명은 다 알지 못해도 사직동은 모를 수가 없습니다. 지금이야 좀 그렇긴 하지만 야구라 하면 누구나 부산을 떠올릴 정도로 야구를 사랑하는 사람들이 많았습니다. 그런 사람들이 너도나도 모일 수밖에 없는 장소가 바로 사직체육관이었으니, 사직동이라는 동명을 다 알 수밖에 없습니다. 그러나 진정한 의미의 사직동은 나라와 백성들의 풍요와 안녕을 비는 사직단에 있습니다. 예나 지금이나 이러한 소망은 태평성대가 아니라면 늘 꿈꾸는 것이 아니겠습니까!

참고문헌

http://www.busan.go.kr/

KBS부산재발견 제작팀, 『부산재발견』(우진, 2012)

국토지리지정보원, 『한국지명유래집-경상편』(국토지리정보원, 2011)

민태영, 박석근, 『경전 속 불교식물』(이담북스, 2011)

부산광역시사편찬위원회, 『釜山地名總覽(1)-부산광역시　중서동구편』(대원인쇄문화사, 1995)

부산광역시사편찬위원회, 『釜山地名總覽(2)-영도구·부산진구·동래구편』(1996)

부산광역시사편찬위원회, 『釜山地名總覽(3)-남구·북구·해운대구편』(1997)

부산광역시사편찬위원회, 『釜山地名總覽(4)-사하구·금정구편』(1998)

부산광역시사편찬위원회, 『釜山地名總覽(5)-강서구편』(1999)

부산광역시사편찬위원회, 『釜山地名總覽(6)-연제구·수영구·사상구편』(2000)

부산광역시사편찬위원회, 『釜山地名總覽(7)-기장군(I): 기장읍·장안읍편』(2001)

부산광역시사편찬위원회, 『釜山地名總覽(8)-기장군(II): 일광면·정관면·철마면』(2002)

이은식, 『지명이 품은 한국사-두 번째 이야기』(타오름, 2011)

주경업, 『부산이야기99』(부산민학회, 2008)

증산도 도전편찬위원회, 『증산도 道典』(대원출판사, 1994)

최재용, 『역사와 어원으로 찾아가는 우리 땅 이야기』(21세기북스, 2015)

하영삼, 『한자어원사전』(도서출판3, 2014)

04. 한자로 읽는 부산의 유교문화유산

정길연

제4장_한자로 읽는 부산의 유교문화유산

동래향교와 충렬사

정길연

1. 향교: 향교의 역할

鄕(시골 향): 乡, xiāng, 邑-10, 13, 42

字解 회의. 식기를 가운데 두고 손님과 주인이 마주 앉은 모습을 그렸습니다. 손님에게 식사를 대접한다는 뜻이며, 饗(잔치할 향)의 원래 글자입니다. 이후 함께 모여 식사를 함께하는 씨족집단이라는 의미에서 '시골'이나 '고향'을 뜻하게 되었고 말단 행정단위까지 지칭하게 되었습니다. 그러자 원래 뜻은 食(밥 식)을 더한 饗으로 분화했습니다. 『설문해자』에서는 鄕으로 썼고, 간화자에서는 乡으로 줄여 씁니다.

字形 鄕 甲骨文 8 古陶文 簡牘文 說文小篆

校(학교 교): xiào, jiào, 木-6, 10, 80

字解 형성. 木(나무 목)이 의미부이고 交(사귈 교)가 소리부로, 나무(木)를 교차시킨(交) 울타리

를 말하는데, 그런 울타리를 둘러 학교를 만들었기에 '學校(학교)'라는 의미가 나왔으며, 군영도 뜻합니다. 원래는 사냥에서 잡은 짐승을 울에 임시로 가두어 놓고서 사냥이 끝난 다음 결과를 비교하던 데서, 비교하다, 따지다, 견주다의 뜻이 나왔습니다. 『설문해자』에서는 "나무(木)로 만든 사람을 가두는 '울'을 말한다."라고 했으며, 목에 쓰는 칼과 같은 형벌 도구를 지칭하기도 했습니다.

字形　朱毫古陶文　枝枚簡牘文　秡柄古璽文　枋說文小篆

　　향교(鄕校)는 조선시대에 유일한 지방의 국립학교였습니다. 조선 개국 초기부터 한 고을에 하나의 학교를 설치할 목적으로 확충 정비된 향교는 선비들에게 유학(儒學)의 기본정신을 익히게 하여 국가적 차원에서 유교사회의 현덕(賢德)한 인재를 양성하던 곳이었습니다. 이에 태종(太宗)은 지방 수령이 주력해야 할 7가지 직무[守令七事]에 '학교 설립[學校興]'을 추가하여, 향교를 중심으로 한 흥학책(興學策)을 수령의 중요한 임무로 강조하였습니다. 성종 19년(1488)에 간행된 『동국여지승람(東國輿地勝覽)』에 의하면 전국 8도에 328개의 향교가 존재하였는데, 이를 당시 지방관제와 비교하면 거의 모든 군현(郡縣)에 향교가 설립되었음을 짐작할 수 있습니다.

　　그러나 16세기 중반부터 향교는 서원(書院)의 등장으로 점점 쇠퇴해졌고, 게다가 임진왜란 때 많은 향교가 불타는 어려움마저 겪었습니다. 비록 다시 중건되거나 새로운 자리를 찾아 건립되기도 했지만, 조선전기 국가에서 보내던 교관(敎官)이 파견되지 않으면서 관학으로서의 향교의 위상은 현격히 저하되고 문묘(文廟) 향사(享祀)를 담당하는 제향적 공간으로서의 기능에 더욱 치중하게 되었습니다.

　　조선전기의 향교는 제향적(祭享的) 기능과 교학적(敎學的) 기능을 비교적 조화롭게 수행했으나, 조선중기 이후 서원서당의 보급과 함께 사학(私學)기관이 향교의 교육적 기능을 상당 부분 대신함에 따라, 향교는 주로 제향적 기능에 의거한 지방 유림의 정치 사회적 중심지가 되었습니다. 이로써 향교의 문묘는 정치교화의 기본이념인 유교적 성묘(聖廟)로서의 의미가 한층 강조되었고, 문묘제향은 왕권을 대행한 감사(監司)와 수령(守令)의 감독과 책임 하에 향중사림(鄕中士林)들이 공동

운영하는 형태로 바뀌어 갔습니다.

조선 말기에 이르면 향교의 강학 역량을 회복하고자 지방관이 따로 양사재(養士齋), 흥학재(興學齋), 육영재(育英齋) 등을 향교의 부속 건물로 건립하기도 했지만 그 성과와 지속성은 미미한 실정이었습니다. 하지만 향교의 교학적 기능이 쇠퇴했다고 해도 그 국가적 설립 목적과 제향적 기능은 조선이 망할 때까지도 여전히 상존하였습니다. 따라서 현재 전하는 전국의 향교 수가 남한에만 234교(校)에 이르며, 그 만큼 오늘날에도 향교의 역할과 영향력은 여전히 막대합니다.

2. 동래향교(東萊鄕校)

大(큰 대): dà, 大-0, 3, 80

字解 상형. 팔과 다리를 벌린 사람의 정면 모습을 그렸는데, 사람의 측면 모습을 그린 人(사람 인)과는 달리 크고 위대한 사람을 말합니다. 이로부터 크다, 偉大(위대)하다는 뜻이, 다시 면적, 수량, 나이, 힘, 강도 등이 큰 것을 말했고, 정도가 심하다, 중요하다는 뜻도 나왔습니다. 또 상대를 존중할 때나 아버지를 지칭할 때도 쓰입니다.

字形 甲骨文　 金文　　 古陶文　 簡牘文　 石刻古文　 說文小篆

成(이룰 성): chéng, 戈-3, 7, 60

字解 형성. 戊(다섯째 천간 무)가 의미부이고 丁(넷째 천간 정)이 소리부로, 무기(戊)로써 성을 단단하게(丁) 지키다는 뜻을 그렸고, 성을 튼튼하게 지킬 때 비로소 목적이 이루어진다는 의미에서 '이루어지다', 成就(성취) 등의 뜻을 갖게 되었습니다. 이로부터 完成(완성)되다, 성숙되다, 成人(성인) 등의 뜻이 나왔고, 능력이나 가능을 나타내는 조동사로도 쓰였습니다. 그러자 원래 뜻인 '성'은 다시 土(흙 토)를 더한 城(재 성)으로 분화했습니다.

字形 〔甲骨文〕 〔金文〕 〔古陶文〕

〔簡牘文〕 〔石刻古文〕 〔說文小篆〕 〔說文古文〕

동래향교의 초창(初創) 시기는 『동래향교지』에도 명확하게 전하지 않습니다. 다만 『경국대전』에 따르면 동래향교에 교수(敎授) 1명(종6품), 교생 정원 70명, 학전(學田) 7결(結) 등의 학사 기록이 있어, 태조 원년(1392) 조선의 교육정책에 따라 각지에 향교를 설립할 때 동래향교도 설치되었을 것으로 추정됩니다.

임진왜란 때 동래향교는 교수와 교생이 순절하여 충절을 드높였지만, 안타깝게도 향교 건물은 동래성과 함께 불타버렸습니다. 그 후 동래향교는 동래부사(東萊府使)들에 의해 계속 재건과 중수를 거듭하여 오늘날까지 면면히 이어져 오고 있습니다. 아래 도표는 17세기 초부터 19세기 초까지의 동래향교 건물이 중수(重修)와 이건(移建), 또는 신건(新建)되어 온 과정을 정리한 것입니다.

「동래향교 연혁」

※동래향교지 참조

姓名	建立年度	大成殿	東西廡	典祀庫	神門	東西夾門	明倫堂	中門	南樓
홍준 (洪遵)	1605(선조35)	再建							
조존성 (趙存性)	1611(광해3)	重修							
이홍망 (李弘望)	1633(인조11)			創建					
이홍망 (李弘望)	1635(인조13)	移建(甑城南麓)							

정호서 (丁好恕)	1641(인조19)		重創			
한기 (韓琦)	1656(효종7)			創建		
안진 (安縝)	1665~1666 (현종6~7)		創/重	創建	創建	創建
이하중 (李夏重)	1672(현종13)		創建			
조세환 (趙世煥)	1680(숙종6)		重創			
류지발 (柳之發)	1685(숙종11)	重修		改建		
이야 (李埜)	1703(숙종29)	移建(鶴巢臺下)	新建	新建	新建	新建
김한철 (金漢喆)	1744(영조20)	移建(甑城下艮坐)			建造	彩浮樓(建造)
이석재 (李碩載)	1773(영조49)	重修				
이인상 (李頤祥)	1784(정조8)	移建(鞍嶺下)				
이경일 (李敬一)	1788(정조12)	重建				攀化樓
홍수만 (洪秀晚)	1813(순조13)	現立置移建			新建	新建

도표에서 보듯이 동래향교는 여러 차례 이건을 하였습니다. 1784년에 이건할 때는 터를 정하기 위해 지사(地師, 즉 풍수)를 불러 상의한 기록이 『지사록(地師錄)』에 보입니다. 밀양 삼랑포에 사는 박경신(朴敬臣)이라는 지사를 데려와 이곳저

곳을 살피게 한 뒤에 터를 정하였고, 대성전 자리를 정할 때는 다시 박경신을 데려와 품삯 30냥을 주고 정확한 터를 잡게 하였습니다. 이로 보면 동래향교의 유생들이 교육의 백년대계(百年大計)가 걸린 국립학교를 건립하기 위해서 얼마나 정성을 기울이고 신중을 기하였는가를 알 수 있습니다.

明(밝을 명): míng, 日-4, 8, 60

字解 회의. 日(날 일)과 月(달 월)로 구성되어, 햇빛(日)과 달빛(月)의 밝음을 형상화했습니다. 때로는 창(囧경)에 달(月)이 비친 모습으로 '밝음'을 강조하기도 했습니다. 조명 시설이 없던 옛날, 창으로 휘영청 스며드는 달빛은 다른 그 무엇보다 밝게 느껴졌을 것이며, 이로부터 '밝다'의 의미가 나왔습니다. 이후 비추다, 밝게 비추는 빛, 태양, 分明(분명)하다, 이해하다 등으로 의미가 확장되었습니다.

字形 〔甲骨文〕 〔金文〕 古陶文 〔盟書〕 〔簡牘文〕 〔帛書〕 〔石刻古文〕 〔說文小篆〕 〔說文古文〕

倫(인륜 륜): 伦, lún, 人-8, 10, 32

字解 형성. 人(사람 인)이 의미부이고 侖(둥글 륜)이 소리부로, 같은 무리(人) 사이에서의 次序(차서차례)(侖)를 말하는데, 정착 농경을 일찍 시작한 고대중국은 경험에 의한 나이 중심의 사회였기에 사람들 간의 次序가 倫理(윤리)의 핵심 개념으로 자리 잡았고, 이후 이는 사람(人)들에게 두루(侖) 미칠 수 있는 윤리 개념으로 발전하였습니다. 간화자에서는 侖을 仑으로 줄여 伦으로 씁니다.

字形 〔簡牘文〕 〔說文小篆〕

동래향교의 건물은 강학 공간인 명륜당(明倫堂)과 제향 공간인 대성전(大成殿)이 일직선을 이루지 않고, 대성전에서 보았을 때 강학 공간이 대성전 우측 아래에 배치된 좌묘우학(左廟右學)의 형식을 이루고 있습니다. 따라서 외삼문(外三門)을 따로 두어 내삼문(內三門)과 대성전의 축을 맞추었고, 명륜당 영역은 반화루(攀化樓)를 통하여 독립적인 진입이 이루어지도록 하였습니다.

4-1. 반화루(攀化樓)

　　반화루는 향교의 남쪽에 있어서 남루(南樓)라고도 하는데, 명륜당으로 들어가는 첫 문으로 사용됩니다. 남루는 동래부사 안진(安縝)이 1665년~1666년에 처음 창건한 것으로 보입니다. 그 후 1703년에 동래부사 이야(李壄)가 다시 향교를 학소대(鶴巢臺, 현 학산여중 자리) 아래로 이건하면서 남루도 다시 새로 세워졌고, 또 1744년에 동래부사 김한철(金漢喆)에 의해 증성(甑城) 아래로 이건 되면서 비로소 채부루(彩浮樓)란 이름으로 새롭게 건립되었습니다. 그러다가 1788년에 동래부사 이경일(李敬一)이 대성전을 중건하면서 반화루로 이름을 바꾸고 「반화루기(攀化樓記)」를 지었습니다. 이경일은 동래향교 제생들에게 '반화(攀化)'의 뜻에 대해서, 소소한 예절에서부터 차근차근 배워 가면 공자의 문인들처럼 높은 경지에 오를 수 있다는 의미라고 자세하게 설명을 들려주었습니다. 그는 특히 유람하기 위해서 반화루에 올라 시(詩)나 읊고 내려온다면 반화의 본뜻이 아니라고 엄중히 경책(警責)하기를 마지않았습니다. 동래부사 이경일은 바다와 인접한 동래(東萊)는 중앙의 교화가 미치기 어려운 곳이지만, 스승을 찾아 부지런히 배운다면 모두가 군자가 될 수 있음을 기대한 것입니다.

4-2. 동래향교 대성전

　조선시대 동래향교에서는 공부자(孔夫子)를 비롯한 중국의 오성(五聖, 공자, 안자, 증자, 자사, 맹자)과 십철(十哲), 송조(宋朝) 육현(六賢)을 대성전에 모시고, 동서 무(廡)에는 우리나라 18현을 모시어 총 39위를 봉안하였습니다. 그러다가 1949년부터는 오성과 송조 이현(二賢)을 제외한 위패는 매안(埋安)하고, 동·서무의 18현의 위패를 대성전으로 옮겨 봉행하고 있습니다. 곧 오늘날 동래향교에서는 대성전 정위(正位)에 공부자, 배위(配位)에 사성(四聖), 동서 종향위(從享位)에 송조 2현[程顥, 朱熹]과 우리나라 18현 등 모두 25위를 배향하고 있습니다. 그 중 동국 18현(東國十八賢)의 명단은 아래와 같습니다.

　　설총(薛聰, 680~?), 최치원(崔致遠, 857~?), 안향(安珦, 1243~1306), 정몽주(鄭
　　夢周, 1337~1392), 정여창(鄭汝昌, 1450~1504), 김굉필(金宏弼, 1454~1504),
　　조광조(趙光祖, 1482~1519), 이언적(李彦迪, 1491~1553), 이황(李滉, 1501~
　　1570), 김인후(金麟厚, 1510~1560), 성혼(成渾, 1535~1598), 이이(李珥, 1536~
　　1584), 조헌(趙憲, 1544~1592), 김장생(金長生, 1548~1631), 김집(金集, 1574~
　　1656), 송준길(宋浚吉, 1606~1672), 송시열(宋時烈, 1607~1689), 박세채(朴世

采, 1631~1695)

　제수(祭需)는 25위 모두 팔변팔두(八籩八豆), 즉 16개의 제기를 사용하여 매년 음력 2월과 8월 상정(上丁, 첫째 丁일)에 석전제를 행하고 있습니다. 석전제가 열리기 10일 전에 미리 제관(祭官) 분정(分定)을 위한 망보(望報) 행사를 행합니다. 망보에 초청된 유림들은 모두 명륜당에 모여 석전 당일에 소임을 맡을 적임자를 공천합니다. 그리고 선발된 사람의 이름과 직임(職任)을 적은 천지(薦紙)를 직임자의 집에 전달하도록 하고 있습니다.

　지금 동래향교에서는 새로 교육장을 마련하여 시민들을 대상으로 여러 교육과정을 개설해 무료로 교육을 시행하고 있습니다. 교육생들 대부분은 연세가 많은 노령 층이지만, 유학에 대한 소양을 쌓기 위해 남녀를 가리지 않고 열정적으로 참여하고 있습니다. 앞으로 이 열기가 부산 시민 남녀노소 모두에게 점점 확대되어 갈 것이라 기대합니다.

3. 충렬사와 안락서원

忠(충성할 충): zhōng, 心-4, 8, 42

字解　형성. 心(마음 심)이 의미부이고 中(가운데 중)이 소리부로, 어느 한 쪽으로도 치우치지 않은(中) 공평무사한 원칙을 견지하는 마음(中)이 바로 '충'이라는 뜻을 담았습니다. 이로부터 충성, 충심 등의 뜻이 나왔고, 孝(효)와 짝을 이루어 유가의 중요한 철학 개념이 되었습니다.

字形　𢦏 金文　𢟽 古陶文　𢜼 𢟡 簡牘文　𢘅 𢙂 古璽文　𢘅 說文小篆

烈(세찰 렬): liè, 火-6, 10

字解　형성. 火(불 화)가 의미부이고 列(벌일 렬)이 소리부로, 갈라낸 뼈(列)를 태우는 세찬 불(火)을 말합니다. 이로부터 猛烈(맹렬)하다, 혁혁한 공을 세우다 등의 뜻이 나왔고,

강직하고 고상한 성품의 비유로도 쓰였습니다.

字形　金文　說文小篆

4-3. 충렬사 전경

충렬사(忠烈祠)는 임진왜란 때 동래성을 지키다가 전사한 송상현(宋象賢) 부사를 비롯하여 정발(鄭撥) 장군 등 여러 순절한 분들의 충절을 기리는 곳입니다. 『충렬사지』에 따르면 선조 38년(1605) 동래부사 윤훤(尹暄)이 읍성의 남문 안에다 사당을 세우고 송상현공을 향사했다고 하니, 이것이 아마도 충렬사의 시초가 되는 듯합니다.

그 후 인조 2년(1624) 선위사(宣慰使)로 온 이민구(李敏求)는 임금께 다음과 같이 장계(狀啓)를 올려 사액(賜額)을 내려 줄 것을 청하였습니다. "동래부사 송상현은 처음으로 적봉(賊鋒)을 당하여 의로써 항거하여 한 몸을 버리고 사절(死節)하

4-4. 충렬사 사액 현판

였습니다. 그의 빛나는 사적(事蹟)은 마치 해와 별처럼 반짝여, 난이 평정된 뒤에 경우 살아남은 고을 백성들이 서로 힘을 합하여 사당을 지어 사사로이 제사를 모셨지만, 유독 조정의 은전(恩典)은 입지 못하였습니다." 당시에 이미 이순신, 김천일, 이억기, 최경회 등을 모신 사당에는 사액이 내려졌지만, 송상현공에게는 아직까지 사액이 내려지지 않았었는데, 이 장계로 인해 드디어 '충렬(忠烈)'로 사액되었고, 부산진첨사 정발(鄭撥) 장군도 함께 배향하게 되었습니다.

효종 3년(1652)이 되면 동래부사 윤문거(尹文擧)가 성내(城內) 충렬사 사우(祠宇)의 위치가 적합지 않다 하여, 현재의 자리인 내산(萊山) 아래 안락리(安樂里)로 옮겨 지으면서 충렬사는 비로소 서원의 규모를 갖추었습니다. 그는 "사(祠)로서 충의(忠義)를 표창하고 원(院)으로써 도(道)를 높이는 것인데, 송공(宋公) 같은 분은 높은 명망과 탁월한 충렬을 세웠는데도, 사(祠)만 세우고 서원을 세우지 않은 것은 부족한 것이 아닌가"라고 반문하면서, 서원의 규모를 갖출 것을 극력 주장하였습니다. 이로 인하여 처음으로 안락서원(安樂書院)이 세워지게 되었습니다.

한편, 숙종 35년(1709) 동래부사 권이진(權以鎭)이 충렬사 옛터에 별사(別祠)를 세워, 임진왜란 당시 전사한 양산군수 조영규(趙英圭)와 동래교수 노개방(盧蓋邦)

을 병향(幷享)하고 유생 문덕겸(文德謙)을 배향하여, 별사에도 사액을 내려 줄 것을 조정에 탄원하자, 그 이듬해에 별사에도 사액이 내려졌습니다.

이후로는 본사(本祠)와 별사(別祠)에 문관과 무관을 구분하여 각각 배향하기도 하였고, 배향 인물들이 다수 추가되기도 하였습니다. 현재 충렬사 본사에는 별사의 신위까지 모두 옮겨와 모두 89위의 위패가 모셔져 있고, 본사 아래 의열각(義烈閣)에는 4위의 위패가 모셔져 있습니다. 이처럼 충렬사와 안락서원은 동래부사를 역임했던 여러 지방관들의 노력과 주민들의 정성어린 협조로 이루어진 충렬의 제향 공간입니다.

安(편안할 안): ān, 宀-3, 6, 70

字解 회의. 宀(집 면)과 女(여자 여)로 구성되어, 여성(女)이 집(宀)에서 편안하게 머무는 모습으로부터 便安(편안)함과 安全(안전)함의 의미를 그렸습니다. 이후 편안하게 느끼다, 安定(안정)되다, 안정시키다 등의 뜻도 나왔습니다.

字形 甲骨文 金文 古陶文 盟書 簡牘文 說文小篆

樂(풍류 악·즐거울 락·좋아할 요): 乐, yuè, 木-11, 15

字解 형성. 木(나무 목)과 두 개의 幺(작을 요)가 의미부이고 白(흰 백)이 소리부로, 나무(木)와 실(幺·요)로 만든 악기를 그렸습니다. 원래는 木과 幺로만 구성되었는데, 이후 소리부인 白이 더해져 지금의 자형이 되었습니다. '악기'나 음악이 원래 뜻이며, 이후 음악은 즐거움을 주는 것이라는 뜻에서 '즐겁다'의 뜻, 사람들이 음악을 좋아한다는 뜻에서 '좋아하다'의 뜻이 나왔습니다. 音樂(음악)이나 樂器(악기)를 뜻할 때에는 '악'으로, 즐겁다는 뜻은 樂天(낙천)에서와 같이 '낙'으로, 좋아한다는 뜻은 樂山樂水(요산요수)에서처럼 '요'로 구분해 읽습니다. 간화자에서는 초서체를 형상화한 乐으로 씁니다.

❦❦ 甲骨文 ❦❦❦❦ 金文 ❦❦ 古陶文 ❦ 盟書 ❦❦ 簡牘文

❦❦❦ ❦❦❦❦ 古璽文 ❦ 唐寫本說文 ❦ 說文小篆

안락서원은 대원군의 서원철폐령에도 제외되었으나, 1976~1978년 부산시에서 충렬사 성역화 작업을 할 때 안락서원 건물들을 철거한 뒤로, 강당 한 채만 겨우 보존되어 있고 나머지 건물은 그 동안 복원되지 못하였습니다.

'안락서원'이란 명칭은 본디 이곳 지명인 '안락리'에서 따왔고, 안락서원 강당인 '소줄당(昭崒堂)'은 당나라 대문호인 한유(韓愈, 768~824)의 「백이송(伯夷頌)」에서 "昭乎日月不足爲明, 崒乎泰山不足爲高[밝은 해와 달이 밝다고 할 수 없으며, 높은 태산이 높다고 할 수 없다]"라는 구절의 머리글자를 딴 것입니다. 한유가 백이숙제의 의리(義理)를 높게 드러낸 말인데, 임진왜란 때 목숨을 초개(草芥)처럼 버린 송상현 부사와 정발 장군 등 여러 장수들의 의리를 백이숙제와 같이 칭송하려는 뜻을 보인 것입니다.

4-5. 안락서원 소줄당

4-6. 기념관에 전시된 소줄당 옛 현판

　그런데 필자가 직접 안락서원을 답사해보니 몇 가지 문제점이 발견되었습니다. 첫째 '안락서원'과 '소줄당'의 현판 위치 문제입니다. 위의 사진 [4-5]에는 처마 밑에 걸린 소줄당 현판과 마루 위에 걸린 안락서원 현판이 보입니다. 필자가 보기에는 이 두 현판의 자리가 바뀐 듯합니다. 안락서원의 '원(院)'자는 그 건물 전체를 대표하여 부르는 명칭이고, 소줄당의 '당(堂)'자는 서원 안에 있는 한 부분의 공간, 즉 강당을 뜻합니다. 우리나라 사액서원 중 현재까지 남아 있는 안동 도산서원(陶山書院)의 전교당(典教堂), 현풍 도동서원(道東書院)의 중정당(中正堂), 안강 옥산서원(玉山書院)의 구인당(求仁堂) 등의 현판 배치를 보면, 한결 같이 서원 현판을 처마 밑에 두고 강당 현판은 당(堂) 위에 걸어 놓았습니다. 그러므로 안락서원과 소줄당 현판의 위치는 위의 서원들과 같은 형태로 설치해야 할 듯합니다.

　둘째 사진 [4-5]의 소줄당 글씨와 사진 [4-6]의 소줄당 글씨의 구성이 서로 반대로 되어 있는 점입니다. 사진 [4-5]는 근래 누군가가 쓴 것이고, 사진 [4-6]은 옛날 현판으로 지금은 충렬사 기념관에 보관되어 있습니다. 한 건물 안에서 어떤 현판은 좌측에서 우측으로 읽게 되어 있고, 또 다른 현판은 우측에서 좌측으로 읽게 되어 있으니 보는 사람들이 헷갈리지 않겠습니까? 좌측이든 우측이든 최소한 한 건물 안에서는 일관성 있게 현판의 글씨가 써져 있어야 합니다.

셋째 안락서원의 주련(柱聯)을 살펴보면, 여섯 개의 기둥에다 각각 한 구의 시를 판각하여 걸어 두었습니다. 이 시는 1709년 동래부사로 부임한 권이진(權以鎭, 1668~1734)이 접위관(接慰官) 이정제(李廷濟, 1670~1737)의 시에 차운하여 지은 것입니다. 권이진은 1709년 11월부터 1711년 4월까지 약 18개월 동안 동래부사를 역임하면서, 조영규, 노개방, 문덕겸 등의 위패를 모신 충렬사 별사를 세우고 조정으로부터 사액을 받도록 한 사람이기도 합니다.

그가 지은 시는 다음과 같습니다.

「안락서원 당(堂) 위의 권이진 부사의 시」

使君忠節冠千齡	송부사의 충절은 천년에 으뜸이요
古廟秋風木葉零	옛 사당엔 가을바람에 낙엽이 지네
精返雲天添列宿	혼은 하늘에 돌아가 별자리에 들었고
氣成河嶽護生靈	기는 물과 산이 되어 생령을 보호했네
深讐徹地何年雪	언제 씻을까, 땅에 사무친 깊은 원수
怒髮衝冠一夜星	밤새도록 성난 머리털은 관을 찌르네
試上萊山山上望	짐짓 내산에 올라 산 위에서 바라보니
蠻煙萬縷至今腥	왜놈 연기 수없이 올라 지금도 피비린내 나네

이 작품은 칠언율시로 안락서원 현판 바로 밑에 걸려 있습니다. 그런데 주련에는 경련(頸聯)의 '노발충관일야성(怒髮衝冠一夜星)'까지의 구절, 즉 여섯 구 밖에 없습니다. 앞에 기둥이 여섯 개 밖에 없어서 부득이 그렇게 한 것인지는 모르겠지만, 그렇다고 문장이 완결되지도 않은 것을 어찌 걸어 두겠습니까? 더욱이 이 시는 동래에 관심과 애정이 지극하여 별사(別祠)까지도 사액 받게 한 권부사의 작품입니다. 또한 서원 강당 안에 또렷이 그의 본래 시가 걸려 있는데 강당 밖의 주련구가 완성되어 있지 않다면 말이 되겠습니까? 만약 글을 아는 타 지역 사람들이 혹시 지나다가 주련을 읽어 보고 흠을 발견한다면, 부산시민으로서 부끄러운 일이 아닐

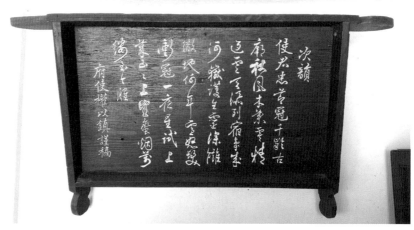

4-7. 안락서원 당(堂) 위의 권이진 부사의 시

수 없습니다. 따라서 필자의 생각으로는 앞의 여섯 개 기둥 외에 뒤편 기둥도 있으니 나머지 미련(尾聯)을 그곳에다 마저 새겨 두었으면 좋겠습니다.

이왕 동래부사 권이진의 시를 살폈으니, 동래부사 중에 처음으로 송공사(宋公祠)를 세우고 충절을 기렸던 윤훤(尹暄)의 시도 한번 읊어 봅시다. 이 시는 송상현 공 뿐만 아니라 그의 첩 금섬(金蟾)과 의기(義妓) 2명까지도 의리를 지키기 위해 순절한 절개를 찬미하고 있습니다.

綱常宇宙棟樑如　　강상은 우주의 동량과 같기에
公獨扶持死不虛　　공이 혼자 붙들었으니 죽음 헛되지 않네
帳下女娘何所學　　장막 안의 저 여인은 무엇을 배웠던고
男兒猶獨聖賢書　　남아는 그래도 성현의 글을 읽었지마는

綱(벼리 강): 纲, gāng, 糸-8, 14, 32

字解 형성. 糸(가는 실 멱)이 의미부이고 岡(산등성이 강)이 소리부로, '벼리'를 말하는데, 그물을 버티는 강한(岡) 줄(糸)이라는 뜻을 담았습니다. 이로부터 三綱五倫(삼강오륜)에서

처럼 사물의 요체나 법도 등의 뜻이 나왔고, 다시 약속이나 다스림 등을 뜻하게 되었습니다. 간화자에서는 纲으로 씁니다.

字形 網 說文小篆 說文古文

常(항상 상): cháng, 巾-8, 11, 42

字解 형성. 巾(수건 건)이 의미부이고 尙(오히려 상)이 소리부로, 베(巾)로 만든 '치마'가 원래 뜻입니다. 고대사회에서 바지가 나오기 전 '치마'는 언제나 입는 일상품이었기에 日常(일상)의 뜻이 나왔고, 그러자 원래 뜻은 巾을 衣(옷 의)로 대체하여 裳(치마상)으로 표현했습니다. 일상으로 입는 옷이라는 뜻에서 일상의, 평상의, 일반적인 등의 뜻이 나왔고, 다시 오랫동안, 변함없는 등의 뜻이 나왔습니다.

字形 常 常 簡牘文 說文小篆 說文或體

한편, 충렬사와 안락서원 외에도 역대 동래부사들의 땀 어린 공적(功績)으로 꼽을 만한 곳이 더러 있습니다. 바로 동래지역의 안녕을 기원하기 위해 설치한 사직단이 그 중 하나입니다. 사직단은 토지신과 곡식 신에게 제사지내는 곳으로, 서울을 비롯하여 각 지방에 그 흔적들이 아직까지 드물게 남아 있습니다.

동래의 사직단은 1640년에 동래부사 정호서(丁好恕)가 처음으로 세웠고, 1672년에 부사 이하(李夏)가 중창하였으며, 1709년에 부사 권이진이 동래부의 서쪽 5리 지금의 자리(현 사직3동 347-11 일원)에 옮겼다고 합니다. 하지만 사직단은 일제강점기 일본의 민족말살정책으로 원형이 모두 파괴되어 그 터만 남아 있다가, 1950년대 중반 도시화 과정에서 그 흔적마저 깡그리 없어져 버렸습니다. 지금은 동래구에서 다시 사직단 복원을 추진하고 있다고 하니, 하루빨리 사직단의 옛 모습이 복원되어 당시 지방관들이 동래지역의 안녕을 빌었던 자취를 부산 시민들이 조금이나마 느낄 수 있기를 바랍니다.

05. 한자로 읽는 부산의 불교문화유산

정길연

제5장_한자로 읽는 부산의 불교문화유산

범어사의 주련과 한시

佛(부처 불): [仏, 仸, 彿], fú, 人-5, 7, 42

字解 형성. 人(사람 인)이 의미부이고 弗(아닐 불)이 소리부로, 원래는 진짜가 아닌(弗) 비슷한 사람(人)을 말했으며, 이로부터 '마치', 방불게 하다 등의 뜻이 나왔으며, 彿(비슷할 불)이나 髴(비슷할 불)과 같이 썼습니다. 그러나 불교 유입 이후 붓다(Buddha)의 음역자로 쓰였는데, 이는 사람(人)이되 사람이 아닌(弗) 신의 경지에 오른 존재라는 뜻을 담았습니다. 유교를 숭상했던 조선시대에는 仸로 쓰기도 했는데, '요상한(夭.요) 사람(人)'이라는 뜻을 담아 불교에 대한 부정적 인식을 반영했습니다.

字形 佛 說文小篆

금정산(金井山)은 부산의 진산(鎭山)입니다. 높이는 해발 802미터로 그다지 높지 않지만, 태백산맥이 남으로 뻗어 한반도의 동남단 바닷가에서 힘차게 솟아 오른 영남의 명산(名山)입니다. 부산 시민들이 가장 많이 찾는 금정산은 사시사철 그 아름다운 모습을 지니고 있어서 등산객들의 발길이 끊이지 않고 있습니다.

금정산 아래에는 부산을 대표하는 사찰 범어사(梵魚寺)가 자리하고 있습니다.

범어사는 의상대사(義湘大師)가 신라 문무왕 18년(678)에 창건한 화엄사찰입니다. 일설에는 금빛 물고기가 하늘에서 내려와 우물에서 놀았다고 하여 금정산이라고 이름 짓고, 그곳에다 범어사를 지었다고도 합니다. 범어사는 임진왜란 때 왜인에 의해 건물의 대부분이 소실되었다가, 광해군 5년(1613)에 크게 중창되어 지금의 가람 모습을 이루었는데, 임란 이전의 대가람이 폐허가 된 것은 안타깝지만, 그때 항전에 참여했던 이곳 승려들의 충절은 오늘날에도 여전히 인구에 회자되고 있습니다. 이토록 유서 깊고 고풍스러운 범어사는 찾는 이들의 마음을 정화하여 속세의 탐욕을 씻어주기에 충분합니다.

金(쇠 금성 김): jīn, 金-0, 8

字解 상형. 금문에서 청동 기물을 제조하는 거푸집을 그렸는데, 거푸집 옆의 두 점(⺀, 빙, 氷의 원래 글자)은 청동의 재료인 원석을 상징합니다. 이는 얼음(⺀)이 녹아 물이 되듯 동석을 녹여 거푸집에 붓고 이를 굳혀 청동 기물을 만들어 낸다는 뜻입니다. 소전체에 들면서 두 점이 거푸집 안으로 들어가 지금의 자형이 되었습니다. 세계의 그 어떤 지역보다 화려한 청동기 문명을 꽃피웠던 중국이었기에 청동 거푸집을 그린 金이 모든 '금속'을 대표하게 되었고, 청동보다 강한 철이 등장했을 때에도 '쇠'의 통칭으로, 나아가 가장 값비싼 금속으로, 黃金(황금)과 現金(현금)에서처럼 '돈'까지 뜻하게 되었습니다.

字形 金文 古陶文 簡牘文 古璽文 石刻古文 說文小篆 說文古文

井(우물 정): jǐng, 二-2, 4, 32

字解 상형. 원래 네모지게 겹쳐 놓은 우물의 난간을 그렸으며, 이로부터 '우물'을 지칭하였고, 다시 우물처럼 생긴 것, 네모꼴로 잘 정리된 질서정연함을 뜻하게 되었습니다. 혹자는 우물의 난간을 그린 것이 아니라 우물 속을 파고들어 갈 때 옆의 흙이 무너지지 않도록 설치한 우물 바닥의 나무틀을 그린 것이라고도 하는데, 참고할 만합니다.

사찰을 찾는 이들은 각자 나름의 이유가 있습니다. 고요한 분위기가 좋아서, 마음에 근심을 덜기 위해, 기도를 하기 위해, 참선을 하기 위해, 스님의 법문을 듣고 싶어서, 아니면 고색창연한 건축물의 아름다움이 좋아서 등등 그 이유는 실로 다양할 것입니다. 그런데 어떤 이유에서든 간에 사찰에 들어선 사람들은 누구나 경내(境內)의 건물들을 두루 관람하게 될 텐데, 그때 거기에 걸린 현판과 주련의 뜻을 깊이 이해한다면 감흥은 더욱 배가될 것입니다.

사찰 건물에는 반드시 현판[이름표]이 붙어 있고, 또 기둥에도 주련(柱聯)이 걸려 있습니다. 이들은 모두 한자로 쓰인 것이어서, 일반인들은 대부분 무슨 글자인지 무슨 뜻인지를 자세히 알 수가 없습니다. 범어사의 많은 건물에도 으레 현판과 주련이 걸려 있는데, 부산 시민이 부산 최고의 사찰인 범어사를 찾으면서 그 현판이나 주련의 의미 또는 용도를 모른다면 조금은 부끄럽지 않겠습니까?

또한 옛날 우리 선조들 중에는 범어사를 찾아와 시문을 남긴 이들도 많습니다. 아마도 그들은 모두 범어사의 아름다운 풍광에 흠뻑 취하여 절로 시흥(詩興)을 일으켜 붓을 들지 않을 수 없었을 것입니다. 따라서 범어사의 여러 현판과 주련, 그리고 시인 묵객들의 시편을 소개하는 일은 범어사를 찾는 이들에게 좋은 길잡이가 되리라 생각합니다.

1. 범어사의 현판과 주련

梵(범어 범): fàn, 木-7, 11, 10

字解 형성. 林(수풀 림)이 의미부이고 凡(무릇 범)이 소리부로, 곡물이 숲(林)처럼 무성한 모양을 말했습니다. 이후 불교가 유입되면서 산스크리트어에서 '청정하다'는 뜻의

'Brahma'의 대역자로 쓰였으며, 불교와 관련된 것을 지칭하는데도 쓰입니다.

字形 𩕳 說文小篆

魚(고기 어): 鱼, yú, 魚-0, 11, 50

字解 상형. 갑골문에서 물고기의 입, 몸통과 지느러미와 비늘, 꼬리 등이 구체적으로 표현되었습니다. 예서에 들면서 꼬리가 灬(火불화)로 변했고, 현대 중국의 간화자에서는 다시 가로획으로 변해 鱼가 되었습니다. 그래서 '물고기'가 원래 뜻이고, 물고기를 잡는 행위는 물론 어부까지 뜻하기도 했는데, 이후 水(물수)를 더한 漁(고기잡을 어)로써 구분해 표시했습니다. 그래서 魚는 물고기의 종류, 고기잡이 행위와 관련되어 있으며, 물고기는 귀하고 맛난 음식의 대표였습니다.

字形 𩵋𩵋𩵋甲骨文 𩵋𩵋𩵋𩵋金文 𩵋𩵋𩵋古陶文 𩵋盟書 𩵋𩵋簡牘文 𩵋古璽文 𩵋說文小篆

(1) 조계문(曹溪門)

조계문은 범어사로 들어가는 첫 번째 문으로, 각 주춧돌 위에다 네 돌기둥을 세웠으며, 또 그 위에 나무 기둥을 세우고 기와지붕을 얹은 독특한 형태의 건축물입니다. 흔히 일주문(一柱門)이라고도 하는데, '일주(一柱)'는 '한 줄로 세운 기둥'이한 뜻으로, 한 마음 즉 일심(一心)을 상징합니다.

범어사의 조계문은 특히 전국 사찰의 일주문 중에서도 최고의 걸작으로 꼽혀, 보물 제1461호로 지정되어 있습니다. 이 일주문에는 세 개의 현판이 걸려 있는데, 오른쪽에 '선찰대본산(禪刹大本山)', 왼쪽에 '금정산범어사(金井山梵魚寺)', 가운데에 '조계문(曹溪門)'이 그것입니다.

'조계'는 중국의 조계산을 말하는데, 육조(六祖) 혜능대사(慧能大師)가 이곳에 머물면서 불법을 전했다고 합니다. 신성한 가람에 들어서기 전에 세속의 번뇌를 불법의 청량수로 말끔히 씻고 일심으로 진리의 세계를 추구하라는 상징적인 가르침

5-1. 조계문(일주문)

이 담겨 있습니다.

'선찰대본산 금정산범어사'의 뜻은 '선종 사찰 대본산은 금정산 범어사'라는 뜻입니다. 이 글씨는 구한말에 예조판서를 지낸 해사(海士) 김성근(金聲根, 1835~1919)의 필적입니다. 김성근은 서예에 뛰어나 특히 송나라 서예가인 미불(米芾, 1051~1107)의 글씨를 잘 썼다고 하는데, 위의 현판 글씨는 고졸(古拙)한 풍미가 느껴져 보물로 지정된 범어사 일주문의 가치를 한층 더 빛내주고 있습니다.

(2) 천왕문(天王門)

천왕문은 범어사의 두 번째 문으로, 불법을 수호하는 외호신(外護神, 불국정토의 외곽을 맡아 지키는 신)인 사천왕(四天王)이 지키고 있는 공간입니다. 사천왕은 고대 인도에서 귀신들의 왕이었으나 훗날 석가모니에게 귀의하여 부처와 불법을 지키는 수호신이 되었습니다. 이들은 수미산(須彌山) 중턱에서 동서남북으로 무리

5-2. 천왕문

들과 함께 불법을 수호하고 인간의 선악(善惡)을 관찰한다고 합니다.

　범어사 천왕문은 일주문(一柱門)과 불이문(不二門)의 중간에 있으며, 대문의 좌우에는 금강역사(金剛力士)가 지키고 있습니다. 금강역사는 인왕역사(仁王力士)라고 하는데 손에 금강저(金剛杵)라는 무기를 들고 항상 부처님을 호위하고 있는 신입니다.

天(하늘 천): tiān, 大-1, 4, 70

字解 상형. 원래 사람(大)의 머리를 크게 그렸는데, 머리가 가로획(一)로 변해 지금의 자형이 되었습니다. 머리끝에 맞닿은 것이 '하늘'임을 나타냈고, 이로부터 위에 있는 것, 꼭대기, 최고 등의 뜻이 나왔으며, 이후 하늘, 자연적인 것, 기후, 하느님 등의 뜻도 나왔습니다. '하늘'을 존재하는 자연물 그대로 그리지 않고 사람의 신체에 머리를 크게 그려놓고 거기와 맞닿은 곳이 '하늘'임을 그려낸 중국인들의 사유 방식이 의미 있어 보입니다.

字形 𣎵 𣎵 𣎵 𣎵 甲骨文　𣎵 𣎵 𣎵 金文　𣎵 𣎵 𣎵 𣎵 簡牘文　𣎵 古幣文　天

古璽文 　 說文小篆

王(임금 왕): wáng, 玉-0, 4, 80

字解 상형. 『설문해자』에서는 三(석 삼)과 ㅣ(뚫을 곤)으로 구성되어 "하늘(天)과 땅(地)과 사람(人)을 의미하는 三을 하나로 꿰뚫은(ㅣ) 존재가 王이다."라고 했습니다. 하지만, 갑골문에 의하면 王은 어떤 신분을 상징하는 모자를 형상한 것으로 보이며, 혹자는 도끼를 그린 것으로 해석하기도 합니다. 모자나 도끼는 권위의 상징이었을 것이며, 그래서 '왕'이라는 뜻이 생겼고, 이로부터 '크다', '위대하다' 등의 뜻도 나왔습니다.

字形 　 甲骨文 　 金文 　 古陶文 　 簡牘文 　 貨幣文 　 說文小篆 　 說文古文

천왕문의 네 기둥에 걸린 주련은 제석천왕의 명을 받아 수미산의 네 대륙[四洲], 곧 인간 세상을 살펴 수호하는 사천왕의 공덕을 경배하는 내용입니다.

帝釋天王慧鑑明	제석천왕의 지혜는 거울처럼 밝아
四洲人事一念知	네 대륙의 사람 일을 한 생각으로 아시네
哀愍衆生如赤子	중생들을 갓난이 대하듯 불쌍히 여기니
是故我今恭敬禮	이 때문에 나는 지금 공경히 예를 갖추네

제석천왕은 욕계(欲界) 6천(天) 중 제2천인 수미산 꼭대기의 도리천(忉利天, 33천)에 있으면서, 욕계 제1천으로 수미산 중턱에 있는 사왕천(四王天)의 주인 사천왕을 통솔합니다. 수미산의 사방에 있는 네 대륙 '사주(四洲)'는 동승신주(東勝身洲), 남섬부주(南贍部洲), 서우화주(西牛貨洲), 북구로주(北俱盧洲)인데, 사천왕 중 지국천왕(持國天王)은 동주(東洲)를 수호하고, 증장천왕(增長天王)은 남주를 수호하며, 광목천왕(廣目天王)은 서주를 수호하고, 다문천왕(多聞天王)은 북주를 수호합니다. 따라서 이 주련은 제석천왕의 지혜가 거울처럼 밝아 인간세상의 모든 일을

알고 중생들을 어여삐 여겨 사천왕으로 하여금 보살피고 수호하게 한 공덕을 기리는 칠언절구라 하겠습니다.

(3) 불이문(不二門)

5-3. 불이문

불이문은 수미산 정상에 있는 문으로, 이곳을 통과하면 바로 도리천(忉利天)입니다. 따라서 이 문은 사찰의 본당에 들어서기 위한 마지막 문에 해당하며, 이곳을 지나면 진리의 세계인 불국토로 들어갈 수 있음을 상징적으로 보여줍니다. '불이(不二)'는 진리가 둘이 아니라는 뜻으로, 부처와 중생이 다르지 않고, 생과 사, 만남과 이별 역시 그 근원은 모두 하나입니다. 이 같은 불이(不二)의 뜻을 알게 되면 해탈할 수 있으므로 해탈문(解脫門)이라고도 합니다. 해탈의 경지에 들기 위한 한 방편으로 범어사 불이문에는 다음과 같은 두 구(句)의 주련을 걸어 놓았습니다.

神光不昧萬古輝猷　　신광은 어둡지 않아 만고에 빛나는 법칙이니
入此門內莫存知解　　이 문 안을 들어오면 알음알이를 갖지 말라

지해(知解)란 알음알이요, 알음알이란 바로 이것저것 알려는 마음이니, 알려고 하면 분별심이 일어납니다. 그러므로 이 주련은 '분별심을 내지 말라'는 의미로, 곧 부처의 신령스런 광명은 더 없이 훌륭한 법이기 때문에, 세속의 얕은 지혜로 섣불리 세상을 보려 한다면 끝내 부처의 법을 깨달을 수 없음을 경계한 말입니다.

불이문의 주련 글씨는 범어사 조실(祖室)로 있던 동산스님(東山, 1890~1965)의 글씨입니다. 동산스님은 용산스님의 제자로 선(禪)과 교(敎)를 함께 수행할 것을 주장하여 당시에 사찰의 분위기를 일신시킨 조계종 큰 스님입니다.

(4) 대웅전(大雄殿)

大(큰 대): dà, 大-0, 3, 80

`字解` 상형. 팔과 다리를 벌린 사람의 정면 모습을 그렸는데, 사람의 측면 모습을 그린 人(사람 인)과는 달리 크고 위대한 사람을 말합니다. 이로부터 크다, 偉大(위대)하다는 뜻이, 다시 면적, 수량, 나이, 힘, 강도 등이 큰 것을 말했고, 정도가 심하다, 중요하다는 뜻도 나왔습니다. 또 상대를 존중할 때나 아버지를 지칭할 때도 쓰입니다.

`字形` 大大大大大 甲骨文　大大大大大 金文　大大大大大 金文

大大 古陶文　大大 大大 簡牘文　大 石刻古文　大 說文小篆

雄(수컷 웅): xióng, 隹-4, 12, 50

`字解` 형성. 隹(새 추)가 의미부이고 厷(팔뚝 굉)이 소리부로, 새(隹)의 수컷을 말하는데, 수컷은 팔뚝(厷)처럼 강함을 특징으로 합니다. 이후 수컷과 남성의 통칭이 되었으며, 힘이 있다, 걸출하다, 뛰어나다 등의 뜻이 생겼습니다.

`字形` 雄 說文小篆

대웅(大雄)은 고대 인도의 '마하비라'를 한역한 것으로 『법화경(法華經)』에서는 사마(四魔)에게 항복을 받아내는 석가모니를 지칭합니다. 석가여래는 영취산에서 『법화경』을 설법했는데, 그 법회를 그린 「영산회상도(靈山會上圖)」는 석가여래를 주불(主佛)로 모시는 불전에 주로 봉안됩니다.

대웅전은 석가모니불을 봉안한 법당으로 범어사의 본전(本殿)입니다. 이 건물은 숙종 43년(1717)에 중창되었고, 현재는 보물 제434호로 지정되어 있습니다. 법당 안에는 고종 19년(1882)에 제작된 대형의 영산회상도가 후불탱화로 걸려 있고, 그 앞에 현세불인 석가여래와 좌우 협시(脇侍)로 미래불인 미륵보살 및 과거불인 제화갈라보살(提和竭羅菩薩)의 삼존(三尊)이 모셔져 있습니다.

摩訶大法王	위대하신 법왕의 법은
無短亦無長	짧지도 길지도 않으며
本來非皂白	본래 검거나 희지도 않으며
隨處現青黃	곳에 따라 푸르고 누렇게 나타나네

대웅전의 네 기둥에 걸린 위의 주련구는 많은 사찰에서 애용되는 글귀입니다. 부처의 법은 길거나 짧지도 않고, 또 어떠한 색깔도 없지만, 상황에 따라 천지사방에 각각의 형태로 변화무쌍하게 나타난다는 말입니다.

한편, 대웅전 서쪽 위에 위치하고 있는 부속 건물로 나한전(羅漢殿)·독성전(獨聖殿)·팔상전(捌相殿)이 있습니다. 세 전각은 특이하게 한 건물에 벽을 막아 세 칸으로 나뉜 형태로 되어 있습니다. 이렇게 매우 독특한 형태인 나한전·독성전·팔상전 역시 부산시유형문화재 제63호로 지정되어 있습니다.

獨(홀로 독): 独, dú, 犬-13, 16, 52

字解 형성. 犬(개 견)이 의미부이고 蜀(나라 이름 촉)이 소리부인데, 개(犬)는 무리지어 살지 않고 혼자서 살기를 좋아하기 때문에 '홀로'라는 뜻이 생겼으며, 이로부터 單獨(단독), 고립, 獨特(독특)하다 등의 뜻이 나왔습니다. 또 자식이 없거나 아내가 없는 사람의 지칭으로도 쓰였습니다. 간화자에서는 소리부인 蜀을 虫(벌레 충)으로 줄

인 独으로 씁니다.

裼 楊 楊 楊 簡牘文　楊 說文小篆

聖(성스러울 성): 圣, shèng, 耳-7, 13, 42

字解 형성. 耳(귀 이)와 口(입 구)가 의미부이고 壬(좋을 정)이 소리부로, 남의 말을 귀담아듣
는 사람이라는 의미를 그렸습니다. 갑골문에서는 사람(人)의 큰 귀(耳)와 입(口)을
그렸고, 금문에서는 사람(人)이 발돋움을 하고 선(壬) 모습을 그렸는데, 귀(耳)는
'뛰어난 청각을 가진 사람'을, 口는 말을 상징하여, 남의 말을 귀담아들어야 하
는 존재가 지도자임을 형상화했습니다. 이로부터 보통 사람을 넘는 총명함과
지혜를 가진 존재나 성인을 말했으며, 학문이나 기술이 뛰어난 사람을 지칭하
게 되었고, 특히 유가에서는 공자를 부르는 말로 쓰였습니다. 한국 속자에서는
文(글월 문)과 王(임금 왕)이 상하구조로 결합한 모습으로 쓰기도 하는데, 文王을 최
고의 성인으로 인식하고자 한 모습이 반영되었습니다. 간화자에서는 圣으로 간
단히 줄여 씁니다.

字形　呷 臤 甲骨文　學 呻 叩 肾 印 䢕 聖 足 䢕 聖 金文　聖 聖 塁 簡牘文
䢕 䢕 古璽文　聖 說文小篆

(5) 미륵전(彌勒殿)과 비로전(毘盧殿)

범어사의 본전은 보물 제434호로 지정된 대웅전입니다. 대웅전은 석가모니를
주불(主佛)로 모신 법당입니다. 그런데 범어사에는 대웅전 외에도 미륵전, 비로전,
관음전, 지장전 등의 전각이 자리하고 있습니다. 그 중 미륵전과 비로전은 범어사
경내의 동편에 나란히 세워져 있습니다.

미륵전은 미래에 용화수(龍華樹) 아래에서 성불하여 중생을 제도하는 미륵불을
모신 법당입니다. 미륵불은 현재 윤회의 마지막 일생을 도솔천(兜率天)에서 상생
(上生)하여 천중(天衆)들을 위해 설법하고 있다가, 57억 년 이후 석가모니불의 뒤

를 이어 인간 세상에 하생(下生)하여 석가모니불이 구제하지 못한 중생을 구제할 미래의 부처[未來佛]입니다.

비로전은 범어 바이로차나(vairocana)를 음역한 비로자나불을 모신 법당입니다. 비로자나불은 모든 부처의 진신(眞身)인 법신불(法身佛)로서, 보통 사람의 육안으로는 볼 수 없는 광명(光明)의 부처입니다. 법신(法身)은 빛깔이나 형상이 없는 우주의 본체인 진여실상(眞如實相)을 의미합니다.

따라서 비로자나불을 형상화할 때는 천엽연화(千葉蓮華)의 단상에 결가부좌를 하고 앉아, 왼손은 무릎 위에 놓고 오른손은 가볍게 들고 있도록 합니다. 불상의 화대(華臺) 주위에 피어 있는 1,000개의 꽃잎 하나하나가 100억의 국토를 표현한 것으로, 비로자나불의 공덕무량과 광대장엄을 헤아릴 길이 없음을 조형화한 것입니다. 또 큰 연화(蓮花)로 이루어져 있는 이 세계 가운데는 우주의 만물을 모두 간직하고 있어 흔히 '연화장세계(蓮華藏世界)'라고도 하는데, 연화장은 바로 비로자나불이 다스리는 우주 전체를 뜻합니다.

화엄종 사찰에서는 본래 비로자나불을 주불로 하여 본전(本殿)에 안치합니다. 해동(海東) 화엄종은 의상대사에 의해 정립되었는데, 범어사는 화엄십찰의 하나로 창건되었기 때문에, 화엄종의 주불인 비로자나불을 모신 비로전을 둔 것으로 보입니다. 비로전은 화엄전(華嚴殿)이라고도 하는데, 만약 이 건물이 본전(本殿)일 경우에는 대개 대적광전(大寂光殿)·대광보전(大光寶殿)이라고 합니다.

(6) 관음전(觀音殿)

觀(볼 관): 观, guān, 見-18, 25, 52

字解 형성. 見(볼 견)이 의미부이고 雚(황새 관)이 소리부로, 큰 눈을 가진 수리부엉이(雚)가 목표물을 응시하듯 뚫어지게 바라다봄을 말하며, 이로부터 觀察(관찰)하다, 본 모습, 사물에 대한 인식이나 觀點(관점), 觀念(관념)의 뜻이 나왔고, 도교사원을 지칭하기도 했습니다. 간화자에서는 雚을 간단한 부호로 又(또 우)로 줄인 观으로 씁

니다.

🦗甲骨文 🦗🦗金文 🦗敨簡牘文 觀說文小篆 舊說文古文

音(소리 음): yīn, 音-0, 9, 60

字解 지사. 言(말씀 언)과 가로획(一)으로 구성되어, 피리(言)에서 나오는 소리(一)를 형상화했으며, 이로부터 소리, 음악, 소식 등의 뜻이 나왔습니다. 원래는 言과 자원이 같았지만, 금문에 들면서 추상부호인 가로획이 더해져 言과 구분되었습니다. 言은 대로 만든 피리를 그린 것으로 보입니다. 音은 사람의 소리나 개인 차원의 의사소통 필요성보다는 공동체의 위기를 알리거나 마을의 중요한 회의를 소집하기 위한 도구였던 것으로 보입니다. 이처럼 音은 악기를 이용하여 인간이 멀리 전달할 수 있는 '소리'가 원래 뜻이며, 이후 音樂(음악)은 물론 모든 '소리'를 지칭하게 되었습니다. 그래서 音으로 구성된 글자들은 음악이나 '소리'와 관련을 갖습니다. 나아가 음악은 제사나 연회에서 주로 사용되었기에 연회와 관련된 음악을 지칭합니다.

字形 🎵🎵金文 🎵古陶文 🎵盟書 音音音音音簡牘文 🎵說文小篆

관음전은 관세음보살을 주불로 봉안하는 법당입니다. 관세음보살의 서원(誓願)은 철저하게 중생의 안락과 이익에 있는데, 불가사의한 인연과 신력(神力)으로 중생들을 돕기 때문에 우리나라에서는 관음신앙이 성하여 거의 모든 사찰에 관음전이 세워져 있습니다.

관음전이 그 사찰의 본전(本殿)일 때에는 관음전이라 하지 않고, 관음보살이 주원융통(周圓融通)하게 중생의 고뇌를 씻어준다는 뜻에서 원통전(圓通殿)이라고 합니다. 관음전에는 왼손에 연꽃이나 감로병을 들고 연화좌 위에 앉은 관음상을 안치하는 것이 일반적인 통례이나, 버들가지를 들고 있는 양류관음(楊柳觀音), 보관(寶冠) 위에 11개의 다른 얼굴을 가진 십일면관음(十一面觀音), 그 밖에 해수관음(海水觀音)·백의관음(白衣觀音)·용두관음(龍頭觀音)·천수관음(千手觀音) 등을 모시기도 합니다. 또 후불탱화(後佛幀畵)는 봉안된 관음상의 유형에 따라 적절히 봉

5-4. 관음전

안됩니다.

　범어사의 관음전 후불탱화는 관음보살이 자연을 배경으로 암좌에 앉아 인간 세상의 온갖 번뇌 소리를 들어주는 자애로운 모습을 하고 있어 예로부터 인기 있는 도상(圖像)이라고 합니다. 지금 관음전에 걸려 있는 후불탱화는 모사본이고, 부산광역시 유형문화재 제53호로 지정된 진품은 현재 범어사 성보박물관에 전시되어 있습니다.

　관음전의 현판 글씨는 성파(星坡) 하동주(河東洲, 1879~1944)의 작품입니다. 그는 거제에서 출생하여 진주로 이주했는데, 부친 하제봉(河濟峰)으로부터 추사체를 전수받아 추사체로 일가를 이룬 진주지역의 대표적인 서예가입니다. 범어사 관음전 현판 외에 이 사찰의 '종루(鐘樓)' 글씨도 그의 작품입니다. 경남지역의 사찰이나 누각에는 그가 쓴 편액들을 흔히 볼 수 있습니다.

(7) 지장전(地藏殿)

　지장전(地藏殿)은 명부전(冥府殿) 혹은 시왕전(十王殿), 쌍세전(雙世殿)이라고

地(땅 지): [坔, 墬, 埊], dì, 土-3, 6, 70

字解 형성. 土(흙토)가 의미부이고 也(어조사 야)가 소리부로 '땅'을 말하는데, 만물을 생산하는(也) 대지(土)라는 의미를 담았으며, 이로부터 대지, 지구, 육지, 영토, 토지, 지방, 지위, 바탕 등의 뜻이 나왔습니다. 달리 '대지'는 물(水·수)과 흙(土)으로 구성되었다는 뜻에서 坔, 산(山)과 물(水)과 흙(土)으로 구성되었다는 뜻에서 墬, 혹은 흙(土)으로 둘러싸였다(防·방)는 뜻에서 墬 등으로 쓰기도 했습니다.

字形 ☒ 金文 ☒ ☒ 盟書 ☒ ☒ ☒ 簡牘文 ☒ 說文小篆 ☒ 說文籒文

藏(감출 장): [匨], cáng, 艸-14, 18

字解 형성. 艸(풀초)가 의미부이고 臧(착할 장)이 소리부로, 풀(艸) 속에 숨기고(臧) 감추다는 뜻이며, 달리 匚(감출 혜)가 의미부이고 壯(씩씩할 장)이 소리부인 匨으로 쓰기도 합니다. 이로부터 숨겨두는 곳, 숨겨둘 정도의 보물 등의 뜻이 나왔습니다.

字形 ☒ 金文 ☒ 簡牘文 藏 說文新附字

도 하는데, 당호에서 알 수 있듯이 저승 세계를 상징하는 법당입니다. 주존(主尊)은 지옥 중생을 모두 구제한 다음에야 부처가 될 것을 서원한 지장보살(地藏菩薩)로, 대원본존(大願本尊)이라고도 합니다. 또한 석가모니 입멸 이후 미륵불이 출현하기 직전의 시기에 중생 제도를 석가모니로부터 부촉 받은 보살이기도 합니다. 지장전의 주련은 갠지스 강[恒河]의 모래만큼 무수한 세월 동안 칭송해도 다함이 없는 지장보살의 이러한 위력을 실감나게 읊고 있습니다.

地藏大聖威神力	지장 대성인의 신묘한 위력은
恒河沙劫說難盡	항하사 겁 동안 말해도 다하기 어려워라
見聞瞻禮一念間	일념으로 보고 듣고 예배하는 사이에
利益人天無量事	사람과 하늘을 이롭게 하신 일 한량없네

　범어사에 전해오는 기록을 보면, 1658년 명부전을 남쪽 끝으로 이건하고 편액을 '지장전'으로 바꾸었다고 하니, 지금의 지장전은 초창 당시의 자리가 아닌 것으

로 보입니다. 1891년 이후의 기록은 현재 알려진 바가 없고, 1988년 화재 때 당시 봉안되어 있던 조선후기 목조시왕상까지 모두 전소되어, 1990년 이 건물을 다시 새롭게 조성하면서 이전의 명칭 '명부전'을 '지장전'으로 바꾸었습니다.

(8) 조사전(祖師殿)

祖(조상 조): zǔ, 示-5, 10, 70

字解 형성. 示(보일 시)가 의미부이고 且(할아비 조또 차)가 소리부인데, 且는 남근을 형상한 것으로 자손을 이어지게 해주는 상징물입니다. 처음에는 且로만 표기하였으나, 且가 '또'나 '장차'라는 추상적 의미로 가차되어 쓰이게 되자, 이후 제사를 통한 숭배 의식이 강화되면서 示가 더해져 오늘날의 글자로 만들어졌습니다. 제사의 대상이 되는 할아비(且)라는 뜻으로부터 祖上(조상), 先祖(선조), 始祖(시조), 祖國(조국), 鼻祖(비조) 등의 뜻이 나왔습니다.

字形 𝕏𝕏 甲骨文 𝕏𝕏 金文 祖 陶文 𝕏 簡牘文 祖 說文小篆

師(스승 사): 师, shī, 巾-7, 10, 42

字解 형성. 帀(두를 잡)이 의미부이고 𠂤(군사 사, 師의 본래 글자)가 소리부로, 군사, 군대, 지도자, 스승을 뜻합니다. 갑골문에서는 𠂤로만 써, 帀(두를 잡)이 빠진 모습입니다. 𠂤의 자원에 대해서는 의견이 분분하지만, 이를 가로로 눕히면 丘陵(구릉)이 되고, 그래서 '작은 언덕'을 그린 것으로 추정됩니다. 끝없이 펼쳐진 황토 평원에서 丘陵은 여러 특수한 기능을 해 왔는데, 홍수로부터 침수를 막아 주기도 하며, 주위에서 쳐들어오는 적을 조기에 발견하여 방어할 수 있도록 해주었습니다. 심지어는 하늘과도 통할 수 있는 곳으로 생각되기도 했습니다. 그래서 고대 중국인들은 城(성)을 이러한 구릉에다 세웠으며, 王陵(왕릉)도 이러한 곳에다 만들었습니다. 都城(도성)이나 왕릉이 위치한 곳은 반드시 軍師(군사)들이 지키게 마련입니다. 그래서 師에 '軍師'라는 뜻이 생겼으며, 옛날에는 2천5백 명의 軍隊(군대)를 師라고도 했습니다. 금문에 들면서 이러한 의미를 더 강조하기 위해 '사방으로

둘러치다'는 뜻의 帀을 더해 지금처럼 師가 되었습니다. 이후 군대의 지도자를
뜻하였고, 이로부터 스승, 모범 등의 뜻이 나왔고, 다시 醫師(의사)에서처럼 어떤
전문적인 기술을 가진 사람을 부르는 말로도 쓰였습니다. 간화자에서는 自를
간단히 줄인 师로 씁니다.

字形 　𠂤 甲骨文　𠂤𠂤 𠂤𠂤 金文　師 𠂤𠂤 古陶文　𠂤 師 𠂤𠂤 簡牘文
　　　𠂤 𠂤 石刻古文　師 說文小篆　𠂤 說文古文

조사전은 선종(禪宗) 사찰에서 그 종파를 개창한 조사(祖師)를 봉안하는 건물
입니다. 조사전이 없는 절에서는 영각(影
閣)을 짓고, 국사를 배출한 절에서는 조사
전 대신 국사전(國師殿)을 짓기도 합니다.
이 건물은 보통 사찰 내의 가장 깊은 곳
에 자리 잡고 있어, 사대부 집안의 가묘
(家廟)나 서원(書院)의 후묘선학(後廟先
學) 배치법과 비슷하다고 할 수 있습니다.
즉 조령(祖靈)과 생령(生靈)이 한자리에
모여 살고 있음을 표방한 것으로, 후인들
이 선인(先人)의 길을 따르고 있음을 증명
하는 것이라고 할 수 있습니다.
　범어사의 조사전은 얼마 전에 새로
건축하여 현판과 주련의 글씨를 다시 썼
습니다. 글씨는 현직 국회위원인 정종섭
(鄭宗燮)씨가 쓴 작품인데, 단정하고 힘찬
느낌을 줍니다. 하지만 현판을 왼쪽에서
오른쪽으로 읽도록 글이 적혀 있어 아쉬
움이 남습니다. 범어사는 모든 건물의 현

5-5. 조사전

판이 오른쪽에서 왼쪽으로 읽도록 되어 있기에, 조사전 현판만 사뭇 배열이 다른 것은 마치 모두가 왼쪽 가슴에 이름표를 달고 있는데 어떤 한 사람만 오른쪽에 이름표를 붙이고 있는 격처럼 어색합니다.

주련 구절은 의상대사의 「법성게(法性偈)」 일부분을 뽑아서 쓴 것으로, 그 내용을 살펴보면 아래와 같습니다.

法性圓融無二相	법과 성은 하나요 두 가지 상이 아니니
諸法不動本來寂	모든 법은 동요가 없고 본래 고요하다네
無名無相絶一切	이름도 없고 상도 없이 일체가 끊어지니
證智所知非餘境	다른 경지가 아닌 증지(證智)로 아는 것이네
窮坐實際中道牀	실제의 중도 자리에 오래도록 있으니
舊來不動名爲佛	옛 부터 움직이지 않은 것을 부처라 이름하네

(9) 보제루(普濟樓)

보제루는 널리 중생을 제도한다는 뜻으로, 대중을 위한 법회용 건물입니다. 이 누각은 절에 따라 만세루(萬歲樓)·구광루(九光樓)라고도 하나, 일반적으로 보제루라는 명칭을 주로 사용하고 있습니다. 대체로 모든 법요식(法要式)이 이곳에서 거행되기에, 공간 배치상 가장 중요한 자리인 사찰의 본당(本堂) 정면에 위치하고 있습니다. 그러나 대부분의 절에서는 이 누각에서 불교의식[法要式]을 개최하지 않고 각 법당에서 개최하는데, 오직 부산 범어사에서는 아침저녁의 예불까지 모두 보제루에서 거행한다고 합니다.

보제루 뒷면에는 동산스님이 쓴 '금강계단(金剛戒壇)' 현판과 오언절구의 주련이 붙어 있습니다. 금강(金剛)이란 '금강보계(金剛寶戒)'에서 유래한 말로 금강과 같이 보배로운 계(戒)란 의미가 있습니다. 불교에서는 일체를 모두 깨뜨릴 수 있는 가장 단단한 것을 금강이라 하고, 금강과 같은 반야(般若)의 지혜로 모든 번뇌가 없어지기를 희망합니다.

5-6. 보제루

佛說一切法	부처가 일체의 법을 말씀하시니
爲度一切心	일체의 마음을 제도하기 위함이네
若無一切心	만약 일체의 마음이 없다면
何用一切法	어떻게 일체의 법을 쓰겠는가?

금정산 범어사 보살계 제64회 기념식에 승려 동산이 쓰다.
[金井山 梵魚寺 菩薩戒 第六十四 紀念 釋 東山]

(10) 종루(鍾樓)

鍾(종 종): 钟, zhōng, 金-9, 17, 40

字解 형성. 金(쇠 금)이 의미부이고 重(무거울 중)이 소리부로, 쇠(金)로 만든 술그릇을 말했는데, 이후 鐘과 혼용하여 구별 없이 함께 쓰이게 되었습니다. 간화자에서는

소리부인 重을 中(가운데 중)으로 바꾼 钟으로 씁니다.

字形 鐘 說文小篆

樓(다락 루): 楼, lóu, 木-11, 15, 32

字解 형성. 木(나무 목)이 의미부이고 婁(별 이름 루)가 소리부로, 다락을 말하는데, 겹쳐(婁) 만들어진 목조(木) 구조물이라는 뜻을 담았습니다. 간화자에서는 婁를 娄로 줄인 楼로 씁니다.

字形 樓 簡牘文   樓 說文小篆

5-7. 종루

종루에는 사물(四物), 즉 범종(梵鐘), 법고(法鼓), 운판(雲版), 목어(木魚) 등을 걸어 둡니다. 사물은 예불(禮佛)이나 불교의식 및 식사 시간을 알리는 용도로 사용됩니다. 그 상징적 의미는 범종은 지옥의 중생을 구제하고, 법고는 가축이나 짐승을 제도하며, 운판은 허공에 떠도는 영혼, 특히 새의 영혼을 극락으로 인도하고, 목어는 물고기의 영혼을 제도한다고 합니다.

이들 사물은 치는 횟수에 따라 그 의미가 다른데, 28번은 부처로부터 6조 혜능

(慧能, 638~713)까지 이어진 법맥이 28명이란 뜻이고, 33번은 33천 곧 불교의 세계를 의미합니다. 108번은 백팔번뇌를 타파하고 지옥에서 고통 받는 중생을 구제하기 위해 타종합니다. 종소리가 지옥으로 울려 퍼지라는 의미에서 종 입구는 아래를 향한다고 합니다. '종루' 글씨는 관음전 현판을 쓴 성파 하동주의 작품입니다.

(11) 영주선재(瀛洲禪齋)

5-8. 영주선재

영주선재는 범어사 스님들이 참선 수행을 하는 곳입니다. 영주(瀛洲)는 불로장생을 꿈꾸던 진시황제가 서불(徐市)을 인솔대장으로 삼아 동남동녀(童男童女) 500명을 바다 가운데 있는 봉래(蓬萊), 방장(方丈), 영주(瀛洲)의 삼신산(三神山)에 보내 불로초(不老草)를 구해오라고 했던 산 중의 하나입니다.

'영주선재' 현판 글씨는 단아하고 자연스러움이 묻어나는데, 이 또한 범어사 불이문의 주련 및 보제루의 '금강계단' 현판과 주련을 쓴 동산스님의 작품입니다.

(12) 심검당(尋劍堂)

5-9. 심검당

　심검당은 선실(禪室) 또는 강원(講院)으로 사용되는 건물에 많이 붙이는 이름입니다. 심검당은 지혜의 칼을 찾는 집이란 뜻입니다. 심검당의 검은 마지막 무명(無明)의 머리카락을 절단하여 부처의 혜명(慧明)을 증득(證得)하게 하는 취모리검(吹毛利劍)을 상징한다고 합니다.

　범어사의 심검당은 경내의 서편에 위치하고 있습니다. 사찰 내에 적묵당(寂默堂)이 심검당과 함께 위치할 경우에는 적묵당은 선원으로, 심검당은 강원으로 이용되는 경우가 많습니다. 현재 '심검당'이란 현판이 걸린 곳은 원주실(院主室)로 사용되고, 그 뒤편에는 스님들이 경전을 공부하는 강원(講院)인 승가대학(僧伽大學)이 있습니다. 이곳은 순수한 수행 처이므로 외인의 출입이 허용되지 않습니다.

2. 범어사를 노래한 한시

詩(시 시): 诗, shī, 言-6, 13, 42

字解 형성. 言(말씀 언)이 의미부이고 寺(절 사)가 소리부로, 詩(시)를 말하는데, 원래는 言과 之(갈 지)로 이루어져 말(言)이 가는 대로(之) 표현하는 문학 장르라는 의미를 담았습니다. 이후 言과 寺의 구성으로 변하면서 말(言)을 가공하고 손질하는(寺) 것이라는 의미로 변화되었습니다.

字形  簡牘文　　說文小篆　　說文古文

조선시대에 동래부(東萊府)로 부임하는 부사들은 서울에서 내려오면 청도, 밀양, 양산을 거쳐 동래에 도착합니다. 그들이 동래에 오려면 반드시 범어사를 경유하게 되어 있기에, 여유가 있는 부사들은 범어사에서 며칠간 묵었다 가곤 하였고, 임기를 마치고 떠날 때 역시 마찬가지로 범어사에서 휴식을 취한 뒤에 먼 길을 떠나기도 하였습니다.

범어사를 주제로 시를 읊은 문인들은 무수하지만, 그 중에서도 동악(東岳) 이안눌(李安訥, 1571~1637)이 가장 많이 범어사를 노래하였습니다. 그는 1607년 12월 21일 홍주목사에서 동래부사로 체직되어, 38세 되던 해인 1608년 1월 15일 동래부사로 부임했다가, 1609년 5월에 그만 두었습니다.

그는 부임하던 첫해 4월 15일에 동래에 사는 모든 주민들이 곡하는 소리를 듣고 「사월십오일(四月十五日)」이란 시를 지었는데, 오언고풍의 이 장편시는 임진왜란의 참상을 사실적으로 그린 작품으로 유명합니다. 여기서는 「사월십오일」의 감상은 생략하고, 범어사와 관련된 시문만 살펴보고자 합니다.

우선 이안눌이 범어사에 와서 재상[相國]이었던 한음 이덕형의 운을 따라 지은 시를 읽어봅시다.

　　　금정산 범어사에서 한음 이상국의 운을 따라[金井山梵魚寺 漢陰李相國韻]

步入石門逢晚晴	걸어서 석문에 드니 늦게 날씨 개이고
松林五月風泠泠	솔숲에는 오월인데도 바람 서늘하네
老僧相對坐溪上	노승과 시냇가에 마주하고 앉으니
日暮雲生山更靑	해 저물자 구름 일어 산은 더욱 푸르네

무더운 5월에 범어사를 찾은 이안눌은 깊은 숲에서 불어오는 시원한 바람을 맞으며 노승(老僧)과 마주 앉아 차를 마시고 담소를 나누었습니다. 그러다 어느새 날이 저물어 먼 산에 흰 구름이 피어오르자, 이안눌은 마치 그림처럼 푸른 산이 눈앞에 다가왔다고 묘사하였습니다.

다음은 범어사 스님들에게 준 세 수(首)의 시를 감상해봅시다.

범어사에서 혜정장로에게 주다[梵魚寺 贈惠晶長老]

雲壑深深松逕迷	깊고 깊은 구름골짝 소나무 길 헤매어
遠尋禪院渡淸溪	멀리서 선원 찾아 맑은 시내를 건넜네
道人邀我石頭坐	도인은 바위 끝에 앉아 나를 맞이하고
林鳥數聲山日西	숲속 새가 두어 번 우니 서산에 해지네

범어사에서 지안스님에게 주다[梵魚寺 贈智安上人]

樹深山鳥近人飛	깊은 숲속의 산새는 사람 가까이 날고
峽口雲巒碧四圍	골짜기 입구 구름 낀 산은 사방을 둘렀네
坐聽溪聲歸路晚	앉아서 냇물 소리 듣느라 돌아갈 길 늦으니
晴嵐濕盡薜蘿衣	이내에 벽라 옷이 그만 다 젖어버렸구나

범어사에서 도원스님에게 주다[梵魚寺 贈道元上人]

| 石崖廻逕入煙霏 | 돌벼랑 길 굽어 돌아 자욱한 안개로 들어가 |
| 坐倚松根看夕暉 | 소나무 밑둥치에 기대앉아 저녁노을 바라본다 |

蜀魄一聲山寂寂　　두견새 한 번 울자 산은 더욱 고요한데
轉頭三十九年非　　서른아홉 해의 잘못을 머리 돌려 돌아보네

이는 혜정스님, 지안스님, 도원스님에게 각각 한 수씩 지어 준 칠언절구입니다. 세 수에 각각 서산에 해 지자, 돌아갈 길이 늦어지는데, 산은 고요하기만 하다는 구절을 썼으니, 문득 스님과의 대화가 깊어져 범어사에서 묵고 가려는 뜻을 내비친 것으로 보입니다. 아마도 스님들이 이안눌에게 많은 편리를 제공해주어 고마움의 표현으로 이 시를 주지 않았을까 싶습니다. 마지막 구절에서 당시 이안눌의 나이가 39세임을 알 수 있으니, 이 시를 지은 시점은 그가 동래부사를 사임하고서 잠깐 범어사에 들러 휴식을 취한 때인 것 같습니다.

다음은 범어사의 샘물이 차고 맑은 것을 읊은 오언율시입니다.

범어사 뒤 바위 밑에서 흘러나온 샘물은 맛이 매우 맑고 차다
[梵魚寺後 有泉流出巖底 味甚淸冽]

穿石覆蒼壁　　큰 바위 푸른 벼랑을 덮고 있는데
泉流甘且淸　　흐르는 샘물 달면서도 맑구나
渴喉試一歃　　목이 말라 한번 마셔보니
炎景當三庚　　찌는 삼복더위에 딱 좋구나
始覺齒牙瑩　　처음으로 치아가 상쾌해지고
頓令筋骨輕　　갑자기 근골이 가벼워지는 듯
如逢黃叔度　　이때 만약 황숙도를 만난다면
鄙吝不能萌　　비린한 생각이 싹트지 않으리

지금도 범어사의 샘물은 차고 맑습니다. 이안눌은 무더운 여름에 이 샘물을 마시자 치아가 상쾌해지고 몸이 문득 신선이 된 듯한 느낌이 들었다고 합니다. 또 이 기분으로 황숙도(黃叔度) 같은 청수(淸粹)한 사람을 만난다면 더러운 속세의 생각이 일어나지 않을 것이라고 한껏 자랑도 하였습니다.

후한의 황헌(黃憲)은 자가 숙도인데, 자품이 청수하고 총명하여 당시 사람들로

부터 안자(顏子)에 비유되기까지 하였습니다. 그와 같은 고을 사람인 진번(陳蕃)과 주거(周擧)는 항상 말하기를 "두어 달만 황생을 보지 못하면 마음속에 비루하고 속된 생각이 다시 싹튼다[時月之間不見黃生 則鄙吝之萌 復存乎心]"라고 하였습니다. 이안눌이 범어사 샘물에서 황숙도를 떠올린 것은 그만큼 이 동네 물맛이 시원하고 청아했다는 의미일 것입니다.

끝으로 범어사의 경치를 읊은 연작시를 훑어봅시다.

범어사 경치[梵魚寺卽景]

「비 오는 날」

霏霏嵐翠濕	부슬부슬 푸른 안개가 옷 적시고
瀏瀏松籟繁	세찬 솔바람 소리는 무성도 하네
不知山雨密	산중에 짙은 비 오는 줄도 모르고
但怪溪水喧	냇물 소리 시끄러운 것 괴이하구나

「비 개인 날」

雨罷山更新	비 개이자 산은 더욱 새로워
衆綠潤如沐	씻은 듯 온통 초록빛 빛나네
白雲忽紛披	흰 구름 갑자기 어지럽게 풀리니
淸旭散林麓	맑은 햇살이 숲 기슭에 흩어지네

「아침」

雲深不覺曙	구름이 깊어 날이 샌 줄 몰라
日出僧尙臥	해 돋았는데 스님은 아직도 누었네
林鳩自多事	숲속 비둘기는 제 딴엔 일 많다고
隔戶鳴相和	문 너머에서 서로 화답하며 우네

「저녁」

| 晴嵐噴海濤 | 이내는 바다 물결을 뿜어내고 |

白日迷山逕	밝은 해는 산 오솔길에 희미하네
坐看宿鳥歸	앉아서 둥지로 돌아가는 새를 보고야
認得林壑暝	숲 골짜기가 어두워진 줄 알았네

「대낮」

地閴人不來	땅이 고요해 사람이 오지 않으니
僧閑晝自永	스님은 한가로워 대낮 절로 길구나
山居無刻漏	산에 살면 물시계가 없으니
日午辨林影	한 낮임을 숲 그림자로 분별하네

「밤」

松月發孤照	소나무에 달은 외로운 빛을 쏟고
溪風息衆竅	시냇가 바람은 여러 구멍에서 부네
夜入山氣寒	밤에 차가운 산 공기 들어오니
驚禽時一叫	놀란 새가 때때로 한 차례 우는구나

이안눌은 범어사를 그 누구보다도 좋아했던 사람입니다. 비 오는 날 범어사의 솔바람 소리와 시냇물 소리, 비 갠 날의 깨끗한 산 빛과 흰 구름, 아침나절의 자욱한 안개와 지저귀는 새소리, 저녁 무렵의 희미한 오솔길과 둥지 찾는 산새들, 한낮의 시간 흐름이 멈춘 듯한 고요함, 한밤중의 달빛과 바람, 그리고 어디선가 가끔 우는 새소리 등등. 이 여섯 수의 연작시에 드러난 표현들은 그의 마음에 한 점의 사욕도 없는 청정한 상태를 대변하여, 그 순간만큼은 물아(物我)의 간격이 조금도 없음을 보여주고 있습니다. 그랬건만, 지금의 범어사는 많은 세월이 흘러서인지 그때와 사뭇 다르니, 격세지감(隔世之感)이 드는 것은 어쩔 수 없습니다.

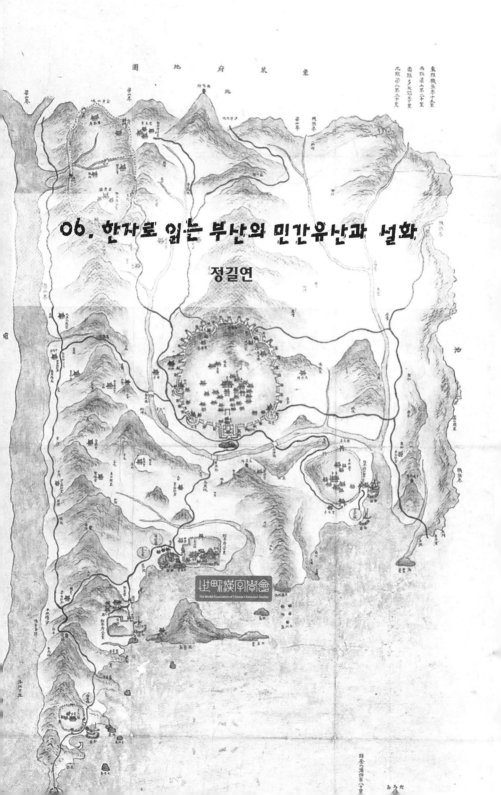

06. 한자로 읽는 부산의 민간유산과 설화

정길연

제6장_한자로 읽는 부산의 민간 유산과 설화

최영장군 사당

정길연

民(백성 민): mín, 氏-1, 5, 80

字解 회의. 원래 포로나 노예의 반항 능력을 줄이고자 한쪽 눈을 예리한 침으로 자해한 모습으로부터 '노예'라는 뜻을 그렸고 이로부터 신하의 뜻이 나왔는데, 이후 '백성', 民衆(민중), 대중 등의 의미로 확장되었습니다. 그리고 자형도 지금처럼 변했는데, 현대 옥편에서는 氏(성씨 씨)부수에 편입되었습니다.

字形   金文   簡牘文   帛書   石刻古文   說文小篆   說文古文

부산은 일본과 아주 가까운 거리에 위치한 우리나라 최대의 항구도시입니다. 지금은 부산이 국내 제2의 도시로 유명하지만, 19세기까지만 해도 이 지역 사람들은 대부분 바다를 터전 삼아 어업을 위주로 한 고단한 삶을 살아왔습니다. 바다는 평소 고요하다가도 순식간에 비바람을 동반한 거센 파도가 인명을 빼앗아 가니, 바닷가 어부들은 생존을 위해 그 누구보다도 절실히 자신들을 보호하고 위무해줄 신명(神明)한 존재를 염원하였습니다. 이를테면 용왕신, 당산신, 할매신 등이 바로 그

러한 신격(神格)에 해당합니다. 특히 부산을 비롯한 서·남해 연안에는 왜구의 위협이 상존했기 때문에, 고려 말 왜구 토벌에 큰 공을 세운 최영(崔瑩) 장군은 매우 영험한 신격으로 자리 잡아 극진한 숭배의 대상이 되어 왔습니다.

최영(1316~1388)은 고려말기의 재상이자 명장으로, 풍채가 괴걸(怪傑)하고 힘이 세어 대단히 강용(剛勇)하였습니다. 그는 고려 내부의 반란도 여러 차례 평정했지만, 특히 홍건적 및 서·남해안을 침입한 왜구를 소탕한 공업(功業)이 더욱 남달랐습니다. 우왕 2년(1376) 부여 홍산(鴻山)에 왜구가 쳐들어 왔을 때, 최영은 환갑의 나이에도 선두에 서서 왜구를 향해 돌진했는데, 적군의 화살에 입술을 맞아 피가 낭자하게 흘렀으나, 태연자약하게 적을 쏘아 죽인 뒤에야 입술에 박힌 화살을 빼냈다고 합니다. 또 그는 매우 청렴결백하여 절대 남의 재물을 탐내는 일이 없었으니, '황금을 보기를 돌 같이 하라[見金如石]'는 부친의 가르침을 항상 잊지 않고자 이를 허리띠에 써서 종신토록 차고 다녔다는 일화는 지금도 너무나 유명합니다.

따라서 최영 장군이 비록 1388년 위화도(威化島) 회군으로 이성계(李成桂)에게 잡혀 귀양 갔다가 순군옥(巡軍獄)에서 그해 12월 73세의 나이로 참수되고 말았지만, 그의 이러한 용감함과 청렴함 및 외적을 크게 무찔렀던 위업은 결코 퇴색하지 않았습니다. 더욱이 그는 처형에 임해서도 말과 안색이 조금도 변하지 않은 채 "내 평생 악한 짓을 한 적이 없는데 죄 없이 죽는구나! 내가 죽은 무덤에는 풀이 나지 않을 것이다."라며 자신의 결백과 정당함을 하늘에 부르짖었습니다.

이처럼 최영 장군이 추호(秋毫)의 사심(私心)도 없이 오직 진충(盡忠)으로 신실히 보국(保國)하려 했기 때문에, 그가 죽자 사람들은 모두 눈물을 흘렸고 도성에서는 시장이 열리지 않았으며, 그의 주검이 거리에 내던져지자 곁을 지나던 길손들은 모두 말에서 내려 경의를 표하고 지나갔다고 합니다. 또한 훗날에는 정적(政敵)이었던 태조 이성계도 이를 인정하여, 재위 5년(1396) 10월 최영 장군에게 시호를 내려 '무민(武愍)'이라 하였습니다.

그러나 최영 장군의 삶은 여기서 끝나지 않습니다. 그는 죽어 한반도 전역에서 산이나 바다를 수호하는 강력한 수호신으로 재탄생하였습니다. 아마도 이는 그의 전설적인 용맹과 보국안민(輔國安民)의 충심이 억울하게 죽은 원혼과 결부되어, 사람들의 기억 속에 두렵고도 신령스러운 경외(敬畏)의 대상으로 되살아났기 때문일 것입니다. 이에 중부 내륙지방에서는 '붉은 무덤[赤塚]'이라 불리는 그의 묘소가 있는 경기도 고양을 중심으로 최영 장군을 산신(山神)으로 모셔 숭배하는 무속신앙이 전개되었고, 한반도 삼면의 연안에서는 마치 용왕처럼 바다를 진압하는 강력한 장군신으로 각인되어 갔습니다.

현재 최영 장군을 모신 사당은 전국 곳곳에 산재해 있어 모두 파악할 수는 없지만, 크게 알려진 것으로는 출생지인 충청남도 홍성군 홍북면 노은리, 개성의 덕물산, 통영군 사량도, 남해군 미조면, 제주도의 추자도, 그리고 부산의 수영동(水營洞)·감만동(堪蠻洞)·자성대(子城臺) 등에 건립된 사당들을 들 수 있습니다.

1. 감만동 무민사

武(굳셀 무): wǔ, 止-4, 8, 42

字解 회의. 戈(창 과)와 止(발 지)로 구성되어, 무기(戈)를 메고 가는(止) '씩씩한 모습'을 그렸습니다. 이후 戈가 弋(주살 익)으로 변해 지금처럼 되었습니다. 이를 전쟁(戈)을 그치게(止) 하는 것이 바로 '무력(武)'이라 풀이하기도 하지만 이는 대단히 위험한 생각입니다. 무력보다 대화나 협상이 전쟁을 그치게 하는 더욱 유효한 수단일 수 있기 때문입니다. '씩씩하다'가 원래 뜻이며, 이로부터 '용맹하다', '결단력이 있다' 등의 뜻이 나왔고, 다시 무력의 뜻도 나왔습니다. 또 동주 때에는 길이 단위로도 쓰여 6尺(척)을 1步(보)라 하였고 步의 절반 길이를 1武라 했습니다.

字形 甲骨文 金文 古陶文 帛書 簡牘文 古璽文 石刻古文 說文小篆

조선시대 감만동은 경상도 해안 가운데 매우 중요한 전략적 요충지였습니다. 감만동은 낮은 구릉지가 푸른 바다와 접한 포구로, 이 일대에서는 꽤 융성한 어촌이었습니다. 안쪽으로 둥글게 들어온 감만포는 수려한 모래사장이 있었으며, 배들을 정박하기에도 좋은 항구였습니다.

1740년에 간행된 『동래부지(東萊府誌)』에는 감만동을 '감만이(勘蠻夷)'로 기록하고 있습니다. 지명을 풀이하면 이기다는 의미의 '감(戡)'자와 오랑캐라는 의미의 '만이(蠻夷)'가 결합되어, 곧 '오랑캐를 물리쳐 승리하다'는 뜻이 됩니다. 옛이야기에 임진왜란 당시 부산포 해전에서 이순신 장군이 감만포로 왜적들을 유인해 전멸시켰다고 전하니, 아마도 '감만이'는 여기서 유래한 명칭이 아닌가 합니다.

　　한때 감만포에는 경상좌도의 해안을 방비하는 경상좌수영이 있었습니다. 조선초 경상좌수영은 부산포에 설치되었으나 울산 개운포와 동래 해운포로 옮겨 다니다가 인조 14년(1636)에 감만포로 이설되었습니다. 경상좌수영은 감만포에서 효종 3년(1652)까지 17년간 왜적을 감시하였지만, 왜관과 너무 가까워서 군사 기밀이 누설될 수 있다는 지적 때문에 현재의 수영으로 옮겨갔습니다. 일제강점기까지도 감만동에는 경상좌수영의 옛 터로 추정되는 토성의 흔적이 남아 있었다고 합니다. 이렇게 감만동은 경상도 해안가를 방어하며 왜구의 침략을 저지하는 군사적 요충지로서의 역사적 성격을 지속적으로 지녀왔습니다.

　　감만동 남쪽의 작은 언덕 위에는 최영 장군을 모신 '무민사(武愍祠)'가 있습니다. 조선시대부터 감만동 사람들은 무민사를 세워 최영 장군의 넋을 추모하고 그의 정신을 기려왔습니다. 고려 말 왜구의 침입이 극심하여 부산포 중심으로 해안 일대에 피해가 매우 컸는데, 이때 최영 장군이 감만포에서 왜구를 격파하자, 마을 사람들이 최영 장군을 마을의 수호신으로 모시고 그의 공덕을 기리기 위해 조선시대부터 매년 제사를 지내왔던 것입니다.

　　최영 장군을 감만동 마을의 수호신으로 모신 무민사는 예전에 사계절마다 한 차례씩 향사했는데, 제사를 지낼 때는 재계(齋戒)를 엄격히 했고 온 동민이 정성을 다하여 제를 올렸다고 합니다. 또 제사를 지내기 전에 미리 산에서 황토 세 덩이를 채취하여 사당 주변에 뿌려 두고 금줄을 쳐서 부정한 사람들의 출입을 금하는 등 제사의 신성함을 엄숙히 지켰다고 합니다.

　　그러나 일제강점기에 이르면 감만동 무민사는 일본인의 눈에 가시가 되어 건물이 훼손되고 제향이 중단되는 등 극도의 수난을 당하고 맙니다. 일제는 이곳에 방공포를 설치한다는 명분으로 공사를 벌여 무민사 경내에 있는 소나무들을 벌목하기 시작했습니다. 마침 최영장군신이 노해서인지 소나무를 자른 3일 만에 와타나베

6-1. 무민사(부산시 남구 감만1동 463-1)

일본 중위가 피를 토하고 죽어 방공포 설치 작업은 중단되었지만, 일제는 패악을 멈추지 않아 무민사에 보관된 현판과 기물들을 모조리 불살라 버리기까지 하였습니다. 이렇게 지속되는 탄압으로 인해 유서 깊던 무민사의 제향도 일시적으로 중단될 수밖에 없었습니다.

그러다가 해방 직후인 1945년 9월부터 최영 장군에 대한 제향이 복원되었고, 동민들은 무민사 보존회를 결성하여 최영 장군의 숭고한 뜻을 다시 기렸습니다. 이에 1968년 주민들의 도움으로 지금의 위치에다 새로 사당 건물을 세웠는데, 현재 감만동 무민사는 부산에 있는 최영 장군 사당 중 가장 규모가 크며, 재건된 사당의 보존도 지금까지 잘 이루어지고 있습니다. 이는 일찍부터 최영장군사당보존회가 설립되어 재건과 중보수를 꾸준히 해온 덕분입니다.

최영 장군의 영정을 모신 무민사 본당은 여느 사당처럼 네모반듯한 건물이 아니라 팔각형으로 만들어진 독특한 형태를 띠고 있으며, 각 벽면에는 벽화가 아름답게 그려져 있습니다. 처음 사당으로 들어가기 위해 몇 계단을 오르면 사찰의 일주문처럼 단청을 곱게 한 '충의문(忠義門)'이 손님을 맞는데, 이는 최영 장군의 충절과 의리를 드러내는 문구입니다. 충의문을 들어서면 울창한 소나무 서너 그루가 무

6-2. 충의문

민사를 포근히 감싸고 있고, 그 좌측에는 1977년 최영 장군의 유적을 기록하여 세운 「무민최영장군유적비(武愍崔瑩將軍遺蹟碑)」가 머리에 이수(螭首)를 얹은 채 우뚝이 서서 경내에 무게감을 한층 더하고 있습니다.

감만동에는 최영 장군이 왜구를 격파한 이야기가 다음과 같이 전해오고 있습니다. 고려 말 최영 장군은 탐라국을 정벌하기 위해 제주도로 갔습니다. 당시 탐라국은 몽골족이 장악하고 있었는데, 고려에서 최영 장군을 보내 이들을 섬멸시키려 한 것입니다. 제주도에서 몽골족을 물리치고 돌아가던 길에 최영 장군은 왜구가 부산포를 약탈하고 있다는 소식을 전해 들었습니다. 이에 그는 왜구를 섬멸하기 위해 부산포에 도착했는데, 와서 보니 부산포에는 전함을 정박하기가 쉽지 않았습니다. 그래서 산 정상에 올라 아래를 내려다보고는 감만동이 전함을 세우고 군대를 주둔하기에 좋은 장소라 판단하여, 전함과 군대를 부산포에서 감만포로 옮긴 뒤 왜적을 물리쳤다는 내용입니다.

忠(충성할 충): zhōng, 心-4, 8, 42

字解 형성. 心(마음 심)이 의미부이고 中(가운데 중)이 소리부로, 어느 한 쪽으로도 치우치지

않은(中) 공평무사한 원칙을 견지하는 마음(中)이 바로 '충'이라는 뜻을 담았습니다. 이로부터 충성, 충심 등의 뜻이 나왔고, 孝(효)와 짝을 이루어 유가의 중요한 철학 개념이 되었습니다.

字形 ![金文] 金文 ![古陶文] 古陶文 ![簡牘文] 簡牘文 ![古璽文] ![古璽文] 古璽文 ![說文小篆] 說文小篆

義(옳을 의): 义, yì, 羊-7, 13, 42

字解 회의. 羊(양 양)과 我(나 아)로 구성되어, 날이 여럿 달린 창(我)에 양(羊) 장식이 더해진 '의장용 창'으로부터, 종족 내부의 결속을 도모하는 배반을 응징하는 '정의로움'의 뜻을 그렸습니다. 이후 정의와 도덕에 부응하는 규범으로 자리 잡았으며, 명분, 이치, 선량함 등의 뜻까지 나왔습니다. 간화자에서는 초서체로 간단하게 줄인 义로 씁니다.

字形 ![甲骨文] 甲骨文 ![金文] 金文 ![古陶文] 古陶文 ![簡牘文] 簡牘文
![古璽文] 古璽文 ![說文小篆] 說文小篆 ![說文或體] 說文或體

최영 장군이 제주도를 정벌한 사실은 『고려사』에 공민왕 23년(1374)의 일이라고 기록되어 있습니다. 탐라를 장악한 몽골족이 명나라에 바칠 제주도 말 2,000필을 보내지 않자, 고려 조정에서 최영 장군을 보내어 대대적인 토벌에 나선 것입니다. 이때 몽골인들은 거세게 저항했지만 최영 장군이 지휘하는 고려 군대를 당해내지 못하고 모두 죽임을 당했다고 합니다.

이에 부산 사람들은 탐라를 정벌한 최영 장군의 기세가 하늘을 찌를 태세였다고 추측하며, 왜구를 무찌르거나 탐라국 여왕을 굴복시키는 등의 설화에 최영 장군을 종종 주인공으로 등장시켰습니다. 즉 각색된 감만포의 왜구 격퇴 이야기에도 최영과 같은 용장이 부산에 와서 외적의 침입에 맞서 적극 활약해주기를 바랬던 당대 민중들의 시대적 요구가 반영되었던 것입니다.

감만동 무민사의 제향은 현재 매년 양력 4월 20일에 한 차례 거행하는데, 제향에는 이곳 주민뿐만 아니라 지역 기관장과 최영 장군의 후손들까지 널리 참석하여 장군을 기리고 있습니다. 이렇게 하여 감만동 무민사의 향사는 우리나라 대표적인 최영장군 추모제로 거듭나게 되었습니다.

2. 수영동 무민사

水(물 수): shuǐ, 水-0, 4

字解 상형. 굽이쳐 흐르는 물을 그렸습니다. 그래서 水(물 수)는 '물이나 물이 모여 만들어진 강이나 호수, 또 물과 관련된 동작을 비롯해 모든 액체로 그 의미가 확장되었습니다. 하지만 중국에서 '물'은 단순히 물리적 존재로서의 물의 의미를 넘어, "최고의 선은 물과 같다(上善若水·상선약수)"라고 한 노자의 말이 아니더라도, 治(다스릴 치)나 法(법 법)에서처럼 물은 언제나 남이 꺼리는 낮은 곳으로 흐르며 모든 것을 포용하는, 사람이 살아가야 할 도리를 담은 지극히 철리적인 존재로 인식되었습니다.

字形 甲骨文 金文 古陶文 簡牘文 帛書 古璽文 說文小篆

營(경영할 영): 营, yíng, 火-13, 17, 40

字解 형성. 宮(집 궁)의 생략된 모습이 의미부이고 熒(등불 형)의 생략된 모습이 소리부로, 궁실(宮)처럼 주위를 담으로 쌓다는 뜻입니다. 이로부터 집을 짓다, 군대의 주둔지, 군대의 편제 단위 등의 뜻이, 다시 계획하다 등의 뜻이 나왔고, 현대에서는 經營(경영)의 의미까지 갖게 되었습니다. 간화자에서는 윗부분을 간단하게 줄인 营으로 씁니다.

字形 金文 簡牘文 說文小篆

수영동에는 최영 장군을 모신 사당 무민사(武愍祠)가 있습니다. 이곳은 수영동 팔도시장 근처에 위치하고 있는데, 이정표가 없어 길을 찾기가 쉽지 않을 뿐만 아니라, 사당 주변이 모두 주택으로 둘러싸여 있어 더더욱 발견하기가 어렵습니다.

6-3. 수영동 무민사

겨우 사당 문 앞에 이르면, 대문 좌측 벽에 수영구청장 이름으로 '무민사' 안내 판이 붙어 있고, 안내판 바로 아래에 '제주: 수영향우회'라고 쓰인 나무 푯말을 붙여 두었습니다. 그로 보면 이곳 주민들 중에는 제주도가 고향인 사람들이 많고, 또 그들이 무민사의 제향을 주관하고 있는 듯합니다. 아마도 옛날 최영 장군이 왕명으로 제주도까지 가서 몽고족을 토벌한 적이 있기에 제주도 사람들이 특히 최영 장 군신을 더욱 숭상하게 된 것 같습니다.

한 칸으로 된 사당 처마 밑에는 '무민사(武愍祠)' 현판이 걸려 있고, 사당 바로 뒤편에는 큰 바위가 버티고 있으며, 그 뒤로 조금 떨어진 곳에는 큰 느티나무가 한 그루 우뚝 서 있습니다. 거암 거목이 최영 장군의 기개마냥 당당하여, 보는 이들의 가슴에 잔잔한 물결을 일으킵니다.

이곳 무민사는 광복 이전까지는 존재하지 않았습니다. 본래 강신(降神) 무녀가 이곳에 오두막집을 짓고 살면서 집 뒤의 큰 바위를 최영 장군이라고 칭하며 기도를 드렸다고 합니다. 그런데 어느 날 그 무녀가 죽자, 마을에는 우환과 흉사가 자주 일어나기 시작하였습니다. 마을 사람들은 점점 불안해하기 시작했는데, 그때 이 곳 주민인 태말준(太末俊) 옹이 마을 주민과 힘을 합쳐 무녀의 집을 고쳐 지은 뒤

최영 장군의 신위를 모시고 당산제를 지냈다고 합니다. 수영동 무민사는 바로 여기서부터 유래되었습니다.

현재의 사당 건물은 1963년 처음 건립되었는데, 1973년 한 차례 개축하였고, 이어서 2005년 낡은 건물을 다시 건립하였습니다. 제사는 매년 음력 정월 보름 새벽에 마을 주민이 지내오다가 2006년부터는 음력 삼월 삼짇날에 지내고 있습니다.

3. 자성대와 최영장군 사당

祠(제당 사): cí, 示-5, 10, 10

字解 형성. 示(보일 시)가 의미부이고 司(맡을 사)가 소리부로, '사당'을 말하는데, 음식물을 떠서 올리며(司) 제사(示)를 지내는 곳임을 뜻합니다. 또 옛날에는 봄에 올리는 제사 이름으로 쓰이기도 했습니다.

字形 ![甲骨文] 甲骨文 ![金文] 金文 ![簡牘文] 簡牘文 ![說文小篆] 說文小篆

堂(집 당): táng, 土-8, 11, 60

字解 형성. 土(흙 토)가 의미부이고 尙(오히려 상)이 소리부로, 흙(土)을 다진 기단 위에 높게(尙) 세운 '집'이라는 뜻으로, 집의 前室(전실)을 말합니다. 어떤 의식을 거행하거나 근무를 하던 곳을 말했는데, 점차 '집'이라는 뜻으로 확장되었으며, 같은 집에서 산다는 뜻에서 '사촌'을 뜻하였고, 堂堂(당당)에서처럼 크고 위엄이 있음을 말하기도 했습니다. 『설문해자』의 주문에서는 尙 대신 高(높을 고)가 들어가 높다랗게(高) 세워진 집임을 더욱 강조했습니다.

字形 ![金文] 金文 ![古陶文] 古陶文 ![簡牘文] 簡牘文 ![說文小篆] 說文小篆 ![說文古文] 說文古文 ![說文籀文] 說文籀文

자성대(子城臺)는 부산광역시 동구 범일동 690-5번지에 위치하며, 부산진시장 건너편 동쪽의 야트막한 동산에 자리 잡고 있습니다. 자성대는 임진왜란 때 왜군이 주둔하면서 부산진의 지성(支城)으로 쌓은 왜성인데, 임진왜란 발발 이듬해인 1593

6-4. 진남루(鎭南樓)

년 일본인 모오리 데루모도(毛利輝元) 부자에 의해 일본식 축성 방식으로 축조되었습니다.

이곳은 부산진성을 모성(母城)으로 하기에 그 자식의 성이라는 뜻에서 '자성(子城)'이라 하고, 산정(山頂)에 자성을 만들어 장대(將臺)로 삼았다는 데서 '대'자를 덧붙여 자성대라고 부르게 되었습니다. 그 밖에 1597년 고니시 유끼나가[小西行長]가 주둔한 적이 있기 때문에 '고니시성'이라 부르기도 하고, 명나라 장군 만세덕(萬世德)이 진주(進駐)한 뒤 그의 공덕을 기리기 위해 성 안에 만공단(萬公壇)을 세웠기에 '만공대'라고도 부릅니다.

자성대는 본래 동서남북으로 네 개의 문이 설치되었는데, 동문을 진동문(鎭東門), 서문을 금루관(金壘關), 남문을 종남문(鍾南門), 북문을 구장루(龜藏樓)라 하였습니다. 하지만 지금은 동문을 건춘문(建春門), 서문을 금루관(金壘關), 그리고 장대(將臺)는 진남대(鎭南臺)라고 부르고 있습니다. 이들 현판의 글씨는 부산의 서예가인 청남(菁南) 오제봉(吳濟峰, 1908~1991)의 작품입니다.

금루관 밖 좌우 돌기둥에는 '남요인후(南徼咽喉) 서문쇄약(西門鎖鑰)'이라는 여덟 글자가 크게 새겨져 있습니다. "남쪽 변방은 사람의 목구멍과 같고, 서쪽 문은 자물쇠와 같다."라는 뜻으로 임진왜란 후 왜적을 크게 경계하기 위한 글귀입니다. 이 돌기둥은 원래 부산진 지성(支城)의 서문 자리였던 성남초등학교 교정에 있었는데, 1975년 지성의 정화공사 때 금루관을 복원하면서 이곳으로 옮겨온 것입니다.

永(길 영): yǒng, 水-1, 5, 60

字解 회의. 원래 사람(人)이 강(永-수)에서 수영하는 모습을 그렸습니다. 길게 이어진 물줄기의 모습에서 長久(장구)하다나 永遠(영원)의 의미로 쓰이게 되었고, 그러자 원래 의미는 다시 水를 더해 泳(헤엄칠 영)으로 분화했습니다. 금문에서는 의미부 永에 소리부 羊(양 양)을 더한 구조인 羕(강이 길 양)으로 쓰기도 했습니다.

字形 甲骨文 金文 盟書 石刻 古文 說文小篆

嘉(아름다울 가): jiā, 口-11, 14, 10

字解 형성. 壴(북 주)가 의미부이고 加(더할 가)가 소리부로, 북소리(壴)를 더함(加)으로써 만들어지는 '즐거움'을 더욱 구체화했습니다. 그래서 '좋다', '아름답다'가 원래 뜻이며, 이로부터 '즐겁다', '경사', 혼례(嘉禮·가례) 등의 뜻이 나왔습니다. 그러나 갑골문에서는 女(여자 여)와 力(힘 력)으로만 구성되어, 쟁기질(力)을 할 수 있는 사내아이를 낳은 여성(女)을 형상화해, 그런 일이 '좋고' '훌륭한' 것임을 말했습니다. 또 다른 형태에서는 장식이 달린 북(壴-주)과 쟁기(加-력)를 그려 쟁기질(力)로 상징되는 생산을 위한 노동과 북(壴)으로 대표되는 즐거운 음악이라는 두 개념을 결합해 '즐거움'을 형상화했습니다. 금문에 들면서 지금처럼 壴와 加의 결합으로 변했습니다.

字形 金文 古陶文 盟書 簡牘文 說文小篆

이 밖에도 자성대에는 명나라의 장수였던 천만리(千萬里)의 기념비가 진남루 좌측에 세워져 있고, 또 일본으로 파견된 통신사 일행이 머물던 영가대(永嘉臺)가 2003년에 새로 복원되기도 하였습니다.

그런데 자성대에는 언뜻 보면 어울리지 않는 듯한 건물이 하나 있습니다. 바로 최영 장군을 모신 사당이 그것입니다. 건춘문을 지나 몇 개의 계단을 오르면 '최영 장군사당'이라는 안내판이 보입니다. 이 사당은 1950년경 처음 세워졌는데, 돌 기단 위에 붉은 벽돌로 쌓아 사방의 벽을 만들고 그 위에 콘크리트로 지붕을 만든 뒤 기와를 올린 우진각지붕 형태를 취하고 있습니다. 여닫이 철제문으로 된 문미(門楣)에는 「최영장군비각(崔瑩將軍碑閣)」이라고 쓰인 현판이 걸려 있고, 자물쇠가 잠겨 있는 문 가운데에는 나무로 만든 태극문양이 붙어 있습니다. 사당 안에는 붉은 글씨로 「무민공최영장군비(武愍公崔瑩將軍碑)」라고 쓰인 비석이 설치되어 있는데, 2층의 기단 위에 하나의 큰 돌을 다듬어 홀(笏) 모양으로 비신(碑身)을 세운 것입니다.

자성대는 본래 바다와 인접한 곳인 데다 임진왜란 때는 왜구와 싸운 전적지이기도 하기에, 감만동의 무민사와 마찬가지로 왜구 격퇴의 공적이 큰 최영 장군을 여기서도 신격화할 가능성은 충분합니다. 따라서 이곳 주민들 역시 오래전부터 최

6-5. 자성대 무민사

영 장군을 흠모하고 경외하여 하나의 신앙으로 승화시켰고, 바로 그러한 믿음이 모이고 모여 비로소 1950년경 여기에 사당을 짓게 된 것이 아닐까 여겨집니다. 이곳 자성대에서는 현재 매년 음력 5월 5일 단오절에 지역 주민들이 최영 장군신에게 향사를 드리고 있습니다.

4. 신선동의 산제당과 최영장군

영도구 신선동(神仙洞) 주택가 골목길에서 봉래산을 향해 가파른 시멘트 길을 200m정도 오르면 호국관음사(護國觀音寺)라는 사찰이 있고, 그 위로 조금 더 올라가면 약간 널찍한 공간이 나오는데, 좌측에는 산제당(山祭堂)이 있고 바로 옆 좁은 대문 안으로 들어서면 용왕당이 나옵니다. 용왕당 뒤편에는 산신당이 있고, 용왕당 바로 옆에는 3칸으로 된 작은 건물이 있는데, 그곳이 바로 최영 장군과 관련된 설화의 주인공 아씨와 제왕할매를 모신 아씨당(阿氏堂)입니다.

神(귀신 신): shén, 示-5, 10, 60

字解 형성. 示(보일 시)가 의미부이고 申(아홉째 지지 신)이 소리부로, 원래는 번개(申, 電의 원래 글자) 신(示)을 말했습니다. 하지만 계절에 맞지 않게 일어나는 예사롭지 않은 번개는 사악한 사람을 징계하며, 신의 조화가 생길 어떤 변화를 나타내 주는 계시로 생각되었고, 강력한 에너지를 내뿜는 번개로써 자연계에 존재하는 각종 '신'을 대표하게 되었습니다. 이후 鬼神(귀신), 평범하지 않은 것, 神秘(신비)하다, 神聖(신성)함, 불가사의하다, 신경, 精神(정신), 표정 등의 뜻까지 나왔습니다.

字形 甲骨文 金文 帛書文 簡牘文 石刻篆文 汗簡 說文小篆

仙(신선 선): [仚, 僊], xiān, 人-3, 5, 52

字解 형성. 人(사람 인)이 의미부이고 山(뫼 산)이 소리부로, 신선을 말하는데, 산(山)에 사는 사람(人)이 신선임을 말해 줍니다. 이로부터 신선이 되다, 신선처럼 가볍다, 신

선이 사는 세계를 뜻하였고, 초월이나 죽음의 비유로도 쓰였습니다. 『설문해자』에서는 仚(사람 산 위에 있을 헌)으로 쓰기도 했고, 달리 山을 罨(오를 선)으로 바꾼 僊으로 쓰기도 합니다.

字形 ⛰ 說文小篆 ⛰ 說文小篆

이들 공간은 주로 무속인들의 굿하는 장소로 많이 사용되는데, 본래는 현 영도 초등학교 대지 위에 건립되었던 것을 지금부터 약 80년 전인 일제강점기 때 부산부(釜山府)의 비용으로 현재의 위치에 다시 세웠습니다. 입구에 있는 안내판에는 아씨당의 유래가 적혀 있는데, 그 내용을 요약하면 다음과 같습니다.

고려 말부터 오랫동안 영도는 군마(軍馬) 양육 및 임시 보관을 담당하던 곳이었다. 군마의 본(本) 양육 지었던 제주도에서 양육된 군마를 선박에 적재하여 영도에 상륙시키면, 영도는 제주도에서 운반된 군마를 남문(南門)으로 들어오게 하고, 영도에서 나가는 군마를 서문(西門)으로 나가게 하였다. 그런데 대대로 국가 유사시에 남문에서 들어오는 군마는 건강한데, 서문으로 나가는 군마는 거의 병

6-6. 산제당 내부

사하니, 군마 책임자인 부산진첨사는 늘 말 못할 근심에 잠겨 있었다.

한편, 역대로 내려오는 전설에 "선녀가 노복 두 사람을 데리고 옛 절영도(현영도)로 들어오는 것을 본 사람은 있으나 나가는 것을 본 사람은 없다."고 하니, 사람들은 군마(軍馬)가 자고 나면 병사하는 것에 어떤 이유가 있다고 보고 "혹 그 선녀의 소행이 아닌가?" 의심하여 각처에서 사발공론이 자자하였습니다.

그 후 수백 년이 흘러 정발(鄭撥) 장군이 부산진첨사로 재직하던 어느 날 밤에 한 선녀가 현몽하기를 "이 몸은 칠원장군(七元將軍)으로 옥황상제에게 죄를 얻어 천상에 있지 못하고 축출당하여 탐라국 여왕이 되었는데, 불행히도 고려국 최영 장군이 자국의 군마 양육지를 정하고자 수백 년 동안 여왕들이 탱자나무를 심어 만든 성(城)을 함락시키려 하였습니다. 그는 인력으로는 성의 함락이 불가능함을 알고, 성 주변에다 갈대나무를 몇 해 동안 재배해 그 갈대나무에 불을 질러 백년대계의 견고한 성을 소멸시킨 후 성내에 침입하여 본인에게 화친을 요구하였습니다. 본인은 역부족이라 어쩔 수 없이 화친에 응하는 동시에 그 분의 연인이 되었습니다.

하지만 국사에 다망하신 그 분은 이 몸의 일편단심을 몰라주었습니다. 이 몸은 세구연심(歲久戀深), 독수공방(獨守空房) 신세로 지내오다가, 그 분이 불행하게도 신돈의 음해로 좌천되어 절영도에서 귀양살이한다는 거짓 풍문을 듣게 되었습니다. 천신만고 끝에 이 땅을 찾아왔건만, 그 분은 이 땅에 유배된 적이 없기에, 이 몸은 생면부지(生面不知)요 사고무친(四顧無親)인 적막한 이곳에서 한 많은 젊은 청춘을 불쌍하게 보내며 고독의 영신(靈神)이 되었습니다. 그러니 원컨대 나의 사당을 지어 나를 모시면 군마도 무병 충실할 것이며, 이 지역 주민 중에 나를 모시는 자도 소원을 성취할 것입니다."라고 하였습니다.

부산진첨사 정발 장군이 그 몽사(夢事)를 조정에 상소하자, 조정에서는 즉시 동래부사 송상현(宋象賢)에게 하명하여 산제당과 아씨당을 건축하고 1년에 두 차례씩 제사를 지내게 하였습니다. 그로부터 군마가 모두 무병 충실했다고 합니다.

장구한 이 설화의 주인공은 분명 칠원 장군이었던 선녀 아씨이지만, 우리의 이목을 끄는 것은 지략으로 선녀 세계까지 점령하고 게다가 어여쁜 선녀를 맞이하고도 국사에 매진하다가 귀양간 최영 장군이 아닐 수 없습니다. 최영 장군이 억울하

게 귀양 가 사고무친이 된 아씨는 장군의 원통함을 대변하듯 원한에 사무쳐 제주
도에서 영도로 들어온 말을 병들어 죽게 했습니다. 수백 년 동안 그 깊은 한을 품
고 지냈던 탐라국 여왕은 임진왜란 때 순절하여 충신의 한 대명사가 된 정발 장군
의 꿈에 등장하고서야 비로소 그 한을 풀 수 있게 되었습니다. 이는 곧 선녀인 아
씨를 매개로 최영 장군의 원혼과 정발 장군을 연결하고, 앞 시대 충절의 사연을 뒷
시대 충신에게 하소연함으로써 그 원통함을 해소하는 구조로 설화가 짜였음을 보
여주고 있습니다. 그리하여 최영 장군의 혼을 품은 아씨는 영험한 신격이 되어 민
중의 소망과 염원을 들어주는 아씨당의 주인이 된 것입니다.

-최영 장군을 그리워하며-

『용재총화(慵齋叢話)』에 의하면, 태조 이성계가 건국 이전 고려의 시중(侍中)
이었을 때 "석 자 칼머리에 사직이 편안하구나[三尺劍頭安社稷]"라고 시를 한 구
절 짓자, 당시의 문사들이 아무도 대구(對句)를 엮지 못했는데, 유독 최공이 재빨리
"한 가닥 채찍 끝으로 천지가 안정되네[一條鞭末定乾坤]"라고 응수했다고 합니다.
이는 최영 장군의 무인(武人)다운 재치를 엿볼 수 있는 대목입니다.

將(장차 장): 将, jiàng, 寸-8, 11

字解 형성. [肉](月·고기 육)과 寸(마디 촌)이 의미부이고 爿(나무 조각 장)이 소리부로, 제사에 쓸 솥
에 삶아 낸 고기(月=肉)를 손(寸)으로 잡고 탁자(爿) 앞으로 올리는 모습이며, 이로부
터 '바치다'의 뜻이 나왔습니다. 바치려면 갖고 나아가야 하므로 將帥(장수)에서처
럼 '이끌다'의 뜻이, 다시 將次(장차)에서와 같이 미래 시제를 나타내게 되었습니
다. 간화자에서는 爿을 간단하게 줄이고 肉을 夕(저녁 석)으로 줄여 将으로 씁니다.

字形 痞 牄 金文 㸿 古陶文 㸿 㲃 將 簡牘文 牄 說文小篆

軍(군사 군): 军, jūn, 車-2, 9, 80

형성. 원래 車(수레 거차)가 의미부이고 匀(고를 균, 均의 원래 글자)이 소리부로, 전차(車)를 고르게(匀) 배치함을 말했는데, 자형이 줄어 지금처럼 되었습니다. 이후 전차(車)가 고르게 배치된(匀) 軍隊(군대)나 무장한 부대를 지칭하게 되었고, 군대 단위로 쓰여 師(사)보다 큰 단위의 군대를 지칭하는데, 옛날에는 4천 명 정도의 규모였습니다. 간화자에서는 军으로 씁니다.

字形 軍 軍 軍 軍 金文 軍 古陶文 軍 軍 簡牘文 軍 說文小篆

조선시대 선비들은 강직한 성품으로 충절을 지키다가 억울하게 죽은 최영 장군의 넋을 기리는 시를 많이 읊었습니다. 먼저 조선 초기 문신 춘정(春亭) 변계량(卞季良, 1369~1430)이 읊은 시를 보면 다음과 같습니다.

奮威光國鬢星星　　위엄 떨쳐 평생토록 나라를 빛냈으니
學語街童盡識名　　어린 아이까지도 그 이름 알아보네
一片壯心應不死　　한 조각 장한 마음 결코 죽지 않아서
千秋永與太山橫　　천 년토록 태산과 함께 영원히 남으리

최영 장군은 고양시 덕양구 대자동 대자산(大慈山) 기슭 부친의 묘소 아래에 류씨(柳氏) 부인과 함께 합장되어 있습니다. 운곡(耘谷) 원천석(元天錫, 1330~?)은 그의 무덤을 보고 아래의 칠언율시 한 수를 읊었습니다.

水鏡埋光柱石頹　　거울이 빛을 잃고 주춧돌이 무너지니
四方民俗盡悲哀　　사방의 백성들 모두 슬퍼하네
赫然功業終歸朽　　빛나는 공업이야 끝내 썩게 된다 해도
確爾忠誠死不灰　　꿋꿋한 충성은 죽어도 재 되지 않으리
紀事靑編曾滿帙　　일을 기록한 책이 벌써 한 질이나 가득한데
可憐黃壤已成堆　　가련타, 땅속에서 이미 흙무더기 되었네
想應杳杳重泉下　　생각건대, 응당 멀고 아득한 황천에서
掛眼東門憤未開　　눈을 동문에 걸어도 분이 풀리지 않겠지

또 조선후기의 실학자 순암(順菴) 안정복(安鼎福, 1721~1791)은 「고려사를 읽고 느낌이 있어[讀麗史有感]」라는 제목으로 이렇게 최영 장군을 노래했습니다.

明帝威名孰可擠　　명나라 황제 위력을 물리칠 자 누구던가
攻遼無異搏狸鷄　　요동정벌은 닭이 삵쾡이 잡는 격이지만
崔公自是忠謀士　　최공은 본디 충심으로 도모한 충신이었지
一掬血腔死不迷　　피맺힌 일편단심 죽어 변치 않았다네

위의 작품들은 모두 최영 장군의 붉은 충심과 빛나는 공업, 그리고 원통한 죽음과 민중의 추모 열기를 처연하게 전하고 있습니다. 최영 장군은 나라의 동량으로 평생을 국가에 헌신하여 사책에 기록된 사적만 해도 이루 말할 수 없이 가득합니

6-7. 최영 장군과 부인 류씨의 합장묘(아래)

다. 오로지 충성어린 일편단심으로만 국사를 처결하여, 비록 요동 공략의 실수가 있었다 해도 그 장한 단심은 결코 사라지지 않습니다. 그리하여 어린아이까지도 그를 알아 기억하니 그의 이름은 천추에 영원할 것입니다.

그런데 그토록 꿋꿋한 충심과 그토록 빛나는 위업을 이루고도 최영 장군은 억울하게 죽고 말았습니다. 그래서 사람들은 추측했습니다. 그가 저승에서도 원통함에 사무쳐 몸서리 칠 것이라고 바로 여기서 영력(靈力)이 매우 강한 주술적 신격이 재탄생합니다. 곧 위대한 인간으로서의 최영 장군에 대한 대중들의 추앙과 흠모에, 원한 가득 서린 혼령으로서의 최영 장군에 대한 대중들의 짐작과 두려움이 뒤섞여, '최영장군신'이라는 강력한 무속신앙의 숭배 대상이 세상에 출현한 것입니다.

이에 민중들은 곳곳에 최영 장군 신을 모신 사당을 건립하여, 그의 혼을 달래는 한편 자신들의 안위와 복을 빌어 마지않았습니다. 특히 부산은 지형적으로 해안을 끼고 있고 또 일본과 가까운 관계로 늘 왜구를 불안해하며 살았기에, 최영 장군 신에 대한 믿음과 기대가 더더욱 남달랐습니다. 따라서 옛날 수군영(水軍營)이 있었던 곳에 어김없이 무민사를 건립하였고, 또 그와 관련한 신이한 설화가 입에서 입으로 전해지고 있는 것입니다.

07. 한자로 읽는 부산의 지도

임형석

제7장_한자로 읽는 부산의 지도

1. 지도는 그림이다

地(땅 지): [埊, 墬, 㙷], dì, 土-3, 6, 70

字解 형성. 土(흙 토)가 의미부이고 也(어조사 야)가 소리부로 '땅'을 말하는데, 만물을 생산하는(也) 대지(土)라는 의미를 담았으며, 이로부터 대지, 지구, 육지, 영토, 토지, 지방, 지위, 바탕 등의 뜻이 나왔습니다. 달리 '대지'는 물(水수)과 흙(土)으로 구성되었다는 뜻에서 埊, 산(山)과 물(水)과 흙(土)으로 구성되었다는 뜻에서 㙷, 혹은 흙(土)으로 둘러싸였다(防방)는 뜻에서 墬 등으로 쓰기도 했습니다.

字形 〔그림〕金文 〔그림〕〔그림〕盟書 〔그림〕〔그림〕〔그림〕簡牘文 〔그림〕說文小篆 〔그림〕說文籒文

圖(그림 도): 图, [圗], tú, 囗-11, 14, 60

字解 회의. 囗(에워쌀 위)와 啚(인색할 비, 鄙의 원래 글자)로 구성되었는데, 원래는 啚로 썼습니다. 啚는 높은 기단 위에 지어진 곡식 창고(啚름)를 말했으며, 이후 다시 에워싼 담

(口)을 더해 지금의 圖가 되었습니다. 그래서 啚는 곡식창고가 세워진 성의 변두리 지역을 말했고 이로부터 바깥쪽에 있는 변두리 '마을'을 뜻했고, 다시 중심지보다 啚賤(비천)하고 啚陋(비루)하다는 뜻까지 갖게 되었습니다. 그래서 圖는 중심 되는 읍(口)과 변두리 지역(啚)을 함께 모두 그려 넣어야 하는 것이 地圖(지도)임을 말했고, 지도를 그리며 앞의 일을 설계하고 계획한다는 뜻에서 圖謀(도모)하다와 企圖(기도)하다는 뜻이 나왔습니다. 일본 한자에서는 図로, 현대 중국의 간화자에서는 图로 씁니다.

지도가 그림이라니…… 너무 당연한 이야기인 듯하지만, 이것이 당연하지 않았거나 허용되지 않던 시절이 있었습니다. 주권(主權)을 가지는 지역이나 가지지 않던 지역이나 그들의 지형을 그린 그림은 아주 오랫동안 비밀스러운 지식에 속하는 것이었습니다. 개념도이던 상세도이던 상관없이 말입니다.

고산자 김정호(金正浩)가 『대동여지도(大東輿地圖)』를 만들고 다닌다고 간첩 혐의를 받던 시절만 이야기하는 것이 아닙니다. 특수 목적 지도를 사기 위해서는 정부가 특정한 서점에 신분증을 제시하고 등록을 해야만 하던 시절이 불과 얼마 전입니다. 물론 이런 사정은 지도를 대중적으로 소비하는 현대에 상상하지 못할 일이겠습니다. 하지만 세기도 바뀐 2016년 지금 대한민국 정부와 다국적 거대기업인 구글(Google)이 대한민국 영역을 그린 지도 사용권을 두고 실랑이를 벌이는 지경은 어떻게 이해할 것인가요? 여기에도 지도 지식의 기밀 유지라는 이슈가 개입해 있습니다.

인류가 문명을 이룩하고 살기 시작한 이래, 인류의 보편적 지식은 그림과 문자라는 형태로 기록되는 것이 보통이었습니다. 그림과 문자는 형태가 달라도 언어가 가진 일반적 성격인 지시성(指示性)을 전제로 하긴 마찬가지입니다. 문자가 우월한지 그림이 우월한지 말들이 많았지만 형태의 직관성(直觀性)이라는 측면에서 그림, 곧 도상이 문자보다 우월하다는 것은 말할 나위가 없습니다.

도상의 직관성은 비밀스러운 지식을 여실히 드러낸다는 점에서 지도 제작의 필요성과 더불어 남에게 공개하기 어렵다는 난점을 동시에 가집니다. 이것은 단순히 국가라든지, 지역이라든지 등등 특정 공동체 단위의 이익뿐 아니라 존재의 깊숙한 차원에서 반감을 가지게 만드는 이유가 됩니다. 남에게 보여주기 어려운 소중한 내 집안의 구석구석을 도상으로 공개한다고 생각해보십시오. 과연 그것을 선뜻 내놓을 사람이 몇이나 되겠습니까?

2. 도상에 대한 전통적 견해

지도라는 도상의 비밀성이 단순한 실용적 차원을 넘어 존재론적 근거에 맞닿아 있다고 이야기했습니다. 이것은 인간 언어가 가진 속성 가운데 하나인 지시성이 그 시작부터 가지게 된 역설입니다. 도상이 문자의 기원이었던 것은 잘 알려져 있는 사실입니다. 문자가 도상보다 비밀 유지에 더 용이하기 때문에 도상으로 표현할 수 있는 지식을 굳이 문자로 전달하는 경우가 생기게 됩니다.

이것은 동서양을 막론하고 일종의 전통적 견해를 대변하는 것입니다. 도상을 제시하지 않고 문자로만 이야기하려는 방식, 기밀 유지의 중세적 강박 말입니다. 근대에 들어서면서 문자의 시대는 도상의 시대로 전개됩니다. 서양에서 르네상스 시대에 등장하기 시작해서 이후 서양 지식론의 일부가 된 도상학(圖像學)은 큰 흐름이고 지도제작술(地圖制作術)에서 시작한 지도학(地圖學)도 그 속에 들어간다. 서양의 근대를 얼마나 의식하고 있었는지 모르지만 문자 기술 위주의 중국 전통을 개탄한 사람이 일찍이 18세기 중국에 살았습니다. 그의 말을 들어 봅시다.

사부의 긴요한 뜻은 '본기'가 주요한 것이 되고 다른 여러 가지 형식이 보조적인 것이 된다. 문사가 있는 것은 '서'라고 하거나 '전'이라고 하고 문사가 없는 것은 '표'라고 하거나 '도'라고 한다. 참과 거짓이 서로 바탕이 되고 상세함과 간단함이 서로 나타나기 때문에 거의 유감이 없도록 만들 수 있다. 옛날 사마천이 『사기』 백서른 편을 처음으로 정할 때 『주보』에 뿌리를 두고 '표'를 만든 것만 알지 무늬가 있는 하나라 때의 세발솥으로 거슬러 올라가서 '도'를 만들었다는 것은 모른다. 결국 옛사람의 세계나 연도와 달을 헤아려 찾을 수 있게 만들었지만 이전 세상의 지리 형세나 물건의 이름과 형상은 자취를 뒤쫓을 수 없었다. 이것은『춘추』를 배워서 '보'와 '역'의 뜻을 얻었지만『역상』까지 거슬러 올라가 도서가 통한다는 것을 얻지 못했다. '열전'에 '표'가 있어야 가지런해지는 것은 '서'나 '지'가 '도'를 기다려 뚜렷이 드러나는 것과 같다. 선유는 '표'가 빠졌기 때문에 '열전'이 번거로워지지 않을 수 없었다고 말한 적은 있지만 '도'가 빠졌기 때문에 '서'나 '지'가 번거로워지지 않을 수 없었다는 것은 모른다. 아! 사마천과 반고 이래로 이천 년 동안이나 이런 범례를 창조하거나 여기서 시작부터 끝까지 과정 전체를 끝까지 찾는 사람이 없으니『사기』백서른 편을 위해 대단히 안타깝다. …… 역사서가 '표'를 세우지 않아도 세계나 연도와 달은 오히려 문사로 보충하여 엮을 수 있지만 역사서가 '도'를 세우지 않으면 지리의 형상이나 물건의 이름과 형상은 틀림없이 글자에서 두루 구할 수 없을 것이다. 이것은 눈으로 보고 귀로 들은 것이 다르기 때문이고 '도'의 긴요한 뜻이 '표'보다 더욱 대단하기 때문이다. …… 비록 배우기 좋아하고 깊이 생각하는 선비가 있더라도 역사서를 읽을 때 그 그림을 보지 못한다면 눈먼 사람이 지팡이로 땅을 두드려서 길을 찾는 것과 같은 일을 면하지 못한다. …… 지리가 세로줄과 가로줄을 구한 지

7-1. 장학성(『청대학자상전』, 바이뚜)

는 오래되었다. 오늘날 주와 현의 지도는 자주 종이 폭에 따라 '도'의 형식을 늘이거나 오므라들게 하는데 이것은 그림 그리는 일의 해묵은 관습이지 사부의 일반적 형식에 넣을 수 없는 것이다. 이제 면적과 거리를 계산하여 가로줄로 하고 현의 촌락을 가로줄로 해서 나중에 살펴보는 사람이 칸에 따라 비교해보도록 하면 조금도 어긋나지 않으니 이것이 도경의 뜻이다.(장학성, 『문사통의』「영청현지 여지도 서례」에서 발췌)

문자 기록과 도상이 서로 보완적인 관계였고 헤어졌던 둘의 결합이 다시 필요하다는 것이 장학성(章學誠, 1738~1801)의 뜻일 것입니다. 문자 기록만 가지는 쪽이나 도상만 가지는 쪽은 불완전하고 그래서는 우리의 지식을 완성시킬 수 없다는 말도 될 것입니다.

이와 반대로 문자 기록만 강조하는 전통에 의문을 제기한 사람과 그의 아우 이야기가 전해집니다. 이들은 바로 유명한 정약용 형제입니다. 정약용이 평생 존경해마지 않던 그의 형 정약전(丁若銓, 1758~1816)은 흑산도에 귀양 가서도 열심히 연구하는데, 그 결과가 『자산어보(玆山魚譜)』(또는 『현산어보』일 수도)입니다. 그것을 지을 때 정약전은 물고기 그림도 그릴 작정이었던 모양입니다. 그런 의견을 편지에 써서 아우에게 부쳤을 때 정약용의 대답은 간단했습니다. '그림은 뭐 하려고요?'

경학이라면 당대뿐 아니라 조선 제일이라고 할 만한 정약용의 대답은 중세적입니다. 문자 전통에 매몰된 그의 편협한 경학관은 문자에만 매달리게 만들었고 그것은 단순히 한자문화권 내 지식 경쟁에서 뒤처지게 된 인식을 대변할 뿐 아니라 넓게는 세계사적 수준에서도 멀어지게 된 원인을 여실히 보여주기 때문입니다.

3. 지도는 목록이다

目(눈 목): mù, 目-0, 5, 60

字解 상형. 눈동자가 또렷하게 그려진 눈의 모습인데, 소전에 들면서 자형이 세로로

변하면서 눈동자도 가로획으로 변해 지금처럼 되었습니다. '눈'이 원래 뜻이고, 눈으로 보다, 눈으로 볼 수 있는 目錄(목록)을 말합니다. 또 눈으로 보는 지금이라는 뜻에서 目前(목전)에서처럼 현재 등의 뜻도 나왔습니다.

字形  甲骨文　金文　古陶文　簡牘文

　說文小篆　　說文古文

錄(기록할 록): 录, [錄], lù, 金-8, 16, 42

字解 형성. 金(쇠 금)이 의미부이고 彔(나무 깎을 록)이 소리부로, 원래는 쇠(金)의 색깔을 말했으나, 이후 쇠(金)에다 파 넣어(彔) 영원히 변치 않도록 기록해 둠을 말했습니다. 간화자에서는 彔(나무 깎을 록)에 통합되어 录으로 씁니다.

字形 甲骨文　金文　說文小篆

　　책에는 목록이 붙어 있습니다. 본문보다 앞에 있는 형태가 흔하기 때문에 목록은 그저 색인처럼 본문 내용을 찾아보는 기능인가 보다 생각하기 쉬울 것입니다. 그런데 프랑스 책을 처음 보았을 때 저는 당황할 수밖에 없었습니다. 습관처럼 앞쪽을 찾았는데 아무리 찾아도 목차가 보이지 않기 때문입니다. 알고 보니 프랑스 책은 목차를

7-2. 보르헤스

맨 뒤에 두는 전통이 있었습니다. 나중에 깨달은 것이지만 프랑스 책은 목록이 전부이던 시절의 전통을 잇고 있는 것이었습니다. 본문은 없고 목록만 있던 시절 말입니다. 이것은 꼭 경제성 때문만은 아닙니다.

우리가 책의 목록을 에두른 까닭은 지도도 목록의 성질을 가지고 있기 때문입니다. 다음과 같은 보르헤스(Jorge Francisco Isidoro Luis Borges, 1899~1986)의 우화를 봅시다.

> 제국의 지도학은 너무 완벽해 한 지역의 지방이 도시 하나의 크기였고, 제국의 지도는 한 지방의 크기에 달했다. 하지만 이 터무니없는 지도에도 만족 못한 지도제작 길드는 정확히 제국의 크기만 한 제국전도를 만들었는데, 그 안의 모든 세부는 현실의 지점에 대응했다. 지도학에 별 관심이 없었던 후세대는 이 방대한 지도가 쓸모없음을 깨닫고, 불손하게 그것을 태양과 겨울의 혹독함에 내맡겨버렸다. 서부의 사막에는 지금도 누더기가 된 그 지도가 남아 있어, 동물과 거지들이 그 안에 살고 있다. 온 나라에 지리학 분과의 다른 유물은 남아 있지 않다. (보르헤스, 「과학적 정확성에 관하여」에서)

과학이 무엇인지를 보르헤스는 통찰했고 그것을 짤막한 이야기로 적었습니다. 지도는 대응하는 지시물일 뿐이지 땅의 실재는 아닌 것입니다. 그래도 지도는 인식이자 지식으로서 막강한 힘을 가집니다. 조선이 이것을 깨달은 것은 너무 늦은 때였습니다.

4. 부산의 지도들

여기 한 장의 지도가 있습니다. 몹시 익숙한 모습입니다.

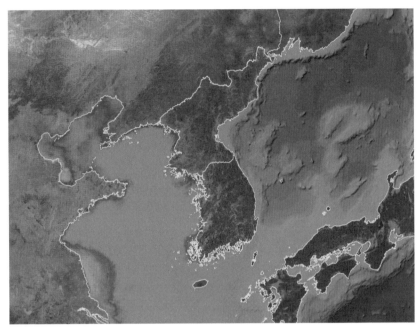

자, 여기 또 한 장의 지도가 있습니다. 어떤가요? 좀 낯설지 않습니까?

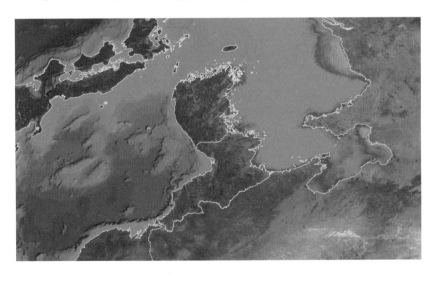

이렇게 지도는 인식의 일종인 지식입니다. 땅을 위주로 그 경계까지 그린 것이기도 하지만 우리 인식을 보여주는 그림이기도 합니다. 그래서 지도도 이야기나 이야기 만들기와 뗄 수 없는 관계를 가지고 있습니다. 이야기에서 지도는 지리 상황의 객관적 반영이 아닌 장소성(場所性)을 획득하게 됩니다.

이제 다음과 같은 우리 부산의 지도를 보게 될 것입니다. 장소가 많이 표시되었다면 많고 적게 표시되었다면 적습니다. 오늘날 지도에서 보기 힘든 이야기를 담은 지도가 우리 전통 지도입니다. 오늘날 기준에서 볼 때 객관적이지도 않고 엉성해 보이는 이런 방식의 지도가 바로 지도의 미래일지도 모릅니다.

다음에서 우리가 보게 될 지도는 종류가 많지 않습니다. 그러나 지도의 대강을 시대 순으로 훑어보면서 전통 지도가 담은 이야기를 들어보려고 합니다.

(1) 1750년 무렵 해동지도 동래부 지도

우리 역사에서 지도가 본격적으로 제작된 시기는 조선 후기입니다. 조선 후기 지도가 활발하게 제작된 이유는 상업의 발달을 꼽지만 세계사적 운동의 국지적(局地的) 사례로 이해할 수도 있습니다.

여기 처음 선보인 지도인 『해동지도(海東地圖)』는 정확한 제작 연대를 알 수 없지만 영조 무렵 도별 읍지를 모은 『여지도서(輿地圖書)』와 비슷한 때 제작한 것이라는 말이 있습니다. 모두 8책으로 된 지도책에서 다섯 번째가 영남전도(嶺南全圖)인데 동래부 지도도 여기 실려 있습니다.

지도는 산수화처럼 산을 그리는 등 전통적인 지도 제작 방식을 답습한 것을 알 수 있습니다. 주요 지형지물과 읍성, 진지 등의 상대적 위치를 기록해 두었습니다. 특색을 이루는 것은 지도 사방에 여러 가지 정보를 적어둔 것입니다.

오른쪽 위부터 시계 반대 방향으로 적어둔 정보를 순서대로 봅시다. 지도의 위쪽에는 지역 이름, 읍성의 규모, 호구 수, 전답 수, 세금으로 바쳐야 하는 곡물총수, 국방과 관련된 군병총수를 적었습니다. 지도의 왼쪽에는 금정산성, 절영도 목장, 수군의 전함을 만들기 위한 보호림, 역과 원 등의 위치 정보를 기록하고 있습니다.

지도의 오른쪽에는 동서남북 경계까지의 거리, 소속 하위 행정 단위, 포구, 왜관, 소금가마, 화살을 만들기 위한 대밭, 어장 등의 정보를 적었습니다. 지도의 아래쪽에는 창고의 위치, 규모, 충렬서원, 범어사 등 중요 종교시설을 기록하고 있습니다.

해동지도는 전국의 자원 규모와 소재지 등을 파악하기 위한 관제(官制) 지도이기 때문에 이런 정보를 싣고 있습니다. 통치의 편리를 위한 지도이기 때문에 대략적인 개념도의 성격을 지니고 있다고 할 수 있겠습니다.

7-3.『해동지도』「동래부지도」

(2) 1832년 무렵 경상도읍지 동래부 지도

邑(고을 읍): [阝, yì, 邑-0, 7, 70

字解 회의. 갑골문에서 위쪽이 □(나라 국·에워쌀 위)으로 성을, 아래쪽은 阝(巴·병부 절)로 꿇어 앉은 사람을 그려, 이곳이 사람이 사는 지역이자 상주하는 인구를 가진 疆域(강역)임을 상징적으로 그렸는데, 阝이 巴(땅이름 파)로 변해 지금의 자형이 되었습니다. 그래서 邑은 성읍, 수도, 거주지, 행정 구역 등을 뜻하였고, 춘추 시대 때에는 30家(가)를 1邑이라 했으며, 주로 지명을 나타내는 데 쓰였습니다. 다만 다른 글자들과 결합할 때에는 주로 오른쪽에 놓이며 글자의 균형을 고려해 阝으로 씁니다.

字形 [갑골문] 甲骨文 [금문] 金文 [고도문] 古陶文 [간] 簡牘文 [고새문] 古璽文 [설문소전] 說文小篆

誌(기록할 지): 志, zhì, 言-7, 14, 40

字解 형성. 言(말씀 언)이 의미부이고 志(뜻 지)가 소리부로, 뜻(志)이 담긴 말(言)을 '기록하다'는 뜻입니다. 이로부터 기호, 기록된 문장, 雜誌(잡지) 등의 뜻이 나왔습니다. 간화자에서는 志에 통합되었습니다.

字形 [설문소전] 說文小篆

여기 지도는 1832년 무렵으로 추정되는 『경상도읍지(慶尙道邑誌)』에 수록된 경상도 동래부 지도입니다. 조선시대 동래부는 현재의 부산광역시 영역에서 강서구, 북구, 기장군을 제외한 지역을 가리킵니다. 사실 굉장히 단순한 개념도에 해당하는 지도입니다. 이 지도는 사실 이보다 훨씬 이전에 제작되었어야 마땅한 정도의 단순한 인식을 보여줍니다.

지도 중심에 동래부의 읍성을 표시하고 있는 점이 우선 눈에 뜨입니다. 모양은 거의 동그라미에 가깝게 그렸고 성의 본래 모습과 상관이 없습니다. 읍성 남쪽으로 흐르는 온천천의 강폭이 수영강 정도인 점을 보면 과장되게 그렸다는 점을 한눈에

7-4.『경상도읍지』「동래부지도」

알 수 있습니다. 왼쪽 위의 금정산성이라든지 군사기지인 수영, 부산(진), 다대(포진) 성을 실재보다 크게 그린 것은 지도 제작자의 국방에 대한 관심을 짐작할 수 있습 니다.

지도 제작자의 국방에 대한 관심은 이밖에 봉수(烽燧)의 위치를 비교적 상세하 게 그렸다는 점을 들 수 있습니다. 일반인에게 과연 봉수의 상세한 위치가 중요했 을까 생각한다면 아마 그렇지 않았을 것이라고 짐작할 수 있습니다. 이밖에 부산진 이나 다대포진의 등급이 수영보다 낮은 데도 왜 수영을 더 작게 그렸는지 정확한 이유를 모릅니다. 그리고 동래부에는 이밖에 두모포진, 개운포진, 포이포진, 서평포 진 등 군사기지가 네 개나 더 있었는데 왜 표시하지 않았는지도 궁금할 따름입니 다. 어쩌면 군대 내의 계급에 따른 중요도를 감안했는지도 모릅니다. 따라서 우리 는 국방과 관련된 인사가 지도 제작에 관여했다는 점을 짐작할 수 있겠습니다.

(3) 1861년 대동여지도 19첩 1면 동래부

軍(군사 군): 军, jūn, 車-2, 9, 80

字解 형성. 원래 車(수레 가차)가 의미부이고 勻(고를 균, 均의 원래 글자)이 소리부로, 전차(車)를 고르게(勻) 배치함을 말했는데, 자형이 줄어 지금처럼 되었습니다. 이후 전차(車)가 고르게 배치된(勻) 軍隊(군대)나 무장한 부대를 지칭하게 되었고, 군대 단위로 쓰여 師(사)보다 큰 단위의 군대를 지칭하는데, 옛날에는 4천 명 정도의 규모였습니다. 간화자에서는 军으로 씁니다.

字形 軍 軍 軍 軍 金文　軍 古陶文　軍 軍 簡牘文　軍 說文小篆

事(일 사): shì, 丨-7, 8, 70

字解 회의. 원래 손(又-우)으로 장식이 달린 붓을 잡은 모습으로, 역사나 문서의 기록에 참여하는 행위를 형상화했습니다. 이로부터 관직, 직무, 직업, 사업, 업무 등의 뜻이 나왔고, '일'을 통칭하게 되었습니다. 원래는 史(사관 사), 吏(벼슬아치 리, 使의 본래 글자)와 같은 데서 분화한 글자이며, 고대 사회에서 붓을 잡고 국가의 문서를 기록할 수 있었던, 즉 문자를 점유하고 있었던 사람들이라면 당연히 벼슬아치(吏)였거나 남을 부리고(使) 다스리는 계층이었다는 것을 반영했습니다.

字形 事 事 史 甲骨文　事 事 事 事 事 事 金文　事 事 事 事 古陶文
事 事 事 事 盟書　事 事 簡牘文　事 石刻古文　事 說文小篆　事 說文古文

앞서 소개한 경상도읍지 동래부 지도에서 군사적 관심이 가장 중요한 인사에 의해 만들어진 관제 지도라는 특징을 발견할 수 있었습니다. 조선 후기는 상업이 발전하기 시작하고 이에 따라 민간에서도 지도의 필요성이 대두했다고 말했습니다. 이런 필요는 관변에서 제작된 지도의 한계를 절감하고 민간에서 지도 제작에 나서게 만들었을 것입니다. 그것을 대표하는 지도가 잘 알려진 『대동여지도』입니다.

7-5. 『대동여지도』 19첩 1면 「동래부지도」

　『대동여지도』는 철종 재위 12년인 1861년에 김정호가 편찬하고 간행했다가 고종 원년인 1864년 다시 간행한 분첩절철식 조선 지도입니다. 22첩으로 구성되어 있는데 이름은 같고 내용이 다른 지도첩이 최근 새로 발견되기도 했습니다. 22첩에는 조선 전체를 남북 120리 22층으로 나누고 동서 80리 간격으로 19개의 판목을 만들었습니다.

　김정호는 이미 1834년 『청구도(靑邱圖)』 2책을 제작합니다. 『청구도』의 기본적인 지리 정보는 1770년 신경준이 20리 눈금선 체계를 채택하여 제작한 고을지도책을 정조 시기에 재편집한 『해동여지도』 계통과 동일합니다. 1850년대에 김정호는 실용성에 초점을 맞춘 지도인 『대동여지도』 14첩과 18첩, 『동여도』 23첩을 순서대로 제작합니다.

　『대동여지도』는 민간 제작의 지도 가운데 가장 정교한 것이긴 했지만 실재와 대응이라는 측면에서 일정한 한계를 가진 것이었습니다. 구체적인 내용은 이미 선행 연구가 존재하므로 여기선 따지지 않겠습니다. 대신 『대동여지도』의 특징을 살펴보면 다음과 같은 점을 발견할 수 있습니다. 첫째, 이어보기에 편리하도록 만들었습니다. 둘째, 색인 기능이 강화된 지도였습니다. 셋째, 목판본으로 제작하여 구득하기 쉽게 만들었습니다. 넷째, 상업 활동에 쓰기 쉽도록 지도 평면의 거리가 아니라 실제 거리를 쉽게 알 수 있도록 만들었습니다.

『대동여지도』에서 현재 부산과 관련된 지도는 크게 3장입니다. 제일 먼저 소개하는 지도는 『대동여지도』에서 가장 오른쪽 귀퉁이를 차지하는 부분입니다. 현재 부산의 모태가 되는 행정 기관이 동래부이기 때문에 이 지도를 『대동여지도』 가운데 가장 먼저 제시했습니다. 1876년의 강화도 조약 이후 인천, 원산과 동시에 개항한 것이 부산포이고 이것이 성장하여 오늘의 부산이란 지명을 획득했습니다. 앞서 경상도읍지처럼 군사기지가 표시되어 있고 동래부 읍성이 표시되어 있습니다. 산수화 기법을 원용한 경상도읍지와 달리 간략한 선으로 표시한 산줄기와 강줄기가 특색을 이루지요.

동래부 읍성에서 오른쪽에 경상도 좌수영이 보입니다. 남쪽으로 내려가 보면 부산포 오른쪽에 1510년 삼포왜란 이후 일본인 거주가 허락된 유일한 거류지 초량 왜관이 있습니다. 왜관은 여러 곳을 옮겨 다녔는데 지도 제작 당시에는 여기에 있었던 것으로 보입니다. 그리고 초량이라는 지명은 부산포 부근에 왜관이 생기면서 함께 따라다닌 이름이기도 합니다. 그런데 왜관의 상대적 위치는 잘못된 것이 틀림없습니다. 초량 왜관은 동천을 넘은 적이 없는데 이 지도에는 동천을 넘어가서 적기 정도에 위치한 것으로 표시해 두었습니다. 상대적 지형을 감안한 배치라고 여기지만 왜 틀렸는지는 알 길이 없습니다.

(4) 1861년 대동여지도 19첩 2면 가덕진지도

이 지도는 광범위한 지역을 담고 있습니다. 현재 행정구역으로 부산광역시, 경상남도 김해시, 진해시, 마산시, 고성군, 거제시에 걸쳐 있습니다. 여기서 지도 오른쪽 상단 부분이 낙동강 하구 지역입니다. 조선시대에 대저는 양산현, 명지는 김해군에 속해 있었습니다. 명지에 자염최성(煮塩最盛), 곧 바닷물을 끓여서 소금을 만드는 일이 가장 성하다는 말이 있습니다. 상업적 관심이 강하게 배여 있는 말입니다. 자염법이 일반적이던 조선시대까지 땔감을 확보하는 것이 관건입니다. 명지는

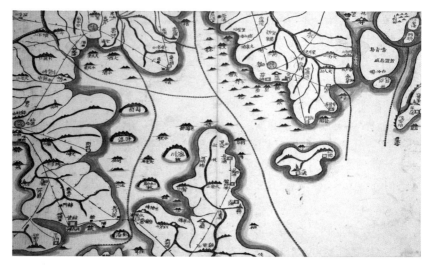

7-6. 『대동여지』 19첩 2면 「가덕진지도」

낙동강 하구에 자리 잡고 있어 무성한 갈대밭이 드넓게 펼쳐져 있었고 이를 이용한 자염이 성행한 것입니다. 명지 소금은 낙동강 수운을 통해 멀리 안동까지 공급되었습니다.

낙동강 하구를 비롯해 여러 바다에 작은 섬이나 등이 많이 기록되어 있습니다. 이전의 지도에서 볼 수 없었던 이런 곳들은 조선 후기 농업 생산 등의 측면에서 새로 개척한 지역이기 때문에 지도 제작자의 관심을 끌었을 것입니다. 그리고 국방의 관심 등에 따라 봉수대와 봉수대의 연결 등을 표시한 것도 이전 지도를 계승한 것이겠지요. 언급한 것 이외의 다른 지역은 부산 범위를 벗어나기 때문에 생략하겠습니다.

(5) 1861년 대동여지도 18첩 1면 기장현지도

이 지도도 광범위한 지역을 담고 있습니다. 현재 행정 구역으로 울산광역시, 울주군, 부산광역시, 기장군, 경상남도 양산시에 걸쳐 있습니다. 지도 왼쪽에는 위에서

繪(그림 회): 绘, huì, 糸-13, 19, 10

字解 형성. 糸(가는 실 멱)이 의미부이고 會(모일 회)가 소리부로, 비단(糸)에다 놓은 채색 수를 말합니다. 수를 놓으려면 밑그림을 그려야 하기에, 그림을 그리다, 묘사하다, 繪畫(회화) 등의 뜻이 나왔습니다. 간화자에서는 會를 会로 줄여 绘로 씁니다.

字形 繪 說文小篆

畵(그림 화): 画, [畫], huà, 田-8, 13, 60

字解 회의. 갑골문에서 붓(聿율, 筆의 원래 글자)으로 그림이나 도형을 그리는 모습이며, 이로부터 그림이나 그림을 그리다는 뜻이 나왔습니다. 금문에서는 도형 대신 농사지을 땅(周주)의 경계를 그리는 모습으로 변화되었고, 이후 周가 田(밭 전)로 변해 지금의 자형이 되었습니다. 달리 畫(그림 화)로 쓰기도 하며, 간화자에서는 画로 줄여 씁니다.

字形 甲骨文 金文 簡牘文 古璽文 畵 說文小篆 書 說文古文

아래로 낙동정맥을 표시하고 있습니다. 당시 행정 구역으로 언양현에서 시작해 울산부를 거쳐 동해로 빠져나가는 물줄기가 태화강입니다. 울산부 읍성 아래에 대화강(大和江)이란 표기를 보면 당시 피휘 때문인지 이렇게 적은 것으로 보입니다. 한동안 없어졌다 복원한 태화루도 대화루(大和樓)라고 표기하고 있습니다.

지도 왼쪽 아래에 배꼼이 드러난 물줄기가 낙동강입니다. 그러나 낙동강이라 적지 않고 삼차강(三叉江)이라고 적은 것이 눈에 띕니다. 전통 사회에서는 하나의 물줄기를 지역에 따라 다르게 부르는 일이 보통입니다. 삼랑진이라는 지명과 연관되어 있으며 남강과 만나는 특징을 딴 것입니다. 참고로 낙동강은 보통 상주의 낙동진에서 유래한 것이고 그 지역을 흐르는 낙동강을 부르는 이름이었습니다.

현재 울산 방어진의 맞은편에 개운포라는 지명이 눈에 띕니다. 동래부의 개운포진과 연관되어 있는 곳입니다. 본래 여기 있던 개운포진은 1592년 동래부로 이전하면서 지명도 함께 옮겼습니다. 여기서는 진을 옮기기 이전의 터를 표시하기 위한

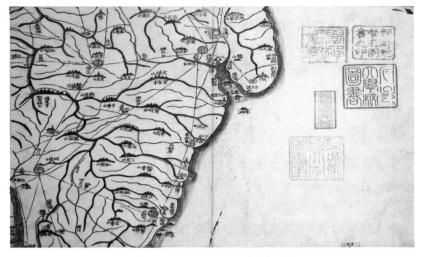

7-7. 『대동여지도』 18첩 1면 「기장현지도」

조치일 것입니다.

(6) 1871년 영남읍지 동래부 지도

倭(왜국 왜): wō, 人-8, 10, 12

字解 형성. 人(사람 인)이 의미부이고 委(맡길 위)가 소리부로, 볏단을 짊어진 여인(委)처럼 왜소한 사람(人)이라는 뜻인데, 키가 작고 왜소한 일본인이나 일본을 지칭하는 말로도 쓰였습니다.

字形 **倭** 說文小篆

館(객사 관): 馆, [舘], guǎn, 食-8, 17, 32

字解 형성. 食(밥 식)이 의미부이고 官(벼슬 관)이 소리부로, 음식(食)을 제공하며 손님을 접대하는 관공서(官)라는 의미로, 『설문해자』에서는 "客舍(객사)를 말한다. 『주례』에 의하면 50리마다 시장이 있고 시장에는 객사가 마련되었는데, 거기서는 음식

을 준비해두어 손님을 맞았다."라고 했습니다. 食은 임시로 만들어진 집이라는 뜻에서 舍(집 사)로 바뀌어 館(객사 관)으로 쓰기도 합니다. 이후 손님을 접대하는 집이나 외국의 公館(공관), 旅館(여관), 문화적 장소 등을 뜻하게 되었습니다.

字形 ● 古璽 ● 說文小篆

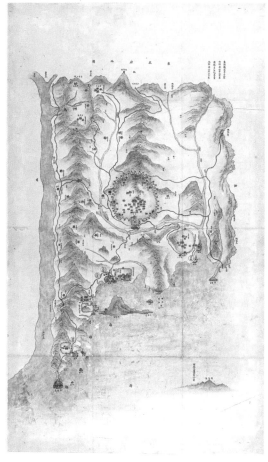

7-9. 1872년 지방지도「동래부 지도」

『영남읍지(嶺南邑誌)』에는 경상도 동래부 지도도 수록되어 있습니다. 여기 동래부 지도는 대체로 1720년대에 제작된 동래부의 회화 방식 지도나 1872년 흥선대원군의 명령에 따라 제작한 동래부의 지도와 비슷한 모습입니다. 따라서 동래부 관아가 보유한 지도를 참고한 것이라고 판단하고 있습니다.

일본과 가장 가까운 지역이자 왜관이 설치된 특수 지역이기 때문에 동래부에는 군사 관련 시설이 많았습니다. 임진왜란 이후 얻은 교훈을 살려 대규모 장기전을 대비한 금정산성도 있지만 1731년 기존 읍성을 넓혀 쌓은 동래읍성을 가장 강조하는 점이 특색입니다. 해안에 수군절도사(정3품)가 우두머리인 경상좌수영, 수군첨절제사(종3품)가 우두머리인 부산진과 다대포진, 수군만호(종4품)가 우두머리인 포이포진, 개운포진, 두모포진, 서평포진을 표시하고 있는데, 관계에 따라 규모를 그려 명령 계통을 알 수 있게 만든 특색을 가지고 있습니다. 따라서 이 지도는 국방에 대한 관심이 투영된 개념도라고 할 수 있겠습니다.

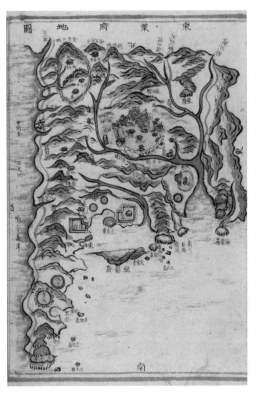

7-8. 『영남읍지』「동래부 지도」

(7) 1872년 동래부지도

1872년 지방지도 가운데 동래부 지도는 『여지도서』나 『영남읍지』 등에 실린 지도와 대체로 비슷한 구도로 그렸지만 내용이나 구체적인 표현 기법은 다릅니다.

산을 그릴 때 산줄기를 강조하는 기법으로 표현하고 있고 진산인 윤산에서 동래부 읍성으로 내려오는 산줄기를 부각시켰지요. 읍성을 상세하게 묘사한 점이 눈에 뜨입니다. 군사적 목적으로 축조된 익성이나 옹성의 모습, 성을 두른 망루를 관아 건물과 더불어 상세히 묘사했습니다. 아마도 다른 지도의 부족한 점을 보완하라는 명령이 있었지 싶습니다.

동래가 일본 방어의 최전방 기지이기도 했기 때문인지 동래 읍성 말고 다른 진성들이나 금정산성도 상세하게 모양을 그린 점이 다른 지도와 차이점입니다. 더구나 관청 건물, 해안의 정박지 등까지 상세히 그리고 있는데 이 지도의 군사적 목적을 잘 보여주는 것이라고 할 수 있습니다. 왜관의 모습도 상세합니다. 1709년 일본인이 왜관 밖으로 나오지 못하도록 성을 쌓고 설문을 만들었는데 이 지도에도 수문과 함께 뚜렷이 표시하고 있습니다.

(8) 1872년 개운진 지도

개운진은 앞서 소개한 것처럼 1592년에 울산에서 동래부로 옮긴 국방 시설입니다. 지금의 부산광역시 동구 좌천동 정공단 부근에 있었던 개운진의 우두머리는 종4품 수군만호입니다. 일본을 겨냥한 군사 시설을 그렸다는 것은 바로 앞의 지방지도 동래부 지도와 마찬가지입니다. 쇄국의 시대에 국방에 대한 관심을 반영한 것이라고 판단할 수 있습니다. 이것은 지금 우리 한반도 상황과 겹치는 측면이 있습니다.

개운진 지도는 개운진만 그린 개념도는 아닙니다. 이웃한 부산진, 두모포진, 왜관까지 함께 그려 개운진의 상대 위치를 표시했습니다. 그리고

7-10. 1872년 지방지도 「개운진 지도」

7-11. 1872년 지방지도 「기장현 지도」

간단하지만 성곽의 모습과 정박지의 모습까지 그려 대략적인 형세를 짐작하게 해주는 개념도입니다.

북쪽에 부산진 옛터가 있고 옆에 일부러 정발 장군을 제사지내던 제단도 그려 놓은 점은 제작 당시 국방에 대한 관심을 표현한 것입니다. 개운진지도 이외에도 1872년에 당시 동래부 소속인 부산진, 다대진, 두모진, 서평진과 경상좌수영 지도를 함께 그렸습니다. 이것은 앞의 지방지도 동래부 지도와 표현 양식이 동일하기 때문에 동시에 그린 것을 알 수 있습니다. 여기서는 이런 지도도 더 있다는 점을 지적하고 대표적으로 개운진 지도를 언급하고 말았습니다.

(9) 1872년 기장 지도

1872년 지방지도에는 기장현을 그린 기장지도도 있습니다. 기장현은 현재 부산광역시 기장군의 조선시대 지명입니다. 읍성은 기장읍 동부리와 서부리에 걸쳐 있었습니다. 기장현은 서남부에 동래부, 동북부에 울산이 있는 중간 지점이고 항해술이 발달하지 않았던 시절 왜관으로 향하던 선박이나 일본인이 자주 표착하던 곳입니다.

이 지도는 회화적 성격이 강합니다. 산에 있는 바위나 나무 따위를 대충 그려 입체감을 표현하고 바다에 물결무늬를 묘사했는데 지도에 대한 인식 부족이라고밖에 말할 수 없습니다. 별다른 명승고적이 없는 지방 군현이라 읍성을 그리면서 객사, 동헌 등도 넣었고 소속 면과 마을들을 그렸으며 초가집 모양으로 사창도 표시하고 있습니다. 이것은 해안의 명승지 시랑대, 삼성대, 황학대, 원앙대 등을 표시한 것으로도 증명하고 남습니다.

(10) 1895년 『영남읍지』 동래부 지도

7-12. 『영남읍지』 「동래부 지도」

1871년에 이어 1895년에도 『영남읍지』를 제작합니다. 1871년 지도가 굵은 먹선을 이용하여 거칠게 그린 지도라면 1895년 지도는 얇은 선으로 보다 정교하게 그리려고 노력한 흔적이 엿보입니다.

1895년 지도는 1871년 지도와 마찬가지로 1720년대와 1872년 지도의 모습을 잇고 있기 때문에 동래부가 소장한 지도를 따랐을 것입니다. 지명이나 산줄기, 물줄기를 조금씩 다르게 그렸기 때문에 나른 지도처럼 보여도 여전한 모습입니다. 다만 1871년 지도가 군사적 관심이 강하게 반영된 지도인데 비해 몰운대 등 해안 지역 명승지의 모습을 강조한 1895년 지도는 국방에 대한 관심이 조금은 퇴색했다고 판단할 수 있을 것입니다.

특이한 점이 있다면 1871년 당시에는 왜관에 불과하던 일본인 거주지가 1875년 강화도조약 이후 일본인 거류지로 성격이 바뀌면서 이 지도에도 이런 역사적 사실이 반영되어 있다는 것입니다. 초량왜관은 이 지도에 일본관이라고 표시하고 있습니다.

7-13. 『영남영지』 「경상좌수영 지도」

(11) 1895년 영남영지 경상좌수영 지도

1895년에 제작한 『영남영지(嶺南營誌)』는 민정을 위한 『영남읍지』와 성격을 달리하는 군사 백과사전입니다. 여기 경상좌수영 지도를 수록하고 있습니다. 경상좌수영은 정3품 품계의 수군절도사가 우두머리인 국방의 요충입니다. 현재 부산광역시 수영구 수영동에 있었는데 이곳의 지명 자체가 경상좌수영에서 유래했습니다. 경상좌수영은 원래 울산 개운포에 있다가 1592년 동래부 관할지로 옮겼습니다.

거친 필체로 그린 좌수영지도는 지도라면 개념도 정도이겠지만 지도라기보다 회화에 지명 따위를 적은 정도인 것처럼 보입니다. 이런 현상이 발생한 이유를 조선시대에 유행한 풍수지리에서 찾는 주장도 있습니다. 경상좌수영은 서남쪽의 삼척산(三尺山, 현재의 금련산)과 서북쪽의 배산(盃山)을 등지고 동쪽을 향하고 있습니다. 남쪽에 백산(白山), 동쪽 수영강 너머 간비오산(干飛烏山)과 상산(上山, 현재의 장산)을 그리고 있는데 이와 같은 지형은 주산, 좌청룡, 우백호, 안산의 전형적 형태를 보여주고 있습니다. 이런 개념 조작 과정에서 수영강을 실제와 달리 바다가 쑥 들어온 물굽이인 것처럼 표현한 것은 이념에 휘둘린 조선의 정신사를 보여주는 슬픈 기록입니다.

(12) 1899년 『동래부읍지』 지도

1899년 편찬한 『동래부읍지』에 수록된 지도입니다. 책의 첫머리에 큰 면지를 접은 형태로 지도를 붙여 놓았습니다. 표제는 '경상남도동래부지도'입니다. 남북으로 길게 배치한 회화 형태의 지도입니다.

이 지도는 약간 차이가 있지만 대체로 1872년 지방지도 동래부 지도와 형태가 비슷합니다. 가는 선으로 묘사한 것은 회화 형태 지도라 하더라도 다른 지도들과 차이가 있습니다. 간략하지만 물굽이 등을 가능한 사실적으로 묘사하려고 한 것을 볼 때 본격적으로 바다가, 해양 세력이 중요해진 시대임을 반증하고 있습니다. 그래도 다른 지역에 비해 과장되게 그린 읍성 등의 크기를 볼 때 관치 중심의 조선왕조, 그 마지막 그늘을 보는 것 같아 안타까움이 남습니다.

7-14. 『동래부읍지』 지도

08. 한자로 읽는 부산의 역명

김화영

제8장_한자로 읽는 부산의 역명[*]

김화영

鐵(쇠 철): 铁, [鐵, 鉄, 鋧], tiě, 金-13, 21, 50

字解 형성. 金(쇠 금)이 의미부이고 䖏(날카로울 질)이 소리부로, 쇠를 말합니다. 원래는 䖏로 써, 모루 위에 놓인 쇳덩이와 이것으로 만든 무기(戈과)로써 '철'을 상징했는데, 다시 金을 더해 의미를 구체화했습니다. 구리에다 납, 주석, 아연 등을 넣으면 용해점이 내려가고 강도는 훨씬 높아져 '청동'이 만들어집니다. 철(Fe)이 원래 뜻이며, 철로 만든 기구, 철의 색깔을 지칭하였으며, 철의 속성으로부터 강함과 무거워 움직이지 않음의 비유로도 쓰였습니다. 달리 䖏이나 鋧이나 鉄로도 쓰며, 간화자에서는 鉄을 간화한 铁로 씁니다.

字形 𨮮 𨮯 簡牘文　鐵 說文小篆　鐵 說文或體　鉄 說文金文

道(길 도): dào, 辵-9, 13, 70

字解 회의. 首(머리 수)와 辵(쉬엄쉬엄 갈 착)으로 구성되었는데, 首에 대해서는 의견이 분분하지만 사슴의 머리를 그린 것으로 보입니다. 사슴의 머리(首)는 매년 자라나 떨어지는 뿔을 가졌기에 순환의 상징이기도 합니다. 그래서 道는 그런 순환의 운

---

* 본문의 한자의 어원에 관한 설명은 『한자어원사전』(하영삼, 2014)의 내용을 인용한 것임을 미리 밝힙니다.

행(行) 즉 자연의 준엄한 법칙을 말했고, 그것은 인간이 따라야 할 '길'이었습니다. 이로부터 '道'라는 숭고한 개념이 담겼고, 이런 길(道)을 가도록 잡아(寸손) 이끄는 것이 導(이끌 도)입니다.

字形 [그림] 金文 [그림] 古陶文 [그림] 盟書 [그림] 道 [그림] 簡牘文 [그림] 說文小篆 [그림] 說文古文

　　부산에서 지하철(부산도시철도라고도 부른다)은 1981년에 부산시 지하철 건설본부가 설치되어 1호선 공사를 시작하면서 현재 1호선 34개역, 2호선 43개역, 3호선 18개역, 4호선 14개역이 개통되어 있습니다. 우리나라에서 지하철이 들어가 있는 곳은 서울(9개 노선), 부산(4개 노선), 대구(3개 노선), 광주(1개 노선), 대전(1개 노선)입니다.

　　이에 비해 중국은 상해시만 해도 한 도시에 지하철 노선이 16개나 있습니다. 이는 우리나라의 44배에 달하는 땅덩어리가 있기에 가능한 일일 것입니다. 어찌되었든 부산지하철도 1985년 7월에 처음으로 개통되고 나서 이미 30년이 흘렀습니다. 이렇게 오랫동안 우리와 함께 한, 우리네 삶을 편안하게 해주는 교통수단이 되었습니다. 노선별로 정리하면 다음과 같습니다.

1호선	노포-범어사-남산-두실-구서-장전-부산대-온천장-명륜-동래-교대-연산-시청-양정-부전-서면-범내골-범일-좌천-부산진-초량-부산역-중앙-남포-자갈치-토성-동대신-서대신-대티-괴정-사하-당리-하단-신평
2호선	양산-남양산-부산대양산캠퍼스-증산-호포-금곡-동원-율리-화명-수정-덕천-구명-구남-모라-모덕-덕포-사상-감전-주례-냉정-개금-동의대-가야-부암-서면-전포-국제금융센터부산은행-문현-지게골-못골-대연-경성대부경대-남천-금련산-광안-수영-센텀시티-시립미술관-동백-해운대-중동-장산
3호선	수영-망미-배산-물만골-연산-거제-종합운동장-사직-미남-만덕-남산정-숙등-덕천-구포-강서구청-체육공원-대저
4호선	안평-고촌-동부산대학-영산대-석대-반여농산물시장-금사-서동-명장-충렬사-낙민-수안-동래-미남

8-1. 부산지하철 지도형 노선도

1. 온천장(溫泉場)

溫(따뜻할 온): wēn, 水-10, 13, 60

字解 형성. 水(물 수)가 의미부이고 昷(어질 온)이 소리부로, 원래는 강 이름으로 楗爲符(건위

부)에서 나와 남쪽으로 흘러 黔水(검수)로 흘러들어 갑니다. 이후 따뜻한(昷) 물(水)이라는 의미로부터, 온천물은 물론 溫暖(온난)에서처럼 따뜻함의 일반적인 개념까지 지칭하였으며 마음 상태의 溫柔(온유)함도 뜻하게 되었습니다.

字形 🔤🔤石刻古文 🔤說文小篆

泉(샘 천): quán, 水-5, 9, 40

字解 상형. 갑골문에서 바위틈으로 솟아나는 물의 모습을 그렸는데, 자형이 조금 변하여 지금처럼 되었습니다. 그래서 '샘물'이 원래 뜻이며, 지하수를 지칭하기도 했습니다. 또 고대 중국인들은 황토 지대를 살아서 그랬는지 땅속에는 누런 강물이 흐르고 있으며 사람이 죽으면 그곳으로 간다고 생각했는데, 그곳을 黃泉(황천)이라 불렀습니다.

字形 🔤🔤🔤🔤🔤🔤甲骨文 🔤古陶文 🔤簡牘文 🔤石篆文

🔤說文小篆

지금의 온천장역은 이름 그대로 온천이 있는 곳이라는 것은 알 수 있습니다. 온천장역을 내리면 큰 길 맞은편에 홈플러스와 CGV 영화관이 바로 눈에 띕니다. 온천장역에서 이 건물들과 직접 연결되어 있는 육교가 설치되어 있어, 이용하기에는 아주 편리합니다. 이 건물들을 지나치면 온천시장이 있는데, 칼국수로 유명한 곳이 여럿 군데 있습니다.

이전에는 가게 이름들에 원조(元祖)를 참 많이 사용했습니다. 물론 지금도 예외는 아니지만, 지금은 원조라는 이름보다 20년, 30년 전통 등 가게 이름 앞에 몇 년 동안 이 가게를 이어오고 있다는 식의 상호가 많아졌습니다. 원조라는 상호명보다 훨씬 더 믿음이 갑니다.

원조(元祖)의 元(으뜸 원)은 처음부터 최고나 으뜸이라는 뜻이 아니었습니다. 갑골문에서는 🔤으로 그려, 사람의 측면에 머리 부분을 강조한 모습입니다. 머리가 사람의 가장 위쪽에 있고, 또한 사람의 생각을 주관하는 매우 중요한 신체부위이기에

'으뜸'이나 '처음'이라는 뜻이 생기게 된 것입니다. 그러니 신체의 으뜸이자 처음인 머리를 잘 써야 하는 것입니다.

祖(조상 조)는 示(보일 시)가 의미부이고 且(할아비 조또 차)가 소리부입니다. 차(且)는 갑골문에 로 그려져 있는데, 남근을 형상한 것입니다. 이것은 자손을 이어지게 해주는 상징물로, 이후 조상을 지칭하게 되었습니다. 그러므로 원조는 오래되었다는 의미 이외에도 그 동안의 기술 축적이나 추억까지도 다 포함하는 개념입니다.

이처럼 먹거리 가게들이 즐비하고 있는 곳을 지나면 바로 호텔 농심이 보입니다. 호텔보다는 여기에 있는 허심청이라는 온천으로 훨씬 유명한 곳입니다. 이곳에는 한 마리의 학이 아픈 다리를 온천수에 담근 후 씻은 듯이 나아 날아가는 것을 본 노파가 자신의 아픈 다리도 온천수로 치료했다는 전설이 있습니다.

온천물은 류마티스, 신경통, 근육통 등 여러 질병에 효과가 있으니, 신라 시대부터 왕족과 귀족들이 즐겨 찾았던 곳이었습니다. 조선시대에도 마찬가지로 환영을 받았던 곳이지만 일제 강점기에 절정을 맞이하지 않았나 싶습니다. 이때의 온천장은 참으로 번화한 동네였습니다. 다 알다시피 일본인들은 온천을 엄청 좋아합니다. 우리나라 사람들도 일본에 온천여행을 가지 않습니까. 작년 겨울에 바쁜 일정을 다 소화하고 휴식을 취할 겸 일본으로 패키지여행을 떠났었습니다. 패키지여행은 처음이었는데, 머리를 식히고자 가는 여행이었기에 일정대로 몸만 움직이고 싶어 선택했습니다. 가이드에게서 일본인들은 덥고 습한 기후 때문에 온천을 하지 않고는 온몸이 찝찝해서 견딜 수 없다는 얘기를 들었습니다. 그래서 그들은 온천을 하고 나서 시원한 맥주를 마시는 시간을 가장 좋아한다고 합니다..

그리고 보면, 일본의 유명한 드라마 '호타루의 빛'(2007)에서도 주인공 호타루가 회사를 마치면 곧장 집으로 돌아가 샤워하고 맥주를 들이키는 모습이 나옵니다. 게다가 주인공은 그 시간을 가장 좋아하는 걸로 묘사됩니다. 이는 현대 일본인들의 모습을 그대로 반영한 것인 것입니다. 그래서일까. 일본 맥주는 맥주애호가라면 엄지 척을 하지 않습니까. 그런 일본인들이 부산에 온천이 있다니까 환장을 하지 않았을까 싶습니다. 그래서 부산에 전차를 개통할 때, 부산진에서 온천장의 노선을 만든 것입니다. 이는 조선에 거주하는 일본인 등은 물론 일본에서 온 여행객들을 위한 조치였습니다.

溫(따뜻할 온)을 설명하기에 앞서 그 소리부인 昷(어질 온)을 먼저 알아야 합니다. 이는 囚(가둘 수)와 皿(그릇 명)으로 구성되어, 죄수에게 먹을 것을 제공하는 행위, 즉 '어질다'가 원래 뜻으로, '따뜻한 마음'을 의미하는 한자입니다. 이 온(昷)을 소리부로 하는 온(溫)은 원래는 강 이름이었는데, 소리부의 영향을 받아서일까요? 이 온(溫)자도 똑같이 '따뜻하다는 의미로 쓰이게 됩니다. 그러니 피곤에 지친 몸을 끌고 온천장에 가서 뜨끈한 물에 몸을 담구면 온 몸의 안 좋은 기운들이 다 사라지는 듯 한 개운함을 느끼지 않겠습니까. 땅에서 솟아져 나오는 온천물의 형상을 한 조형물을 쳐다보고 있으면 더욱 더 그런 생각이 간절해집니다.

또한 이 온천장에는 노천 족탕이 있어서 누구나 무료로 발을 담가 피로를 풀 수 있습니다. 湯(끓일 탕)은 햇볕처럼 뜨거운 국물을 말합니다. 금문에는 이라고 그려져, 물과 태양의 모습으로 태양으로 인해 뜨거워진 물이라는 개념을 나타내었습니다. 여기에서 '끓이다', '끓인 물', '온천'이라는 뜻이 생겼습니다. 그러므로 족탕은 발을 뜨거운 온천물에 담근다는 뜻입니다. 이와 같이 노천 족탕을 설치하여 마을 주민이나 관광객들에게 무료로 사용하게 하는 것은 일본에도 있습니다. 다만 우리나라 여행사들이 거길 가서 무료로 족탕만 즐기게 하는 것이 차이라면 차이라고 할 수 있겠습니다. 외국인을 대상으로 한 부산 관광 일정에는 이러한 일정이 포함된 곳이 있는지 잘 모르겠습니다. 물론 족탕만 하는 것뿐이라 처음에는 여행사의 안일한 일정에 대해 짜증이 났지만, 해외이고 또 일본어로 된 노천족탕이 있는 지도를 보고 찾는 재미도 있어서 나름 느긋하

8-2. 온천물이 솟아져 나오는 형상의 조형물

게 관광했던 것 같습니다. 그런데 우리 온천장에는 2개의 족탕이 가깝게 위치해 있
어 찾는 재미는 반감되겠지만, 볼거리와 먹거리가 훨씬 풍부하여 눈과 입을 즐겁게
하기에는 충분할 것 같습니다. 그런데 이러한 곳이 온천장에 있다는 것을 알고 있
는 부산 사람들이 많을까요? 긍정적인 대답을 듣고 싶은 마음이 굴뚝같습니다.

2. 범내골(凡內谷)

虎(범 호): [虎, 虝, hǔ, 虍-2, 8, 32]

字解 상형. 호랑이를 그렸는데, 쩍 벌린 입, 날카로운 이빨, 얼룩무늬가 잘 갖추어진
범을 그렸는데, 다른 글자와 상하로 결합할 때에는 꼬리 부분을 생략하여 虍(호
파무늬 호)로 줄여 썼습니다. 동양에서의 범은 서양의 사자에 맞먹는 상징으로서,
힘과 권위와 용기와 무용을 대표해 왔습니다. 이로부터 용맹하다, 위풍당당하
다, 사람을 놀라게 하다 등의 뜻이 나왔습니다.

字形 [甲骨文] [金文] [簡牘文] [說文小篆] [說文古文]

川(내 천): [巛, chuān, 巛-0, 3, 70]

字解 상형. 갑골문에서 양쪽의 강 언덕 사이로 흐르는 물(水수)을 그려 '강'을 형상화했
습니다. 川은 원래의 '강'이라는 기본 개념 이외에도, 강 주위로 넓게 펼쳐진
'평야'를 뜻합니다. 강은 문화권을 경계 짓는 지리적 요소이기도 하지만 다른
문화와의 교류와 교통이 '강'을 따라 이루어졌다는 점에서 '소통'의 의미까지
가지는데, 巡(돌 순)이 이를 말해 줍니다. 또 四川省(사천성)을 뜻하여 이를 줄여 부
르는 말로도 쓰입니다.

字形 [甲骨文] [金文] [帛書] [簡牘文] [說文小篆]

범내골(凡內谷)과 범일(凡一), 좌천(佐川)은 서면을 지나서 연달아 있는 역명입

니다. 범내골은 범일6동 범천시장 서쪽 계곡을 말합니다. 범내골역에 소개된 지명의 유래는 다음과 같습니다.

> 범천은 증산(甑山)에 인접한 산들이 산세가 험하고 산림이 울창하여 호랑이가 서식하였는데, 호랑이가 이 계곡에서 자주 출몰하였다고 하여 붙여진 명칭이다. 따라서 범천은 한자식으로 호천(虎川)이라고도 표기하였다. 따라서 범천동이라는 동명은 범천(凡川)에서 유래되어 범내골을 중심으로 그 인근의 지역을 지칭하는 동명이 되었다.

이를 통해, 범내가 범이 출몰하는 시내라는 뜻으로 붙여진 이름이며, 그래서 한자로 호천(虎川)으로 표기되기도 했으며, 범의 발음을 그대로 따서 범천(凡川)[1]으로 표기하였다는 것을 알 수 있습니다. 그런데 지하철역명의 한자는 범내를 읽는 발음 그대로 범내(凡內)라고 표기하고 있습니다. 이는 범천(凡川)으로 표기한 것보다 더 유래를 알 수 없는 단어로 바꾼 게 됩니다. 원래 있었던 지명인 호천(虎川)에서 뜻은 상관없이 범이라는 고유어의 음만 딴 범천(凡川), 다시 여기에서 완전히 음만 딴 범내(凡內)가 생겨난 것입니다. 범천의 주석에서 밝힌 바와 같이 왜 일제강점기 때 있었던 잘못된 한자 채용을 아직도 그대로 사용하고 있는지 이해할 수가 없습니다.

만약 호천이라고 불렀다면, 이전에 여기에서 호랑이가 출몰했고 지금은 복개하여 강이 없지만 이전에는 강이 있었으리라는 것을 쉽게 짐작할 수 있습니다. 지금 이 지역에서 '호랭이 이바구길'이라는 테마로 관광 사업을 도모하고 있는 것은 여기에서 연유한 것입니다. 이 지역사람들이라면 범내, 범천이 무엇을 의미하는지 다 알겠지요. 그런데 다른 지역 사람들과 다른 동네 사람들도 다 알까요? 이 관광 사업은 현대 백화점-친구의 거리(구름다리)-보림 극장-범일 골목시장-호천 석교비-범일

---

1) 일제 강점기 때 한글 말살 정책에 따라 순수 한글 지명을 일괄 한자로 표기하면서 우리 지명에는 뜻을 알 수 없는 한자지명들이 나타나게 됩니다. 전통과 한자에 밝지 못한 하급 공무원들이 즉흥적으로 한글 발음에 가까운 한자를 채용하였기 때문인 것으로 알려져 있습니다. 범천(凡川)도 그러한 예에 속합니다. 강경구, 「지하철 역명의 중국어 표기에 대한 고찰」, 「중국학」 (2015)

골목시장 옛 간판거리-누나의 길-신발 박물관-삼일고무 옛 터-극장이야기-동산의 기억 전망대-귀환동포 마을-호랭이 쉼터-통일교 성지-안창 호랭이 마을이라는 주제를 가지고, 곳곳에 볼거리를 만들어 놓았습니다.

범내골 시장 통에 있는 '호천 석교비(虎川石橋碑)'는 원래의 '호천 석교비'가 있었음을 알리는 가짜 비석으로, 진짜는 부산박물관으로 옮겨져 있습니다. 박물관

8-3. 부산박물관 '호천 석교비'

외부의 잔디에 세워져 있는데, 형태로만 보아도 얼마나 오래된 것인지 짐작할 수 있습니다.

창귀(倀鬼)라고 들어본 적이 있는가요? 창귀는 범에게 물려 죽은 사람이 승천하지 못하고 범을 위해 일하는 귀신을 뜻합니다. 이와 같은 창귀를 부리는 범을 장산범이라고 하는데, 범의 얼굴을 한 하얀 털을 가진 사람의 형상을 하고 있습니다.

조선시대로 넘어가보면 율곡 이이의 이야기에도 장산범의 내용이 나옵니다. 율곡 선생이 태어나고 5살 되던 해, 스님 한분이 공양을 하러 오셨다가 "이 댁에 귀인이 나셨는데, 장차 큰 화가 닥치겠구나."라는 말씀을 하게 됩니다. 이 말을 들은 율곡의 부친이 이유를 묻자, 스님은 10년 안에 이 아이를 데리러 산주(山主) 즉 범이 올 것인데, 그 때까지 쌓은 덕이 없으면 아들을 빼앗길 것이니, 아들을 빼앗기고 싶지 않으면 뒷산에 천 그루의 밤나무를 심으라고 말씀을 하셨습니다. 그 후 부친은 밤나무를 심게 되었는데, 세월이 흘러 율곡 선생이 10살이 되던 생일 날, 승려복장을 한 사내가 율곡의 집에 찾아와 "이 집의 아들을 데리러 왔습니다."라고 합니다. 부친이 "함부로 남의 아들을 데리고 갈 순 없습니다."라고 대답하자, "그대

가 그 아이를 키울 자격이 있는지 보여 주시오."라고 말을 합니다. 이에 부친이 "뒷산에 천 그루의 밤나무를 키웠습니다."라고 대답하니, 그 사내가 뒷산에 가서 밤나무를 헤아리는데 한 그루가 모자라는 것이었습니다. "옳거니!"하면서 재주를 넘는 그 사내의 모습은 백발의 머리에 얼굴은 일그러진 호랑이 상이고, 손발에 흰 털이 숭숭 나 있었으며, 크고 긴 발톱을 가진 무서운 모습을 하고 있었습니다. 율곡 선생과 부친이 위험에 빠졌을 때, 어디선가 나무 같은 게 나타나 "나도 밤나무요"라는 말을 하게 되고, 그 소리에 범이 물러나게 되었다는 이야기가 전해집니다.

그러니, 옛날 이곳에 장산범과 그 수하 창귀가 있었다는 전설쯤은 하나 있지 않았을까라고 상상해봅니다. 倀(미칠 창)은 人(사람 인)이 의미부이고, 長(길 장)이 소리부입니다. 이 한자에 어떻게 '미치다'는 의미가 생겨난 것일까요? 원래 소리부인 장(長)은 갑골문에서 𠃊로 그려, 나이가 들어 비녀를 머리에 꼽을 힘이 없어 머리를 풀어 헤친 노인을 나타내는 한자였습니다. 그렇다면 창(倀)은 원래 나이 든 사람이라는 뜻에서 나이가 들어 노망이 나니 이후 '미치다'는 뜻과 또 관절에 힘이 없는 노인들은 잘 넘어지게 마련이니 '넘어지다'는 뜻이 파생된 것이 아닐까요?

鬼(귀신 귀)도 참으로 재미있는 한자입니다. 여러분은 귀신의 존재를 믿는가요? 질문은 쉽지만 대답은 그리 간단하지 않습니다. 왜? 우리는 일상생활에서 귀신을 볼 수 없으니까 그 존재를 증명할 수 없는 것입니다. 그런데도 귀신은 있다고 여겨집니다. 이상하지 않습니까? 기원전 1600년 경의 은나라 시대에 귀신의 존재가 있었다는 걸 알게 해주는 한자가 바로 귀(鬼)입니다. 갑골문에는 𢼸로 그려, 얼굴에 커다란 가면을 쓴 사람을 나타내었습니다. 방상시(方相氏)라고 들어봤을 것입니다. 주(周)나라, 한(漢)나라 등 중국 고대에서는 방상시 탈을 쓰고 악귀를 쫓는 나례(儺禮)[2]라는 의식이 있었습니다. 이때, 귀(鬼)는 역병이나 재앙이 들었을 때 이를 몰아내는 사람의 모습에서 형상을 가져왔습니다. 그러다가 이후 그 대상에까지 의미가 확장된 것입니다. 일상생활에서 귀신의 모습을 볼 수 없으니까 귀신 쫓는 사람의 형상을 역으로 귀신을 나타내는 의미로 사용한 것입니다.

---

2) 궁중과 민간에서 잡귀를 쫓기 위하여 섣달 그믐날에 베풀던 의식

3. 광안(廣安)

廣(넓을 광): 广, guǎng, 广-12, 15, 52

字解 형성. 广(집 엄)이 의미부이고 黃(누를 황)이 소리부로, 사방으로 벽이 없는 큰 집(广)을 말하며, 이로부터 크고 廣闊(광활)하다, 멀다, 광대하다 등의 뜻이 만들어졌습니다. 간화자에서는 소리부 黃을 생략한 广으로 씁니다.

字形 廣廣廣廣金文 廣古陶文 廣廣廣簡牘文 廣說文小篆

安(편안할 안): ān, 宀-3, 6, 70

字解 회의. 宀(집 면)과 女(여자 여)로 구성되어, 여성(女)이 집(宀)에서 편안하게 머무는 모습으로부터 便安(편안)함과 安全(안전)함의 의미를 그렸습니다. 이후 편안하게 느끼다, 安定(안정)되다, 안정시키다 등의 뜻도 나왔습니다.

字形 甲骨文 金文 古陶文 盟書 簡牘文 說文小篆

광안(廣安)하면 제일 먼저 떠오르는 것이 광안리 해수욕장(廣安理 海水浴場)입니다. 원래는 해안과 모래벌을 가진 넓은 해안이라는 의미의 광안(廣岸)이라고 불렀다가 풍수지리상 지금의 이름으로 부르게 되었다고 합니다. 그러니 광안은 '널리 편안하다는 뜻을 가집니다.

廣(넓을 광)은 广(집 엄)이 의미부이고 黃(누를 황)이 소리부입니다. 금문에는 廣으로 그려, 사방으로 벽이 없는 큰 집을 뜻했는데, 이로부터 크고 광활하다, 멀다, 광대하다 등의 뜻이 만들어졌습니다. 그런데, 황(黃)은 옥을 실로 꿰어 매듭을 지은 자락이 두 갈래 아래쪽까지 늘어진 아름다운 장식 옥을 나타낸 것입니다. 갑골문에서는 黃으로 그려져 있고, 금문에서는 黃으로 그려져 있습니다. 집안에 옥 장식이 있으려면 그 집은 권세를 가진 부잣집일 것이니 예나 지금이나 부잣집은 그 규모가 일반 사람들의 집보다 규모가 크고 넓었을 것입니다. 그리하여 크고 넓다는 의미를

8-4. 광안대교

지니지 않았을까요?

安(편안할 안)은 갑골문에 으로 그려, 宀(집 면)과 女(여자 예)로 구성되어 있습니다. 여성이 집에서 편안하게 머무는 모습에서 '편안하다', '안전하다'는 뜻을 나타내었습니다. 안(安)자와 관련된 재미있는 일화가 있습니다. 필자는 작년 국제한자학술대회 참석차 중국 안양(安陽)에 간 적이 있었습니다. 안양은 갑골문이 최초로 발견된 도시이자 중국 고대 8대 수도의 하나입니다. 세계적으로 우수한 한자학 전공 교수님들을 초청한 학술장소에서 경성대학교 하영삼 교수님의 논문발표가 있었습니다. 교수님께서는 논문을 발표하시면서 안양(安陽)의 안(安)에 대한 어원을 설명하셨는데, 한국 사람이 옛 한글에 대해 잘 모르듯이 중국인들도 갑골문이나 금문 등 옛 중국 문자에 대해서는 잘 알지 못합니다. 학자라 해도 전공에 따라서는 모를 수 있지요. 발표를 마치고 질의응답시간에 현대 대외중국어를 가르치는 여교수님이 안(安)의 어원에 대해 "이런 어원이 있는 줄은 몰랐다. 여자가 집 안에 있는 게 어떻게 편한 것이냐?"고 흥분하면서 말한 기억이 납니다. 현재 중국은 남녀평등사상이 보편적으로 깔려있고, 여성들의 사회적 지위도 우리나라보다 높습니다. 하지만 아직도 여성 지도자의 수가 적은 편이고, 남녀의 소득격차도 여전히 큽니다.

이제는 여자가 집 안에 있던 집 밖에 있던 편안한 시대가 되어야 하지 않을까 싶습니다. 그런 의미에서 광안리는 이전에 유흥가가 많다하여 우범지역이라는 인식이 있었습니다. 그랬던 광안리의 이미지가 지금처럼 바뀌게 된 건 광안대교가 개통되고 나서입니다. 수영구의 남천동과 해운대구의 우동을 잇는 광안대교는 2003년 1

월에 개통되었습니다. 개통된 지 벌써 13년의 세월이 흘렀습니다. 이 광안대교는 시간대별, 요일별, 계절별로 10만 가지 이상의 다양을 빛을 낼 수 있는 경관 조명 시설을 갖추었습니다. 그래서 주말 밤에 광안대교가 보이는 커피숍에 자리를 잡고 빨간색, 초록색, 파란색 등 갖가지 빛의 향연과 그 야경을 보는 것은 색다른 경험을 안겨줄 것입니다.

광안리는 원래 멸치를 잡는 어촌마을이었습니다. 일제 강점기 때는 학생들에게 수영과 심신을 단련시키던 곳으로, 바다와 풍경이 좋다는 입소문을 듣고 사람들이 모여들게 되자 1950년대 해수욕장으로 정식 개장하였습니다.

여러분들이 생각하는 바다의 이미지는 어떤가요? 바다하면 품이 넉넉한 어머니가 떠오르지 않나요? 고대의 중국인들도 우리의 생각과 별반 다를 바가 없었습니다. 海(바다 해)는 水(물 수)가 의미부이고 每(매양 매)가 소리부입니다. 금문에는

라고 그렸는데, 왼쪽은 물의 형상이고 오른쪽은 비녀를 꽂은 여자 즉 어머니의 형상입니다. 여러 지류가 모여 흘러들어 가는 곳이 바다이니, 이 넓은 바다를 어머니의 품이라고 생각하였을 것입니다.

광안리라 하면 또 떠오르는 것이 바로 4월에 개최하는 광안리 어방 축제(廣安里 漁坊 祝祭)입니다. 맨손으로 활어잡기, 어방그물끌기, 불꽃쇼, 여러 가지 민속축제 등, 볼거리·먹거리·놀거리가 다양합니다. 이 어방(漁坊)이라는 말은 두 가

8-5. 광안리 어방 축제 모습 벽화

지 의미를 가집니다. 첫째, 예전에 어로 활동이 활발했던 수영(水營) 지방의 어업 협동체를 이르던 말. 둘째, 물고기를 잡는 마을. 축제는 사람들이 많고 시끌벅적해야 제 맛입니다. 부산을 대표하는 대표적인 축제는 전부 10월에 열리는 게 아닌가 싶습니다. 바로 부산국제영화제와 부산불꽃축제입니다. 처음 이 두 축제를 개최한다고 했을 때, 그 결과에 대해 미지근한 반응이었는데 부산 사람들의 적극적인 참여로 오늘에까지 이르렀습니다. 지금은 너무도 자랑스러운 부산의 축제이자 세계적인 축제가 되었습니다.

자, 그렇다면 고대의 축제는 어떤 의미였을까요? 지금처럼 낭만적이었을까요? 아마도 낭만과는 거리가 먼 목적을 가지고 행하지 않았을까요? 祝(빌 축)은 示(보일 시)와 兄(맏 형)으로 구성되어 있습니다. 갑골문에는 ![glyph]으로 그려, 제사를 주관하는 사람이 제단 앞에서 입을 벌린 채 꿇어앉아 축원하는 모습을 나타내었습니다. 그래서 축(祝)은 제사 때 축도를 올리는 사람이 원래 뜻입니다. 뭘 빌었을까요? 풍요? 나라의 부강? 이런 것도 빌었겠지만, 그 당시 더욱 중요했던 것은 비를 오게 해달라고 비는 것이었습니다.

축(祝)이 제사를 올리는 사람에 초점을 두었다면, 祭(제사 제)는 제사의 모습에 초점을 둔 한자입니다. 月(고기 육), 又(또 우), 示(보일 시)로 구성되어 있습니다. 갑골문에는 ![glyph]로 그려, 손에 고기를 들고 제단에 올리는 모습을 나타내었습니다. 이러한 모습은 금문에 ![glyph]와 같이 더욱 명확하게 그려져 있습니다. 제사의 기본적인 형식이 3천년 동안이나 전해 내려오고 있는 것입니다. 그러니 어찌 새 것만이 좋다고 헌 것을 홀대하겠습니까? 헌 것이 없었다면 새 것은 애초에 존재하지 못했을 것입니다.

4. 수영(水營)

水(물 수): shuǐ, 水-0, 4

字解 상형. 굽이쳐 흐르는 물을 그렸습니다. 그래서 水(물 수)는 '물'이나 물이 모여 만들어진 강이나 호수, 또 물과 관련된 동작을 비롯해 모든 액체로 그 의미가

확장되었습니다. 하지만 중국에서 '물'은 단순히 물리적 존재로서의 물의 의미를 넘어, "최고의 선은 물과 같다(上善若水·상선약수)"라고 한 노자의 말이 아니더라도 治(다스릴 치)나 法(법 법)에서처럼 물은 언제나 남이 꺼리는 낮은 곳으로 흐르며 모든 것을 포용하는, 사람이 살아가야 할 도리를 담은 지극히 철리적인 존재로 인식되었습니다.

字形 甲骨文 金文 古陶文 簡牘文 帛書 古璽文 說文小篆

營(경영할 영): 营, yíng, 火-13, 17, 40

字解 형성. 宮(집 궁)의 생략된 모습이 의미부이고 熒(등불 형)의 생략된 모습이 소리부로, 궁실(宮)처럼 주위를 담으로 쌓다는 뜻입니다. 이로부터 집을 짓다, 군대의 주둔지, 군대의 편제 단위 등의 뜻이, 다시 계획하다 등의 뜻이 나왔고, 현대에서는 經營(경영)의 의미까지 갖게 되었습니다. 간화자에서는 윗부분을 간단하게 줄인 营으로 씁니다.

字形 金文 簡牘文 說文小篆

수영(水營)은 수영강 하류에 있던 조선시대 경상좌도 수군절도사영이 있던 곳으로, 이 수영이라는 말은 수군절도사영의 약칭입니다. 수영은 수영구의 수영동에 있는 역명이자 수영동 혹은 수영구 전체를 일컫는 말이기도 합니다. 그러니 수영구를 지칭하는 말이라고 한다면 지금의 광안동, 민락동, 수영동, 남천동, 망미동이 전부 이에 포함됩니다. 수영하면 떠오르는 이미지가 있나요? 앞서 얘기했던 수군절도사영이라는 단어 말고, 어떤 이미지가 있나요? 학생들에게 물어봤더니 광안리의 옆에 있고, 바다가 있으며, 지하철 2호선과 3호선의 환승역이라고 대답합니다. 그게 요즘 젊은이들의 대다수의 인식이 아닐까 생각됩니다.

지하철 수영역 근처에 수영사적공원이 있다는 것쯤은 알 것입니다. 그 지역 주민이 아니고서는 잘 알 수 없는 지역들. 한 번 살펴봅시다. 수영(水營)의 營(경영할 영)은 宮(집 궁)의 생략된 모습이 의미부이고 熒(등불 형)의 생략된 모습이 소리부입니다. 금문에는 으로 그려, 햇불의 형상을 나타낸 것처럼 보입니다. 햇불로 궁을 지키듯

8-6. 수영 사적 공원 가는 길

이 여기에서 '집을 짓다', '군대의 주둔지' 등의 뜻이 나왔고 현대에서는 '경영하다'는 의미까지 갖게 되었습니다. 그러므로 수영은 바다를 지키는 군대의 주둔지라는 의미입니다.

수영역의 2번 출구로 나와 맥도널드가 보이는 지점에서 오른쪽 골목길로 들어서면 수영사적공원(水營史蹟公園)과 수영팔도시장(水營八道市場)의 표지판이 보입니다. 수영사적공원이 바로 수군절도사영이 있었던 곳인데, 지금은 성지 관련 유적만 남아 있습니다. 1968년 수영공원이라는 이름으로 개장하였다가 1995년 역사 교육장,

시민 휴식처, 관광지로 개발하고자 수영사적공원으로 개명하였습니다.

사적(史蹟)이라는 뜻은 국가가 법으로 지정한 문화재를 의미합니다. 우리의 역사는 누구에 의해서 기록되어 지나요? 바로 사관들이 기록을 합니다. 이처럼 사관을 뜻하는 한자가 바로 史(사관 사)입니다. 사관이 역사를 기록할 때 무엇을 가지고 기록을 하는가요? 붓입니다. 사(史)는 갑골문에 ☙ ☙로 그려 장식된 붓을 손에 쥔 모습을 나타내었습니다. 이처럼 갑골문에는 붓을 쥔 사람이 사관이라고 표현하였습니다. 사관에 대해서 이보다 더 적절한 표현은 없을 것입니다. 공원을 둘러보니, 이 마을 어르신들의 휴식공간이었습니다. 운동을 하시는 분, 그냥 휴식을 취하시는 분, 삼삼오오 모여 바둑이나 장기를 두시는 분들. 참으로 평화롭고 한가로운 모습이었습니다. 이처럼 평화로운 세상을 살게 해주신 선조들께 다시 한 번 감사의 마음을 느낄 수 있는 순간이었습니다.

2014년 영화 '명량'이 개봉되고 나서, 엄청난 반향을 일으킨 적이 있었습니다.

어릴 적부터 읽어왔던 위인전에 나오는 사람. 마냥 과거에만 살았던 현실감 없던 존재가, 작금의 대한민국에 절실히 와 닿는 인물이 되었습니다. 그가, 혹은 그분들이 없었더라면 지금의 대한민국은 없다는 것을 현재를 살아가고 있는 우리들이 뼈저리게 느끼고 있는 것입니다. 이렇게 느끼게 된 데에는 많은 이유가 있을 것입

8-7. 25의용단

니다. 그렇기에 이 사적지를 둘러보고 있는 것이 관광이랍시고 마냥 즐거울 수는 없었습니다. 임진왜란이 몇 년간 지속되었는지 아는가요? 장장 7년입니다. 7년 동안 우리의 조상들은 왜인들을 상대로 처절하게 싸웠던 것입니다.

이때 좌수영의 수군과 성민 등 25인은 죽기를 각오하고 일본군과 싸우기로 결의하고, 유격전으로 일본군에 대항하다가 순절하였습니다. 이들을 위해 제단을 만든 것이 지금의 25의용단(義勇壇)입니다. 의용(義勇)이 무슨 뜻인가요? 바로 충의(忠義)와 용기(勇氣)를 일컫는 말입니다.

忠(충성할 충)의 한자어원에는 이전에도 지금도 우리가 생각하는 그 의미가 고스란히 있습니다. 心(마음 심)이 의미부이고 中(가운데 중)이 소리부로, 금문에는 🖋 으로 그려, 어느 한 쪽으로도 치우치지 않는 마음을 나타내었습니다. 임진왜란 시기나 나라가 어려울 때 마다 우리 선조들이 죽음을 맞이하고서라도 지키고자 했던 충(忠)의 마음은 왕을 위해서가 아니라 우리가 살고 있는 이 땅과 백성들에 있었을 것입니다.

그러했기에 용(勇)의 마음이 저절로 생겨났을 것입니다. 勇(날쌜 용)은 力(힘 력)이 의

미부이고 甬(길 용)이 소리부로, 금문에는 으로 그려져 있습니다. 이는 청동 종의 모습으로 '용감하다는 뜻을 나타내었습니다. 왜? 바로 청동 종을 들 수 있는 힘을 드러낸 것입니다. 이러한 힘을 통해 용감함을 나타내었습니다.

이 외에도 공원 안에는 좌수영 성지(부산광역시 지정 기념물 제8호), 수영성 남문(부산광역시 유형문화재 제17호), 곰솔(천연기념물 제270호), 푸조나무(천연기념물 제311호) 등 여러 문화재가 존재하고 있습니다. 곰솔은 400년 이상, 푸조나무는 500년 되었습니다. 곰솔은

8-8. 곰솔나무

군신목(軍神木)이라고 여겨 군대 간 아들의 안녕을 빌기 위해 어머니들이 찾아오기도 한답니다. 軍(군사 군)은 원래 車(수레 거차)가 의미부이고 勻(고를 균)이 소리부입니다. 금문에는 로 그려, 전차를 고르게 배치한다는 의미를 담았는데, 이것이 이후 군대나 부대를 지칭하는 말로 사용되게 되었습니다. 신(神)이라는 한자가 제일 먼저 지칭하는 존재는 무엇이었을까요? 그리스 신화의 최고신 제우스가 손에 들고 있는 것이 무엇인지 아는가요? 바로 번개입니다. 현대를 살아가는 우리들조차도 천둥이 치고 나서 바로 내리치는 번개는 공포의 대상입니다. 우리가 이러할진대 고대사회는 그 공포가 더욱 심하지 않았을까요? 그래서 갑골문에 이라고 그려진 神(귀신 신)은 원래 번개를 나타내는 단어였고, 신 중에서도 번개신을 의미했습니다. 그런데 번개를 관장하는 제우스가 신 중에 최고이듯 번개를 의미하는 이 단어가 모든 신을 대표하게 된 것입니다.

또한 사람들은 푸조나무를 땅의 신이 깃든 나무(地神木)라고 여겨 천연기념물

로 삼아 돌보고 있습니다. 푸조나무는 그 규모가 엄청나며, 성장이 빠르면서 장수를 하는 나무로 알려져 있습니다. 푸조나무의 중국명은 거친 잎을 가진 나무라는 뜻의 조엽수(糙葉樹)로 불립니다. 잎 표면에 억센 털이 있어 촉감이 거칠기 때문에 그렇게 부르고 있는데, 공원 안에서는 푸조나무를 손으로 만질 수 없게 울타리를 쳐 놓았습니다. 그래서 직접 손으로 거친 잎감을 느낄 수는 없었지만, 거칠고 억센 성정 너머 아주 오랜 시간동안 그 땅의 사람들과 그 땅을 지켜왔을 나무이기에 경외심을 절로 느낄 수 있었습니다.

5. 수안동(壽安洞)과 낙민동(樂民洞)

壽(목숨 수): 寿, shòu, 士-11, 14, 32

(字解) 형성. 금문에서는 老(늙을 로)가 의미부이고 畧(목숨 수, 壽의 고자)가 소리부였으며, 가끔 口(입 구)나 寸(마디 촌) 등이 더해지기도 했는데, 소전에 들면서 老가 耂(늙을 로)로 줄었고, 예서에 들면서 老가 士(선비 사)로, 畧가 一(한 일), 工(장인 공), 口로 변하고 寸이 더해져 지금의 자형이 되었습니다. 전답(田畓) 사이로 구불구불하게(壽) 길게 놓인 수로를 말했으며, 이로부터 굽다, 길다, 오래 살아 허리가 굽은 노인의 뜻이, 다시 장수, 목숨 등의 뜻이 나왔고, 다시 나이, 해, 생일, 축복 등의 뜻도 나왔습니다. 그러자 원래 뜻은 田을 더한 疇(밭두둑 주)로 분화했습니다. 간화자에서는 초서체로 줄인 寿로 씁니다.

(字形) 金文 古陶文 簡牘文 古璽文 說文小篆

수안동(壽安洞)의 명칭은 문헌상으로는 알려진 바가 없고 구전된 사실만 있다고 합니다. 두 가지 유래가 존재하는데, 하나는 동래부의 수장이던 동래부사가 집무하던 동헌(東軒)이 있던 곳으로 으뜸 관아라는 뜻에서 수안(首安)으로 불렸다는 것과, 또 다른 하나는 땅을 조금만 파도 물이 나오는 마을, 또는 동래성 수문(水門)

8-9. 세병교

안에 있는 마을이라는 뜻에서 수안(水安)으로 불렀다는 것입니다. 이처럼 수안(首安), 수안(水安)으로 불리던 것이 지금은 수안(壽安)으로 불립니다. 언제부터 수안(壽安)으로 불리게 되었는지 알 수 없으며, 왜 수(首)와 수(水)가 수(壽)로 바뀌게 된 건지도 알 수가 없습니다.

壽(목숨 수)는 금문에서는 🖼 로 그려, 老(늙을 로)가 의미부이고 畱(목숨 수, 壽의 고자)가 소리부였습니다. 소전에 들면서 로(老)가 耂(늙을 로)로 줄었고, 예서에 들면서 로(老)가 士(선비 사)로, 수(畱)가 一(한 일), 工(장인 공), 口(입 구)로 변하고 寸(마디 촌)이 더해져 지금의 자형이 되었습니다. 수(壽)는 처음부터 '목숨'을 의미한 게 아니었습니다. 그것은 처음에 전답 사이로 구불구불하게 길게 놓인 수로를 뜻했습니다. 여기에서 '굽다', '길다', '오래 살아 허리가 굽은 노안'의 뜻이 나왔으며, 더 나아가 '장수', '목숨' 등의 뜻이 나왔습니다. 그러자 원래 뜻은 전(田)을 더한 疇(밭두둑 주)로 분화했습니다. 수(壽)의 자원을 살펴보면, 수(壽)가 왜 수(首) 혹은 수(水)를 대신해 사용되었는지도 대충 짐작할 수 있습니다. 즉 수(壽)는 현재 가장 많이 알려져 있는 목숨이라는 의미 이전에 수로와 장수의 의미를 모두 가지고 있었습니다. 수로→길다→목숨·장수로 의미가 변천한 것입니다. 이렇게 봤을 때, 동명을 매우 현명하게 잘 지었다는 생각이 듭니다. 재미삼아, 현대 한자만으로 동명을 풀이하자면, '목숨이 편안한 동네'인 셈인데, 이게 또 아예 틀린 표현도 아닙니다. 수안동에는 세병교(洗兵橋)라는 다리가 있습니다. 세병(洗兵)이라는 것은 '병기를 씻어서 거둔다.'라는 뜻으로, 전쟁이 끝나 평화가 돌아옴을 말합니다. 그러니, 평화로운 마을에 목숨을 잃을 일이 많지 않을 것이기에 수안(壽安)으로 불렸다 해도 완전히 틀린 의미는 아닐 것입니다. 세병교는 밤에 조명을 더해 밤나들이에도 좋은 장소입니다.

낙민동(樂民洞)의 명칭에 관한 유래도 수안동과 마찬가지로 구전으로만 전해졌을 뿐입니다. 조선시대 낙민동은 남문동변동(南門東邊洞)이라고 불렀습니다. 이곳은 동래부 수령이 민정을 살피려 나가는 지역이었는데, 수령이 백성을 즐겁게 해준다는 뜻에서 낙민동이라는 명칭으로 고쳤다고 전해집니다. 이곳은 일제 강점기만 하더라도 농사를 지을 수 없는 늪지대로 미나리를 심어 놓은 논이거나 연밭(蓮田)이었다는데, 조선시대에도 이와 같은 환경이었다면 수령이 어떻게 백성을 즐겁게 해주었다는 것인지 궁금할 수밖에 없습니다.

樂(풍류 악)은 木(나무 목)과 두 개의 幺(작을 요)가 의미부이고 白(흰 백)이 소리부입니다. 나무와 실로 만든 악기를 그렸습니다. 갑골문에는 🌳로 그려져, 목(木)과 요(幺)로만 구성되어 있었습니다. 그러다가 소리부인 백(白)이 더해져 지금의 자형이 되었습니다. 그러니까 악(樂)은 '악기'나 '음악'이 원래 뜻입니다. 이후 음악은 즐거움을 주는 것이라는 뜻에서 '즐겁다'의 뜻이, 사람들이 음악을 좋아한다는 뜻에서 '좋아하다'의 뜻이 나왔습니다.

民(백성 민)은 금문에서는 ⴹ, ⴹ라고 그려, 포로나 노예의 반항 능력을 줄이고자 한쪽 눈을 칼로 찌른 모습을 나타내었습니다. 그러므로 원래 뜻은 '노예'였는데, 여기에서 '신하', '백성', '민중' 등의 뜻이 생기게 되었습니다. 한자로만 봤을 때도 낙민(樂民)이라 하면, '백성을 즐겁게 하다는 뜻이 됩니다. 어찌 되었든 수안동이나 낙민동은 농사를 지을 수 없는 늪지대에서 이후 매립시켜 지금의 땅이 되었습니다.

이와는 별개로 부산에는 또 민락동(民樂洞)이 존재합니다. 낙민동과 민락동은 어순에만 차이가 나지, 사용하는 한자가 똑같습니다. 그렇다면 민락동은 '백성이 즐거운' 동네라는 뜻이 됩니다. 민락동에 언제부터 사람이 살기 시작했는지는 정확한 기록을 찾을 수 없습니다. 일제시기 구획정리로 수영동이 수영성을 중심으로 구획

되자, 붙여진 지명입니다. 『부산지명총람(釜山地名總覽)(6)』에서는 민락(民樂)이 '여민동락(與民同樂) 여민해락(與民偕樂)'의 준말로 '임금은 즐거움을 홀로 차지하지 않고 백성과 함께 즐긴다.'라는 뜻에서 붙여진 이름이라고 밝혔습니다. 그렇다면 백성을 즐겁게 해주는 곳과 백성이 즐거운 곳의 차이는 무엇일까요? 곰곰이 생각하게 하는 이름들입니다.

참고자료

http://www.busan.go.kr/

KBS 부산 재발견 제작팀, 『부산 재발견-TV로 보는 부산의 역사』(우진, 2012)

강경구, 「지하철 역명의 중국어 표기에 대한 고찰」, 『중국학』(2015)

두산백과사전

부산광역시사편찬위원회, 『釜山地名總覽(1)-부산광역시,중·서·동구편』(대원인쇄문화사, 1995)

부산광역시사편찬위원회, 『釜山地名總覽(2)-영도구·부산진구·동래구편』(1996)

부산광역시사편찬위원회, 『釜山地名總覽(3)-남구·북구·해운대구편』(1997)

부산광역시사편찬위원회, 『釜山地名總覽(4)-사하구·금정구편』(1998)

부산광역시사편찬위원회, 『釜山地名總覽(5)-강서구편』(1999)

부산광역시사편찬위원회, 『釜山地名總覽(6)-연제구·수영구·사상구편』(2000)

부산광역시사편찬위원회, 『釜山地名總覽(7)-기장군(I):기장읍·장안읍편』(2001)

부산광역시사편찬위원회, 『釜山地名總覽(8)-기장군(II):일광면·정관면·철마면』(2002)

최재용, 『역사와 어원으로 찾아가는 우리땅 이야기』(21세기북스, 2015)

한국향토문화전자대전

한국문화유산답사회 엮음, 『답사여행의 길잡이-경남』(돌베게, 2002)

하영삼, 『한자어원사전』(도서출판3, 2014)

09. 한자로 읽는 가야 유물

하영삼

제9장_한자로 읽는 가야 유물

하영삼

1. 한자의 수입: 남방 루트와 북방 루트

漢(한수 한): 汉, hàn, 水-11, 14

(字解) 형성. 水(물 수)가 의미부고 難(어려울 난)의 생략된 모습이 소리부로, 漢水(한수)를 말하는 데, 장강의 가장 긴 지류로 섬서성 寧強(녕강)현에서 발원하여 호북성을 거쳐 武漢(무한)시에서 장강으로 흘러듭니다. 또 중국의 한나라를 지칭하며, 이로부터 중국의 최대 민족인 한족을 가리키게 되었고, 다시 중국의 상징이 되었습니다. 또 중국에서는 男子汉[nánzǐhàn, 사내대장부]에서처럼 남자를 좋게 부르는 말로 쓰이며, 일부 방언에서는 남편을 지칭하기도 합니다. 현대 중국의 간화자에서는 오른쪽 부분을 간단한 부호 又(또 우)로 줄여 汉으로 씁니다.

(字形) 🐚🐚🐚 金文 🐚 古陶文 🐚 說文小篆 🐚 說文古文

字(글자 자): zì, 子-3, 6

(字解) 형성. 宀(집 면)이 의미부고 子(아들 자)가 소리부로, 집(宀)에서 아이(子)를 낳아 자손을 키워가듯 점점 '불려 나가다'는 뜻이며, 이로부터 '키우다'의 뜻이 나왔습니다. 예

컨대 文(글월 문)이 다시는 분리되지 않는 기초자를 말하는 데 비해 字는 이들이 둘 이상 결합하여 만들어진 글자를 지칭하였고, 지금은 이를 합쳐 文字라는 단어로 쓰입니다. 이후 글자, 글씨, 서예 작품, 계약서, 본이름 외에 부르는 이름 등의 뜻도 나왔습니다.

字形 𤕻𤕻𤕻金文 𤕻字簡牘文 𥄂古璽文 𥄂說文小篆

한자(漢字)는 글자 그대로 '한족들이 사용하는 문자'라는 뜻입니다. 그러나 한족이 중국을 대표하기에 '중국의 문자'를 뜻하기도 합니다. 그래서 '중국의 문자'는 넓은 의미와 좁은 의미의 두 가지 뜻이 존재한다 하겠습니다. 넓은 의미로는 중국에 존재하는 모든 문자를 지칭하여, 한자는 물론 납서(納書) 문자, 위구르 문자, 티베트 문자, 이족(彝族) 문자, 수족(水族) 문자, 조선족의 한글까지도 포함하는 개념을 말합니다. 좁은 의미로는 '한자'에 한정한 지칭인데, 이는 역사적으로 갑골문, 금문, 전국문자, 소전, 예서, 해서, 간화자 등의 변화를 거쳐 발전해 왔습니다. 또 지역적으로도 중국 본토는 물론, 대만과 홍콩, 마카오 등지는 물론 한국과 일본 및 베트남 등지에서 사용되는 한자를 모두 일컫습니다. 그러나 중국 이외 지역의 한자를 차별화해야 한다는 주장도 있어, 중국의 한자는 'Hanzi', 한국의 한자는 'Hanja', 일본의 한자는 'Kanji', 베트남의 한자는 'Zinom'(字喃)으로 구분하여 불려야 한다는 주장도 있습니다.

그렇다면 중국의 한자는 언제 쯤 어떤 경로를 통해 우리나라에 유입되었을까요?

한자가 '언제' 우리나라에 유입되었는지 정확히 알기는 쉽지 않습니다. 정확한 역사 기록이 남아 있지 않기 때문입니다. 그러나 전통적으로는 기원전 108년에서 기원전 107년 사이 서한(西漢)의 무제(武帝)가 위만조선(衛滿朝鮮)을 멸망시키고 그 땅에 한사군을 설치할 때 본격적으로 유입되었을 것으로 추정합니다. 혹자는 그보다 훨씬 이전, 상나라가 주나라에 망하자(기원전 1046년, 혹은 기원전 1022년) 상나라의 왕자였던 기자(箕子)가 조선으로 망명할 때 한자가 유입되었을 것이라고도 합니다. 그렇다면 한자의 유입시기가 기원전 11세기로 올라갈 수 있겠지만, 현대 역사학계의 주장처럼 기자가 한반도까지 왔는가에 대한 부정적 견해가 많기에, 이를 그대로 믿기는 어렵습니다. 그래서 적어도 한사군 시대 정도라면 어떤 식으로든 한자가 우리나라에 상당 부분 전래되었을 것임은 문제가 없어 보입니다.

그럼 '어떤 경로를 통해서' 유입되었을까요? 우선 쉽게 생각할 수 있는 부분은 한반도와 지리적으로 맞닿아 북부 지역을 통해서일 것입니다. 지금까지 통설로 알려진 다른 문화 요소들, 즉 불교나 유가 문화 등의 유입과 마찬가지로 한자도 중국과 대륙으로 연결된 한반도의 북방을 통해 들어오고 다시 남방으로 확산되었다는, 다시 말해 고조선을 통해 삼한 지역으로, 고구려를 통해 신라와 백제 등으로 확산되었으며, 이것이 다시 바다를 건너 일본으로 전파된 것으로 해석할 수 있습니다. 물론 이 북방 루트가 매우 중요하긴 하지만, 이것만 존재했던 것은 아니며, 뱃길을 통한 한반도 남부와의 직접적인 교통도 매우 주목할 만한 루트의 하나입니다.

(1) 육로를 통한 북방루트

한반도라는 지리적 특징 때문에, 중국의 본토 문명이 육로로 연결된 북방을 통해서 더욱 적극적으로 대규모로 전래되었음은 분명합니다. 기자(箕子) 조선을 차치하더라도 기원전 2세기 초 설치된 한사군(漢四郡)은 중국의 정치체제가 그대로 한반도에 이식되는 계기가 되었으며, 이 때문에 중국의 정치 문화 제도가 그대로 전래되었고, 적어도 이러한 과정을 통해 한자가 상당 수 전해졌을 것으로 보입니다.

특히 고구려의 태학(太學) 설치와 백제의 박사(博士) 제도 운영 등은 사서오경(四書五經) 등의 보급과 유가 사상이 한반도에 완전히 정착하는 계기가 되었으며, 불교가 보편화하기 전까지, 또 조선에 들어서는 국가 통치 사상으로 기능하게 되었습니다. 이러한 과정을 통해 한자는 1446년 한글이 창제되기 전까지 한국의 유일한 문자로 자리 잡게 됩니다.

북방을 통해 유입된 초기 단계인 한사군 시대의 한자 유물로는 다음의 것들이 있습니다.

9-1. 명문(銘文) 벽돌(塼). (『중앙박물관』 289쪽)

　[그림 9-1]은 명문(銘文)이 새겨진 벽돌(塼)로, 낙랑(樂浪) 시대의 것으로 알려졌으며, 평안남도 평양 석암리에서 출토되었습니다. 기원전 1세기의 것으로 알려졌으며, 크기는 가로가 35.3cm, 세로가 14.7cm로 현재 국립중앙박물관에 소장되어있습니다.

　[그림 9-2]는 봉니(封泥) 문자 10종인데, 이 역시 낙랑(樂浪) 시대의 것으로 알

9-2. 낙랑(樂浪) 봉니(封泥) 10종.

려졌습니다. 마찬가지로 평안남도 평양 석암리에서 출토되었으며 기원전 1세기의 것으로 알려졌습니다. 크기는 가로가 2.8cm, 세로가 2.6cm 등입니다. 현재 국립중앙박물관 소장되어 있습니다.

봉니는 문서나 귀중품을 상자에 넣고 끈으로 묶은 뒤 구 매듭 부분에 진흙을 붙이고 도장을 찍어 봉하며, 중간에 뜯어보지 못하도록 한 것입니다. 평양 부근의 낙랑에서 발견된 봉니는 대부분 관인이나, 일부 신인(信印)으로 미름 붙여진 것은 사인(私印)으로 보입니다.

윗줄부터 오른쪽으로 ①高詡私印(고후의 개인도장), ②王顥信印(왕호의 개인도장), ③倉印(창고 관리자의 관인), ④樂浪大尹章(낙랑군 대운의 관인), ⑤樂浪大守章(낙랑군 태수의 관인), 아랫줄 오른쪽으로 ⑥提奚丞印(제해현의 관인), ⑦蠶台長印(잠대현의 관인), ⑧蠶台丞印(잠대현의 관인), ⑨邪頭昧宰印(사두매현의 관인), ⑩提奚丞印(제해현의 관인) 등으로 해독됩니다. 제해(提奚), 잠대(蠶台), 사두매(邪頭昧) 등은 모두 한사군(漢四郡)에 설치되었던 현 이름입니다.

[그림 9-3]은 도장과 새겨진 문자인데, 이 역시 낙랑(樂浪) 시대의 것으로 알려졌습니다. 평안남도 평양 석암리에서 출토되었으며, 3세기의 것으로 추정됩니다. 아랫줄 오른쪽으로부터 ①글자 없음(석암리 제204호 고분 출토), ②왕운(王雲, 제52호 고분 출토), ③영수강녕(永壽康寧, 제219호 고분 출토), ④왕근신인(王根信印, 제

9-3. 낙랑(樂浪) 도장(『한국 고대의 문자와 기호유물』 30쪽)

219호 고분 출토) ⑤왕근신인(王根信印, 제219호 고분 출토)으로 해독됩니다. 도장은 크게 관인과 사인으로 나뉘는데, ③은 길어(吉語)를 새긴 도장이고, 나머지는 왕운(王雲)과 왕근(王根)의 개인 도장입니다.

(2) 뱃길을 통한 남방루트

南(남쪽 남): nán, 十-7, 9, 80

字解 상형. 이의 자원에 대해서는 해설이 분분하지만, 악기를 매달아 놓은 모습임은 분명해 보이며, 이 악기가 남방에서 온 것이어서 '남쪽'을 뜻하게 된 것으로 보입니다. 이 때문에 남쪽, 남방 등의 뜻 이외에도 남방의 음악이나 춤이라는 뜻도 가집니다. 이후 성씨로도 쓰였으며, 명나라 때에는 南京(남경)을 지칭하기도

했습니다.

字形 甲骨文 金文 古陶文 簡牘文 古璽文 石刻古文 說文小篆 說文古文

北(북녘 북‧달아날 배): běi, 匕-3, 5, 80

字解 회의. 두 개의 人(사람 인)으로 구성되어 두 사람(人)이 서로 등진 모습을 그렸고, 이로부터 '등지다'는 의미나 나왔으며, 이후 자형이 조금 변해 지금처럼 되었습니다. 북반구에서 살았던 중국인들에게 북쪽이 등진 쪽이었으므로 '북쪽', 등지다 등의 뜻이 나왔습니다. 또 싸움에 져 도망할 때에는 등을 돌리고 달아났기에 '도망하다'는 뜻도 생겼는데, 이때에는 '배'로 읽힘에 유의해야 합니다. 그러자 원래의 '등'은 肉(고기 육)을 더한 背(등 배)로 분화했습니다.

字形 甲骨文 金文 古陶文 簡牘文 帛書 說文小篆

1988~1991년까지 6차례에 걸쳐 경상남도 창원시(昌原市) 다호리(茶戶里)에서 이루어진 고고발굴은 우리나라의 한자 역사 연구에서 매우 의미 있는 사건이었습니다. 거기서 중요한 필사도구인 붓과 삭도 등이 발견되었으며, 이는 한반도의 다른 지역에서는 볼 수 없었던 문자 관련 중요한 자료이며, 지금까지 발견된 최초의 관련 유물로 평가되기 때문입니다.

한반도 동남 최남단에 자리한 다호리 유적은 기원전 1세기 후반의 원삼국시대 전기 유적에 속합니다. 이 지역에 기반을 두었던 가야(伽倻) 지역은 한반도에서 철의 생산이 가장 풍부해, 철을 매개로 국제 무역을 해왔던 것으로 잘 알려져 있으며, 이러한 무역은 중국 연안과 한반도의 남부와 일본이 하나로 연결되는 해상 무역루트를 통해 이루어졌습니다. 게다가 부근에 자리한 김해(金海)의 양동리(良洞里) 고분에서는 서한(西漢) 때의 명문이 새겨진 청동기가 발견되기도 했는데, 한반도에서 발견된 시기가 가장 이른 문자를 가진 청동기물입니다.

그래서 여기서 발견된 유물은 다른 지역에서 발견된 적이 없고 시기 또한 상당히 일러, 그것들이 북방의 고구려를 통해 신라나 백제를 거쳐 가야로 전래한 것이라고 보기는 어렵고, 중국의 특정 지역에서 해로를 통해 직접 가야 지역으로 전해진 것이라 보는 것이 더욱 합리적인 추론일 것입니다. 물론 이러한 해상로는 한반도에 그치지 않고 일본, 특히 후쿠오카를 중심으로 한 큐슈우 지역까지 확장되었을 것입니다. 남방을 중심으로 한 해상 문화권을 설정해 볼 수 있다는 이야기입니다.

남방의 해로를 통한 가야 지역의 문화의 수입은 다른 영역에서도 쉽게 확인됩니다. 특히 가야 불교는 중국과 고구려를 거쳐 유입된 북방 루트가 아닌, 인도 아유타국의 수로부인이 인도에서 배를 타고 직접 가져온 것으로 전해집니다. 이의 전래에 대해 신라 서역 교류사 연구의 권위자인 무함마드 깐수도 일찍이 '남래설'로 설명한 바 있습니다. 그는 한국 불교의 전래에 대해 "불교가 고구려, 백제, 신라 등 삼국에 공식적으로 전래된 시기보다 앞서서 남해(남방) 루트를 통해 한반도의 동남해 연안 지방(가야와 신라)에 유성적(流星的)으로 전파되었다"는 것을 '남래설'로 가정하고, 이의 증거를 (1)「금강산 유점사 사적기」와 「유점사 월씨 금상문」에 53부처가 내박(來泊)하였다고 한 기록, (2)강원도 양양군 오봉산 해변에 있는 낙산의 포타라 관음신앙이 인도로부터 남쪽으로 바다를 건너 들어왔다는 사실, (3)ⓐ수로왕 왕비 허황옥의 출신과 행적, ⓑ수로왕의 불교 관련 행적, ⓒ가야국 관련 명칭의 불교 관련 인도어 연유, ⓓ김해 김수로왕 정문과 비에 남아 있는 장식과 인도 아유다 읍 소재 장식과의 동형 등으로 본 가야국의 건국설화 등에 근거하여, 불교가 해상로를 통해 들어왔음을 주장했습니다. 게다가 해상로를 통한 가야의 불교의 전래시기를 신라 남해

9-4. 함안 도항리 가야 고분 출토 '비늘쇠'

왕 원년(서기 4년)으로 잡는다면, 이는 후한 명제 영평 10년(서기 67년)에 전래한 중국불교보다도 63년이나 빠를 뿐 아니라, 북쪽을 통해 들어온 고구려 불교보다 무려 370년이나 앞선다고 했습니다.[1]

북방의 육상 루트를 통하지 않은 가야 지역의 남방 문화의 수입은 불교에서 그치지 않습니다. 예컨대 불교의 전래에 주인공으로 등장하는 수로부인의 이민 과정에서 '차'도 전해진 것으로 알려졌습니다. 그래서 지금도 옛날 가야의 중심지였던 김해 지역에서 재배되는 '장군차'(일명 황차)는 대엽종으로, 남방 계열의 차이며, 이는 서기 48년 허왕후가 김수로왕과의 혼례 때 가져온 봉차(奉茶)로 알려졌습니다.[2] 이것이 사실이라면 신라 흥덕왕 3년(828년) 중국에서 들여와 쌍계사에 첫 시배를 했다는 한국 차의 기원보다 무려 780년이나 앞서며, 남방의 해로를 통해 전해진 '차'의 기원도 다시 설정해야 할 것입니다.[3]

또한 김수로왕의 탄생 설화는 김알지의 탄생설화와 동일 계열의 '난생설화(卵

---

1) 무함마드 깐수, 『신라 서역 교류사』(단국대출판부, 2004), 284~312쪽 참조.
2) 『조선불교통사』에서 서기 48년에 차씨가 들어왔다고 기록하였고 삼국유사 가락국기에 신라의 법민왕이 가락국왕의 묘에 제향을 올리는 데 차(茶)를 올리도록 명기하고 있습니다. 따라서 김해 장군차는 옛 가야문화권에 전파되어 야생으로 전해 내려오고 있는 우리나라 최초의 전통차라 할 것입니다. 이 장군차는 하동의 북방계, 보성의 일본 품종과 대별되는 남방계통의 대엽종으로 차의 주성분인 카테킨을 비롯한 무기성분 함량이 뛰어나고 야생차나무 DNA 분석결과 차나무의 유전변이 값이 0.419로 전국 평균값(0.343)보다 월등하다는 것이 밝혀졌습니다.(정동효·윤백현·이영희, 『차생활문화대전』, 홍익재, 2012.)
3) 이외 중국차종 도입설은 『동국여지승람』과 『삼국사기』에서 그 근거를 찾을 수 있는데, 『동국여지승람』에 의하면 1천 3백여 년 전 신라 선덕여왕 때 어느 스님이 당에 유학 갔다가 돌아오는 길에 차 씨앗을 가지고 와서 경상남도 하동군 쌍계사 근처에 심었다고 합니다. 또 『삼국유사』에 의하면, 신라 35대 경덕왕 때 충담스님의 이야기에 차에 대한 이야기가 전하는데, 경덕왕이 삼월 삼짇날 경주 귀정문 누상에 행차했을 때 한 중이 저 멀리 남산 밑에서 내려오는 것을 보고 그를 누상에 영접했다가 그가 매고 있는 두나무 통 속에 차와 그걸 마실 때 쓰이는 여러 도구와 그릇을 보게 되고, 자신을 충담이라고 밝힌 이 스님은 매년 3월 3일과 9월 9일에 경주 남산 삼화령에 있는 미륵세존에게 차를 공양한다는 사실을 이야기한 내용이 실려 있습니다.
그런가 하면 최남선의 『고사통』에 의하면, "차는 역시 인도 원산의 식물로, 그 어린잎을 따서 물에 넣어 마시는 것도 남방에서 시작된 풍습이다. 『삼국사기』를 보면 신라 27대 선덕왕 때에 차가 이미 있더니, 제42대 흥덕왕 3년에 당나라에 갔던 사신 김대렴이 차 종자를 가지고 오거늘, 왕이 지리산에 재배하도록 시켜 이로부터 성행하였다고 한다."(삼중당, 29~30쪽)

生說話)'로 해양 문화의 '새 토템'과 관련되어 남방 문화와 관련지어집니다. 게다가 언어적인 측면에서도, 오늘날 한반도의 경상도 지역에서만 남아 있는 장단고저의 구분은 이것이 성조의 약화된 흔적이라는 점에서 성조언어인 남아시아(Austroasiatic) 제어 영향의 흔적으로 볼 수도 있습니다.4)

茶(차 다차): chá, 艸-6, 10, 32

字解 형성. 원래는 艸(풀 초)가 의미부이고 余(나 여, 途의 원래 글자)가 소리부인 荼(씀바귀 도)로 써, 쓴맛을 내는 식물(艸)인 씀바귀를 말했습니다. 이후 쓴맛을 내는 채소(苦菜고채)를 지칭하게 되었고, 그런 맛을 내는 '차(tea)'까지 지칭하게 되었고 음료라는 의미까지 나왔습니다. 그러자 의미를 구분하기 위해 '차'는 획을 줄여 茶로 구분해 쓰게 되었습니다.

字形 茶 說文小篆

鳥(새 조): 鸟, niǎo, 鳥-0, 11, 42

字解 상형. 갑골문에서 부리, 눈, 꽁지, 발을 갖춘 새를 그렸습니다. 『설문해자』에서는 꽁지가 긴 새의 총칭이 鳥(새 조)라고 했습니다. 하지만, 꽁지가 짧은 두루미(鶴학)

---

4) 하시모토에 의하면, 한국과 중국과 일본은 농경을 중심으로 하는 문명으로, 목축을 중심으로 한 서구의 언어와 다른 발전 양상을 지녀, 서구가 이식과 이동이라면 동양은 확산이라고 하면서, 이 두 유형의 언어는 다르게 연구되어야 한다고 했습니다. 예컨대, 중국어는 지리적으로 북방의 알타이제어와 남방의 남아시아 제어의 중간에 위치하여, 북방에서는 북방의 알타이제어의 특징과, 남방에서는 남방제어의 특징과 연계되어 자신의 특성이 형성되었다고 하면서, 어순, 어휘구조, 발음구조, 성조 등에서 북으로 가면 갈수록 알타이어적인 특징이, 남쪽으로 가면 갈수록 남아시아 제어의 특징이 강하게 나타나며, 이의 경계선을 장강으로 설정할 수 있다고 하였습니다. 예컨대, 통사구조에서 보어가 서술어 뒤에 놓이는 구조('간다+학교에' Vs '학교에+간다') 형태구조에서 수식어가 피수식어의 뒤에 놓이는 구조('아버지+나의' Vs '나의+아버지)', 발음구조에서 다양한 받침(C+V+Cn), 성조(북경어의 4성조와 동간어의 3성조 Vs 광동어의 9성조와 박백어의 10성조) 등에서 분명한 남북적 차이를 보이며, 이는 고대로 갈수록 남방적 성격이 강했지만 현대로 올수록 북방적 성격이 강해진다고 했습니다. 게다가 이는 중국 뿐 아니라 한국과 일본도 똑 같은 유형을 보인다고 했습니다. 그의 가설을 존중한다면 한국어는 북방 계열의 알타이제어의 속성 뿐 아니라 특히 경상도 지역 등 남방에서는 남아시아 제어의 속성도 고려해야할 중요한 요소입니다. 이의 가설과 논증에 대해서는 하시모토 만타로(저), 하영삼(역), 『언어지리유형학』(학고방, 1990) 참조.

에 鳥가 들었고 꽁지가 긴 꿩(雉·치)에 隹(새·추)가 든 것을 보면 반드시 꽁지가 긴 새만을 지칭한 것도 아닙니다. 소전체에 들면서 눈이 가로획으로 변해 더욱 두드러졌고, 예서체에서는 꼬리가 네 점(灬·火·불 화)으로 변했습니다. 鳥에서 눈을 없애 버리면 烏(까마귀 오)가 됩니다. 烏는 눈이 없어서가 아니라 몸이 검은색이어서 눈이 잘 구분되지 않기 때문입니다. 까마귀는 다 자라면 자신을 키워준 어미에게 먹이를 갖다 먹이는(反哺·반포) 효성스런 새(孝鳥·효조)로 알려졌습니다. 새는 하늘과 땅 사이를 마음대로 오가는 영물로, 하늘의 해를 움직이게 하는 존재로, 바람을 일으키는 신으로 간주하기도 했습니다. 그래서 다리가 셋 달린 三足烏(삼족오)가 태양에 등장하고, 장대 위에 나무로 만든 새를 앉힌 솟대를 만들기도 했습니다. 간화자에서는 필획을 간단하게 줄인 鸟로 씁니다.

(3) 남북 루트를 통한 수입과 문화의 융합

이렇게 볼 때, 한반도의 고대 문명은 육로를 통한 북방 루트와 뱃길을 통한 남방 루트의 두 가지 경로가 있었으며, 특히 남방 지역의 가야와 신라는 남방 루트와 밀접한 관련을 지닙니다. 그러나 이후, 북방 문명이 주도적 역할을 하게 되고, 신라의 통일 과정에서 중국이 적극적으로 개입하여 중국식의 제도가 완전지배하게 됨으로서 한반도의 문화는 남부의 두 축과 그 위를 중국 문화가 다시 뒤덮어 버리는, 매우 복잡한 양상의 문화 형태로 발전하게 됩니다. 가야 문화는 한반도의 역사에서 사라진 '제4제국'이긴 하지만, 그것이 갖는 남방적 성격과 그것이 한반도 문화 형성에 미친 영향에 대해서는 보다 깊이, 지속적으로 연구되어야 할 것입니다.

2. 가야와 문자자료

(1) 가야 개황[5]

伽(절 가): qié, 人-5, 7

字解 형성. 人(사람 인)이 의미부이고 加(더할 가)가 소리부인 음역자로, 중이 살면서 불도를 닦는 곳(伽藍·가람)을 말합니다. 伽藍은 僧伽藍摩(승가람마)의 준말인데, 이는 산스크리트어의 '상카라마(Sangharama)'를 번역한 것입니다. 僧伽란 중(衆), 람마(藍摩)란 원(園)의 뜻으로, 본래 많은 승려가 한 장소에서 불도를 수행하는 장소를 지칭하며, 달리 중원(衆園)이라 번역하기도 했습니다.

伽를 구성하는 加는 회의구조로, 力(힘 력)과 口(입 구)로 구성되어, 말이 늘어나다가 원래 뜻입니다. 힘(力)이 들어간 말(口)은 '誇張(과장)'되기 마련이고, 이로부터 없던 것을 '더하다'는 뜻이 생겼습니다.

字形 ᄡᄀ 金文 ᄀ 簡牘文 ᄀ 古璽文 ᄀ 說文小篆

倻(땅이름 야): yē, 人-9, 11

字解 형성. 人(사람 인)이 의미부고 耶(어조사 야)가 소리부로, 지명으로 쓰이는데, 한국의 동남부에 있었던 伽倻(가야)를 말하며, 가야에서 나는 伽倻琴(가야금)을 표기할 때 쓰입니다. 倻를 구성하는 耶는 다시 耳(귀 이)가 의미부이고 邪(간사할 사)의 생략된 모습이 소리부로 된 구조이지만, 일찍부터 문법소로만 쓰여 원래 뜻은 알 수가 없습니다. 소전체에서는 邪와 같이 썼으나, 이후 의문을 나타내는 어조사로 쓰였습니다. 또 爺(아비 야)와 같은 뜻으로 쓰이기도 하고, '예수(耶蘇·Jesus)'를 나타내는 음역자로도 쓰입니다.

字形 ᄀ ᄀ ᄀ 簡牘文 ᄀ 說文小篆

---

5) 문화원형정보, '가락국조에 근거해 정리하였습니다. 상세한 것은 다음을 참조하십시오. http://terms.naver.com/entry.nhn?docId=1809101&cid=49243&categoryId=49243

'가야(伽耶)'는 가락국(駕洛國)이라 부르기도 하는데, 영남의 낙동강 중하류를 중심으로 주로 낙동강 서안에 위치한 여러 소국을 말하는데, 『삼국유사』(권2 「가락국기」 조)에 의하면, "후한 세조 광무제 건무 18년 임인년 3월(後漢世祖光武帝 建武18年壬寅三月)", 즉 기원전 42년에 건국된 것으로 기록되어 있으며, 562년 신라 진흥왕에 의해 멸망하였습니다. 또 『삼국유사』에 의하면, "가락국은 또한 가야라 한다(駕洛國[一作伽耶])"라고 하여 가야와 가락국이 동일한 존재였음을 알 수 있습니다.

가야의 태동기는 기원전 3세기에서 기원전 1세기경으로 부족국가시대라 할 수 있고, 성립기는 1세기에서 2세기경으로 도시국가시대라 할 수 있으며, 발전기는 3세기경에서 5세기 말엽으로 영역국가시대이며, 쇠퇴기는 6세기 초엽에서 중엽 멸망까지로 설정할 수 있습니다.

그리고 가락국은 많은 소국으로 구성되어 있었는데, 대체로 동쪽의 경우 의성, 대구, 경산, 양산 일대이고 서쪽은 지리산, 남쪽은 창해이며 북쪽은 문경지방으로 상정할 수 있습니다.6) 그 중 큰 세력을 가진 국가는 5~6개국 정도였습니다. 소국들은 소규모의 독립국가로 이들 5~6개 국가 주위에 인접해 있으면서 큰 국가를 중심으로 몇 개의 세력권을 형성하여 유지되어 왔습니다. 이 때 형성된 세력권은 김해나 웅천을 중심으로 한 본(本) 가야권, 고령과 대구를 중심으로 한 대(大) 가야권, 함안·진해·창원·칠원을 중심으로 한 아라(阿羅) 가야권, 충무·고성·거제를 중심으로 한 소(小) 가야권 등이 있었으며 이 중에서도 본가야권과 대가야권과 아라가야권이 대표적인 세력이었습니다.

'가야'를 이해하기 위해서는 무엇보다 먼저 '가야'라는 명칭이 갖는 의미를 이해해야 하는데, 역사적으로 등장하는 명칭도 다양할뿐더러 그에 대한 해석도 다양합니다. 지금까지 논의된 것들을 간단히 정리하면 다음과 같습니다.

우선, 명칭으로는 다음의 것들이 등장합니다. ①구야국, 구야한국(狗邪國, 狗邪韓國)7), ②가야국(加耶國)8), ③가락국(駕洛國)9), ④임나(任那)10), ⑤수나국(須那

---

6) 윤석효, 『가야사』(혜안, 1997) 참조.
7) 『삼국지(三國志)』에는 변진(弁辰) 12국의 하나라 구야국을 전하고 「왜인전」에는 '구야한국'으로 전하고 있습니다. '구야'는 '가야'와 음이 가깝기는 하지만 '구'를 '가'의 음차(音借)로

國)[11], ⑥금관국(金官國)[12] 등이 있습니다.[13]

만 볼 것은 아닙니다. 김해지역의 방언에서는 '구지봉'을 '개라봉'이라 부르고 있습니다. 개라봉은 '가라봉'으로, 김해지역에서 '가'는 '개'로 발음되기도 하였습니다. 따라서 '개'에 대한 훈차(訓借)로서 '구'가 『삼국지』에 기록되었을 가능성을 생각해 볼 수 있습니다. 이렇게 본다면 구야국은 다름 아닌 가야국을 기록한 것이 됩니다.

8) 『삼국유사』에는 가락국기의 한 예에 국한되고 있으나, 『삼국사기』에서는 자주 보이는 사례입니다. 신라의 외교상대로서 또는 복속에 관련되는 내용의 서술에 사용되고 있습니다. 『삼국사기』에는 '국(國)'을 붙이지 않은 많은 용례의 가야가 보이고 있지만 신라와의 전쟁을 전하는 기술들에서는 가야병(加耶兵), 가야적(加耶賊), 가야인(加耶人)과 같이 사용되었던 것이 대부분입니다. 이는 『삼국사기』가 왜(倭)에 관한 사실을 전할 때 외교기사에서는 왜국(倭國)으로 표현하다가 전쟁기사에서는 왜병(倭兵), 왜구(倭寇), 왜인(倭人)과 같이 기술한 것과 일맥상통하는 용례입니다.

9) 『삼국유사』에 채록되어 있는 「가락국기」는 『삼국사기』에 앞서 편찬되었던 것으로, 가락국에 대한 사실을 전하는 한국의 문헌 중에서 가장 오래된 기록입니다. 「가락국기」는 가락국에 대한 사실을 중심으로 기록하겠다는 의식에서 편찬되었습니다. 서술대상의 명칭에 대한 생각은 단편적 사실만을 전하는 다른 사서와 차이가 있었을 것으로 생각됩니다. 더욱이 「가락국기」는 수로왕이 나라의 이름을 대가락(大駕洛)이라 하였음을 분명히 하고 있습니다. 대가락은 가라의 나라 중에서 큰 세력이었다는 역사와 자존의식의 반영입니다.

10) 「광개토왕릉비(廣開土王陵碑)」의 임나가라(任那加羅), 『삼국사기』강수전의 임나가량(任那加良), 「봉림사진경대사탑비(鳳林寺眞鏡大師塔碑)」의 임나왕족(任那王族) 등과 같은 우리의 문자기록에도 보이지만, 『일본서기(日本書紀)』에 주로 사용되었고 아주 빈번하게 보이는 명칭입니다. 『일본서기』의 임나는 한남부, 가야제국, 가락국이나 대가야를 가리키는 세 가지 용례가 있고 우리의 문자기록에서도 반드시 가락국만을 가리키는 것은 아니었습니다.

11) 『일본서기』에 보이는 명칭으로 '쇠나라로 읽히고 있습니다. 가락국에서 생산되던 쇠를 수입해 가던 일본열도의 왜인들에게 익숙하였던 명칭이었을 것입니다. 철의 생산과 관련되는 가락국사의 단면을 정확하게 반영하고 있는 용례입니다.

12) 『삼국사기』에 등장하는 금관국 수로왕(金官國 首露王)의 용례와 같이 아주 이른 시기의 기사에서 그 용례가 보이고 있습니다. 물론 金=쇠의 어원을 갖는 것에는 이론이 없겠으나 『삼국사기』 법흥왕 19년조에 보이는 금관국주(金官國主)의 투항기사와 같이 가락국의 멸망기 혹은 멸망 후에 붙여진 명칭으로 보는 것이 보통입니다. 「김유신비문(金庾信碑文)」을 인용한 『삼국사기』의 「김유신전(金庾信傳)」에서 가락국이 처음에는 국호를 가야(加耶)라 하였다가 금관국(金官國)으로 고쳤다고 전하는 내용은 이러한 사정을 보여줍니다. 특히 여기에서 가락국을 남가야(南加耶)로 표현하고 있는 것은 고령의 대가야를 북가야(北加耶)로 의식했던 때문으로 여기에 포함되었던 금관국의 용례에는 대가야를 병합했던 신라인의 역사인식이 개재되었던 것으로 생각됩니다.

13) 이영식, 『가야 각국사의 재구성』, 혜안, 2000.

(2) '가야'의 어원

가야의 어원에 대해서도 여러 학설이 제기되는데, 가야 지역을 일컫는 다른 말인 변한(弁韓) 또는 변진(弁辰) 등에 근거해 가야 인들이 뾰족한 고깔을 썼다는 데서 왔다[14], 남아시아에서 개간한 평야를 뜻하는 말인 가라(Kala)에서 왔다[15], '신의 나라(神國)'나 '큰 나라(大國)'를 뜻하는데서 왔다[16], 해변에 위치한 '갓나라(邊國)'를 뜻하는데서 왔다[17], 낙동강 가에 있어 '가람(江)'과 관련 있다[18], 한국어의 '겨레(族)'에서 기원한다[19]는 등 여러 학설이 있습니다.[20] 그러나 수로왕의 부인

---

14) 조선 후기 실학자인 정약용은 가야나 가나(駕那)에 기원을 두고 있다고 하였습니다. 이는 가야 사람들이 끝이 뾰족한 고깔을 쓰고 다닌 데서 유래한 말이고, 이를 중국인들이 변한(弁韓) 또는 변진(弁辰)으로 쓴 것은 그 모습을 형용한 것이라고 하였습니다. 뒤에 한치윤 등 많은 실학자들이 이 견해를 따랐으며 일본의 '아유가이도 가야가 '갈(冠/弁)'에 기원을 둔다고 했으니, 같은 견해라 하겠습니다.

15) 쓰보이는 가야가 남방 잠어에서 개간한 평야를 뜻하는 말인 가라(Kala)에 기원을 둔다고 했으나 이 설은 별다른 지지를 받지 못하였습니다.

16) 이마니시 류는 가야는 곧 간나라라고 하였습니다. '간은 '간(干)' '한(旱)' '한(韓)'으로도 표시되는 말로서 '신(神)', '상(上)', '추장(酋長)', '대(大)'의 뜻을 지니므로, 간나라는 '신의 나라(神國)', 또는 '큰 나라(大國)'의 뜻이라고 하였습니다. 그 후에 정중환도 이 설을 반복하였습니다. 근래에 다나카 도시아키는 이 설을 지지하면서, 일본 사서에서 '한(韓)'을 '가라(カラ)'로 읽는 것과 '干' '旱'이 한기(旱岐), 즉 '가야 제국의 수장(首長)'을 뜻한다는 것을 강조했습니다. 또 이병선은 가야는 곧(大, 長의 뜻)이며, 그 어원은 '성읍(城邑)'의 뜻을 가진 '구루(溝婁)'라는 말에 있다고 하였습니다.

17) 이병도는 가야가 한반도 남단의 해변에 위치함으로서 '갓나라(邊國)'으로 불린 것에 기원을 둔다고 했으나, 뒤에 이 설을 지지하는 견해를 보지 못했습니다.

18) 안재홍은 가야 제국은 낙동강 가에 있었으므로 '가람(江)'이라는 말에 국명의 기원을 두었을 것이라고 보았습니다. 뒤에 양주동은 가야제국이 여러 갈래로 나뉜 낙동강 지류에 인접해 있으므로, 금관가야·아라가야·성산가야 등의 6가야 명칭에서 가야는 '강(江)' 또는 '가=갈래(分岐)'의 뜻을 가진다고 하였습니다.

19) 최남선은 가야라는 말의 어원은 한국어의 '겨레(族)' '갈래(支派)'에 있으며, 만주어의 '교로(宗族)', '할라(姓, 一族)', 몽고어의 '갈라(部落)', 핀란드-위구르어의 '굴라(村)', 사모예드어의 '가라(村)' 등은 같은 어원에서 나온 말들이라고 하였습니다. 뒤에 일본의 언어학자인 오노는 '가라(加羅)'가 '일족(一族)'의 뜻으로서, 만주어·퉁구스어·터키어에도 그와 비슷한 말이 있다고 하였습니다. 또한 우리나라의 언어학자인 최학근은 '가야가 '겨레(姓, 一族)'라는 말의 기원이고, 그 근원은 알타이 제어(諸語)의 'Xala(姓, 一族)'에 있으며, 그것이 Kala(가라)>Kaya(가야)>Kya+e>Kyore(겨레)로 음운 변천하여 오늘에 이르렀다는 견해를 보

허 왕후가 인도의 아유타국에서 건너온 공주임을 고려한다면, 남방 문화, 특히 인도 문화와의 관계 등과 연계지어 생각해 볼만합니다. 산스크리트에서 "가야"는 "코끼리"를 뜻하며, 인도에도 해인사가 있는 가야산(伽倻山)과 같은 이름의 산이 있습니다. 이 때문에 무함마드 깐수도 '가야'의 명칭을 불교 관련 인도어에서 그 근원을 찾고 있습니다.

"가야의 한자 표기에는 가야(加耶), 가야(伽耶), 가야(伽倻) 등이 있는데, 가야는 부처님이 성도한 인도 비하르 지방의 지명으로서, 지금은 부다가야(佛陀伽倻)라고 부릅니다. 이 말은 이 지방에 있는 순례 성지 상두산(象頭山)을 가야라 하기도 하고, 또 불교의 성수 코끼리의 다른 이름이 가야라고 하는데서 비롯된 것입니다. 가야의 유사 음으로 '구야'(『위지』 변진조의 '狗邪[耶]', 『위지』 마한조의 '拘邪[耶]')가 있고, 별칭으로 '가라'(『일본서기』 垂仁紀의 加羅, 伽羅, 迦羅, 啊羅, 加良)와 '가락'(『삼국유사』의 駕洛, 伽落)이 있는데, 이것은 선가에서 입는 袈裟의 일종이라고 합니다. 이렇게 보면, '가야'('구야')나 '가라'나 '가락'이란 국명이 모두 불교와 불가분의 관계에 있는 인도어임을 알 수 있습니다."[21]

게다가 안재홍의 학설처럼, 강(江)의 고어인 '가람'이 사실은 남아시아 제어의 '크롱'에서 온 것을 감안하다면[22], 한국에서 제일 큰 강인 낙동강 유역에 존재하는 나라를 뜻하는 것은 아닌지도 생각해 볼만 합니다.

(3) 가야의 문자자료

가야의 문자 자료는 문자도구, 청동기 문자(명문), 간독문자 등으로 나누어 볼 수 있는데, 멸망한 '제4제국'이라는 국가적 성격 때문에 다른 고구려, 신라, 백제에 비래해 남아 있는 자료가 그다지 다양하지도 않고 많지도 않지만, 우리나라의 한자 역사에서 매우 중요한 의미를 지니는 귀중한 자료들입니다.

였습니다.
20) 김태식, 『미완의 문명 700년 가야사』 참조.
21) 무함마드 깐수, 앞의 책, 305쪽, 일부 표기는 필자가 현대어로 고쳤습니다.
22) 하시모토 만타로, 『언어지리유형학』 참조.

筆(붓 필): 笔, bǐ, 竹-6, 12, 52

字解 형성. 竹(대 죽)이 의미부고 聿(붓 률)이 소리부로, 대(竹)로 만든 붓대를 가진 필기구인 '붓'을 말합니다. 원래는 聿(붓 률)로 써 손으로 붓을 쥔 모습을 그렸는데, 이후 竹을 더해 筆이 되었고, 간화자에서는 聿을 毛(털 모)로 바꾸어 笔로 씁니다. 이후 筆記具(필기구)의 통칭이 되었고, 다시 문구를 뜻했습니다. 또 붓으로 글을 쓴다는 뜻에서 기술하다, 서사하다, 수필, 산문 등의 뜻이 나왔고, 한자의 筆劃(필획)을 뜻하기도 했습니다.

字形 說文小篆

聿(붓 률): yù, 聿-0, 6

字解 상형. 손으로 붓을 잡은 모습을 그렸습니다. 이후 붓대는 주로 대(竹죽)로 만들어졌기에 竹을 더한 筆(붓 필)로 분화했고, 현대 중국의 간화자에서는 대(竹)로 된 붓대와 털(毛모)로 된 붓 봉을 상징화한 笔로 변했습니다. 붓은 필기구의 대표입니다.

字形 甲骨文 金文 簡牘文 說文小篆

1. 필사 도구

앞서 말한 것처럼, 한반도에 한자가 언제 들어왔는지에 대한 명확한 기록은 없습니다. 하지만, 중국과 본격적으로 교류하고, 한반도 북부 지역에 위만조선(衛滿朝鮮, 기원전 2세기)이 만들어지고 '한사군(漢四郡)'(기원전 108년~기원전 107년)이 설치되었던 시기에는 한자가 어떤 식으로든 유입되었을 것입니다.

1988년 경상남도 창원시 동읍(東邑) 다호리(茶戶里)에서 출토된 기원전 1세기 때의 실물 '붓'(총 5자루, 黑漆 목심의 붓대는 마루를 깎아 만들었고, 양쪽 끝에 붓털이 달렸음)과 죽간이나 목독 등에 잘못 쓴 글자를 고치는 데 쓰던 칼인 '흑칠(黑漆) 서도(書刀)'(길이 29.2cm)는 당시 한반도에서 한자가 이미 사용되었음을 증명해 주었습니다.23) 특히 법마(法碼)와 한나라 때의 동전이 함께 출토되어 이들 필기구

9-5. 다호리 유적(붓, 삭도)(『한국 고대의 문자와 기호유물』 23쪽)

가 당시 철을 매개로 한 상품 교역 등 경제활동에 필요한 기록 수단이었음을 추정케 해 주고 있습니다.[24] 게다가 이 지역이 한반도의 남동쪽 끝에 있다는 점을 고려

23) 李健茂, 「茶戶里 遺蹟 발굴의 의의」(『갈대밭 속의 나라 다호리―그 발굴과 기록』, 국립중앙박물관, 2008), 167쪽. 또 「茶戶里遺蹟 出土 붓(筆)에 대하여」(『고고학지』 제4집, 한국고고미술연구소, 1992.12), 5~29쪽 참조.
24) 李健茂, 「茶戶里 遺蹟 발굴의 의의」(위의 책), 171쪽.

하면, 중국과 국경을 접한 북쪽의 국경지대에서는 한자의 전입 시기가 더 앞당겨질 수 있을 것입니다.[25)]

[그림 9-5]는 다호리 유적에서 출토된 붓과 삭도입니다. 가야 시대의 것으로, 기원전 1세기의 것으로 추정됩니다. 경상남도 창원시 다호리(茶戶里) 제1호 묘에서 출토되었는데, 총 5점의 붓과 붓글씨를 수정하는데 쓰는 삭도(削刀)가 함께 발견되었습니다. 붓의 길이는 23cm, 삭도(削刀)는 복제품입니다. 현재 국립중앙박물관에 소장되어 있습니다.

2. 청동기 명문

이외에도 [그림 9-6]처럼 김해 양동리(良洞里)의 가야(伽倻) 유적(기원전 1세기~서기 1세기)에서는 아가리(口緣) 부분에 한나라 전서체로 된 15자의 글자가 새긴 한(漢)나라 때의 청동 솥(鼎)이 출토되었습니다. 경상남도 김해군 양동리 유적은 1969년 처음으로 마을 뒷산에서 토기 일부가 발견되었고, 1984년 문화재연구소의 발굴조사와 1990~1996년 동의대학교박물관에 의한 4차의 발굴조사를 통해 총 557기의 유구에서 5,100여 점의 유물이 출토되었습니다. 초기 철기시대에서 삼국시대에 걸친 무덤 유적이며, 글자가 있는 청동 솥(銅鼎)은 제322호 나무덧널무덤에서는 출토되었는데, 세발솥의 아가리 둘레 부분에 새겨진 명문은 한(漢)나라 때의 고예체(古隸體)로 쓰여졌는데, "西口銅鼎, 容一斗, 幷蓋重十一斤, 第七.(서口의 청동

---

25) 이외에도 『한서신주(漢書新注)』(권96하) 「서역전(西域傳)」(제66하)에 "傳子至孫右渠, 所誘漢亡人滋多, 又未嘗入見; 真番·辰國欲上書見天子, 又雍(壅)閼弗通. 元封二年, 漢使涉何譙諭右渠, 終不肯奉詔."라는 기록이 보이는데, 이는 원봉(元封) 2년 즉 B.C.109년에 한반도 북쪽의 진번(真番)과 남동쪽의 진국(辰國)에서 한자가 사용되었음을 추정하게 해 주고 있습니다.

9-6. 양동리 청동솥(靑銅鼎)(『문자, 그 이후』 21쪽)

솥, 용량은 1말, 뚜껑의 무게는 11근, 7번째 기물)"로 해독이 됩니다.[26] 중국에서 제

<hr>

26) 李學勤은 원래 이를 "西□宮鼎, 容一斗, 幷重十七斤七兩, 七."로 고석했으나(「韓國金海
良洞里出土西漢銅鼎」(『失落的文明』, 上海藝文, 1997), 179~181쪽), 이후의 글에서 이렇
게 수정했습니다. 아울러 서(西)자 다음에 있는 글자를 향(鄕)으로 추정하고, 지명이며 제
후의 봉지일 것이며, 이곳은 『한서·지리지』에서 말한 "탁군(涿郡)에 있는 서향(西鄕)"이
며, 서향후(西鄕侯)로 봉해진 사람은 한(漢) 원제(元帝) 초원(初元) 5년(기원전 44년)에 제

9-7. 양동리 「방격규구사신경(方格規矩四神鏡)」(『한국 고대의 문자와 기호유물』 26쪽)

작된 것이 무역로를 통해 가야(伽倻) 지역에 들어온 곳으로 보입니다. 높이는 17.5cm로, 현재 국립립중앙박물관에 소장되어 있습니다.[27] 이는 기원전 당시 중국과의 관계가 활발하였음을 보여주었는데, 이때에는 한자가 이미 상당한 수준으로 사용되었을 것으로 추정됩니다.

　[그림 9-7]은 「방격규구사신경(方格規矩四神鏡)」인데, 역시 김해 양동리 고분에서 출토되엇습니다. 지름이 30.3cm이며, 기원전 1세기의 것으로 추정되며, 현재 부산시립박물관에 소장되어 있습니다. 방격(方格) 속 중간의 사엽문 꼭지(四葉紋

　　후로 봉해진 유용(劉容)과 그 뒤를 이은 유경(劉景) 뿐이기에 이 청동 정은 서한 원제 후기 때나 그보다 약간 늦은 때의 것일 것으로 추정했습니다. 李學勤, 「韓國金海良洞里出土西漢銅鼎續考」(『中國古代文明研究』, 華東師範大學出版社, 2005), 123~125쪽) 참조.
27) 『한국민족문화대백과사전』, 한국학중앙연구원.

紐) 주위에 12지(支)의 이름이 있고, 그 바깥에는 T, I, V자 모양의 문양과 8개의 연호문좌(連弧文座)를 배치하고 그 사이에 동남서북의 상징인 청룡(寅), 주작(巳), 백호(辛), 현무(亥)의 사신(四神)을 배치했습니다. 그 바깥의 원으로 된 테두리에 명문이 새겨졌는데, "尙方佳竟眞大工, 上有山人不知老, 渴飮玉泉饑食棗, 浮由天下敖四海.(상방에서 만든 훌륭한 거울은 정말로 크고 정교해, 옛날 선인들은 늙어가는 줄도 몰랐다네. 목마르면 옥 같은 샘물을 마시고 배고프면 대추를 먹으며, 천하를 유람하며 사해를 노닌다네.)"라고 했습니다.

또 [그림 9-8]은 「글자새김 고리자루 큰칼(金入絲環頭大刀)」인데, 가야의 것으로, 6세기경의 것으로 추정됩니다. 경남 창녕 교동 제11호 고분에서 출토되었으며, 길이가 85cm입니다. 현재 국립김해박물관에 소장되어 있으며, 한국 유일의 현존하는 삼국시대 명문 도검(刀劍)입니다. 부식이 심해 판독은 어려우나 길어(吉語)를 새기고 금으로 입힌 것으로 보입니다.

9-8. 글자새김 고리자루 큰칼(金入絲環頭大刀)(『문자, 그 이후』 36쪽)

3. 목간 자료

書(글 서): 书, shū, 曰-7, 10, 60

字解 회의. 손에 붓을 쥔(聿율) 모습과 그릇(口구)을 그려, 그릇에 담긴 먹을 찍어 '글'을 쓰는 모습을 그렸는데, 口가 曰(가로 왈)로 바뀌어 지금의 자형이 되었습니다. 이로 부터 書寫(서사)하다, 기록하다, 글, 書體(서체), 文書(문서), 書籍(서적) 등의 뜻이 나왔습니다. 간화자에서는 초서체를 변형한 书로 씁니다.

字形 金文 古陶文 簡牘文 古璽文 說文小篆

册(책 책): cè, 冂-3, 5, 40

字解 상형. 갑골문에서 竹簡(죽간)을 실로 매어 놓은 모습을 그렸으며, 이로부터 책, 서적의 뜻이 나왔습니다. 종이가 나오기 전 대나무가 서사의 재료로 보편적으로 쓰였고, 이를 묶은 것이 옛날 '책'의 모습임을 말해줍니다. 지금은 종이가 보편화 되었고, 심지어는 종이가 없는 전자 '책'까지 등장했지만, 여전히 册이라는 이름으로 이를 지칭하고 있습니다.

字形 甲骨文 金文 簡牘文 說文小篆 說文古文

목간은 의사전달을 목적으로 대체로 좁고 긴 나무 판에 글을 쓰거나 그림을 그린 것으로, 종이가 없거나 널리 보급되기 이전에 종이의 역할을 대신했습니다. 한국에서 지금까지 발굴된 목간은 500여 점에 이르고 1975~1976년 경주 안압지 발굴과정에서 50여 점의 목간이 처음 출토되면서부터 고고유물로서 인식되기 시작했습니다.

1990년대 이후 경주 월성(月城) 해자(垓子)에서 30여 점이 출토된 것을 비롯해 경기도 하남시(河南市)의 이성(二聖) 산성, 경남 함안의 성산(城山) 산성, 경주시 황남동(皇南洞), 전북 익산(益山)의 미륵사지(彌勒寺址), 국립경주박물관 미술관 부지 등에서도 발견이 되어, 경주나 부여 등 신라와 백제의 수도에 집중되어 있던

9-9. '한국의 목간 출토지 분포도'(『한국의 고대 목간』 455쪽)

것이 지방 곳곳으로 그 영역이 점차 확대되어 출토되고 있습니다. 특히 산성(山城)에서 많이 출토되었는데, 그것은 것은 삼국시대 지방의 정치, 군사, 행정의 중심지 역할을 상당 부분 산성이 대체하였음을 짐작하게 해 주는 대목이기도 합니다.

최근 들어서도 경남 함안군 가야읍 조남산(照南山, 造南山) 성산(城山)산성에서 목간 33점과 제첨축(題籤軸·책갈피에 꽂는 나무) 1점이 발견되기도 했습니다.

이러한 목간은 당시 실생활에 널리 쓰여 옛 생활상을 생생히 보여줍니다. 예를 들어 함안 성산산성 목간은 낙동강 물길이 보리·피·조 등 곡식과 철 등 각종 물자와 사람의 이동로로 활용되었음을 말해줍니다. 또 경주 월성해자 목간에서는 왕경 마을의 모습과 한자를 우리말식으로 표현한 이두(吏讀) 등 당시의 언어생활을 추적

9-10. 함안 성산리 가야 고분(성산산성) 전경(『가야』 12쪽)

할 수 있습니다. 고려시대의 것이긴 하지만, 충남 태안(泰安) 해저에서 인양한 고려시대 목간에서는 14세기 전남 강진(康津)에서 생산된 청자가 황해도 개경(開京)으로 주문 생산되고 중간상을 통해 유통된 상업사회의 구조를 엿볼 수 있습니다.

　　[그림 9-11]은 김해 봉황동 목간인데, 김해(金海) 봉황동(鳳凰洞) 유적은 1920년대에 우리나라 최초로 발굴된 유적의 하나로, 한반도 남부 지역의 1~4세기 때의 생활상을 엿볼 수 있는 중요한 유적입니다.

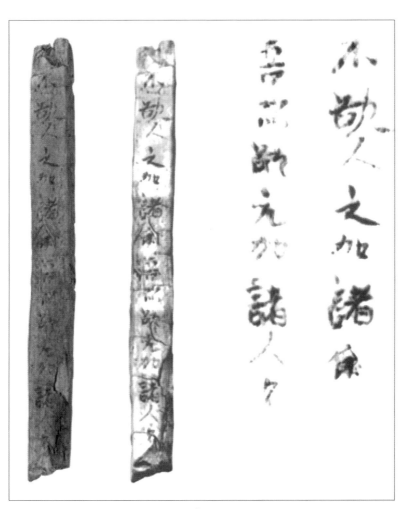

9-11. 김해 봉황동 목간(『한국의 고대 목간』 147쪽)

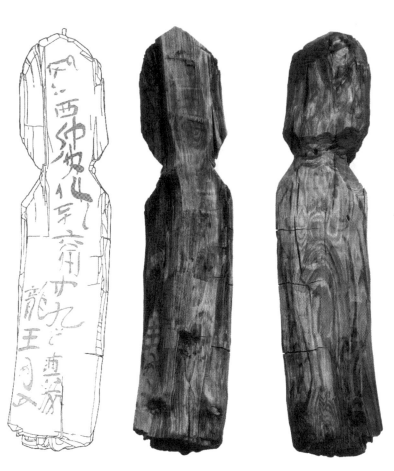

9-12. '용왕(龍王)'이라 쓴 사람모양(人形) 목간(木簡)(『한국의 도교문화』 54쪽)

　[그림 9-12]는 '용왕(龍王)'이라 쓴 사람모양(人形) 목간(木簡)인데, 통일신라 때
이 것으로, 경남 창녕(昌寧) 화왕(火旺)산성에서 출토되었습니다. 길이가 49센티미
터, 너비가 13센티이며, 현재 국립김해박물관에 소장되어 있습니다. 사람 모양으로
다듬고, '용왕(龍王)'이라는 글을 썼는데, 정수리와 몸통 부분에 못이 꽂힌 채 출토
되었고, 목과 다리 부분에는 못으로 찌른 흔적이 발견되었습니다. 따라서 이는 '용

왕(龍王)'에게 사람 대신 제물로 바치는 목제인형이었을 것으로 추정하고 있습니다.

4. 목간 해독 례(城山山城木簡)(6세기)

목간의 내용을 이해하기 위해 목간 한 점을 해독해 보겠습니다. 해독할 목간은 「성산산성 목간(城山山城木簡)」인데, 경상남도 함안군의 경남 함안(咸安) 의 성산산성에서 출토된 것으로, 현재 국립가야문화재연구소에 소장되어 있으며, 6세기 때의 것으로 추정됩니다.

함안 성산산성은 국내에서 가장 많은 목간(木簡)이 출토되고 있는 곳으로, 1992년 6점, 1994년 21점, 2000년 2점, 2002년 92점, 2003년 1점, 2006년 40점, 2007년 76점, 2009년 31점 등 총 270점 가량 출토되었으며, 우리나라에서 발견된 가장 이른 시기에 속하는 목간입니다. 특히 2009년의 조사에서는 목간 외에도 성벽의 붕괴를 예방하기 위해 설치했던 외벽보강시설과 고대 동아시아 연약지반 토목공사 공법인 부엽공법(敷葉工法) 구간의 나무울타리시설을 추가로 발견하기도 했습니다.

이들 목간은 6세기 중엽 신라가 성산산성을 축조할 때 여러 지방에서 식량과 물품을 보냈는데 그때 곡식 화물에 붙은 하찰(荷札, 꼬리표)인 것으로 확인되었습니다.

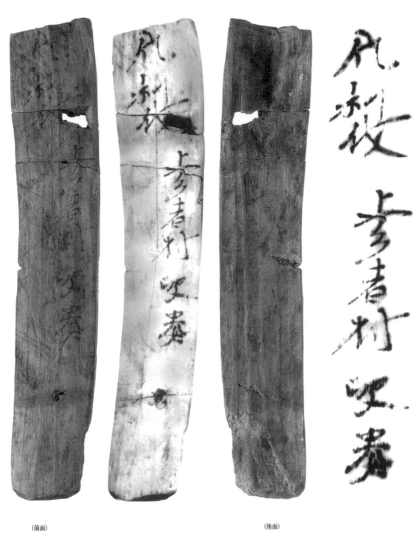

9-13. 경남 함안 성산산성 출토 목간

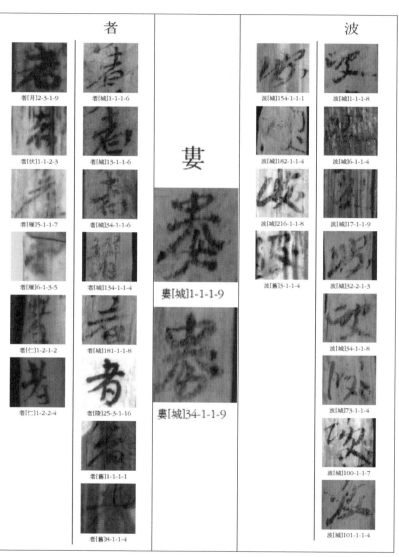

9-14. 목간 자보(字譜)(『한국목간자전』에서 발췌)

이는 569년경 제작되었을 것으로 추정되는 성산산성 출토 목간입니다. 함안 성산산성(사적 제67호, 둘레 약 1.4㎞)은 산봉우리를 감싼 테뫼식의 석축산성으로 옛 아라가야의 중심지에 위치하고 있어 가야산성이라고 알려져 왔습니다. 그러나 발굴조사 결과 함안 성산산성은 성벽의 축조기법과 출토유물 특히 명문목간으로 보아 신라산성으로 확인되고 있으며, 6세기 중엽 아라가야의 멸망으로 대백제 접경지역에 축조된 중요한 관방유적으로 평가됩니다.

명문은 "仇利伐上彡者村波婁"라고 써졌는데, '구리벌(仇利伐)'은 지명, '상삼자촌(上彡者村)'은 마을 이름, '파루(波婁)'는 사람 이름으로 추정되어, "구리벌군 상삼자촌에 사는 파루라는 사람"정도로 해석됩니다. 여기서 출토된 목간의 형식이 일반적으로 "지명+촌명+사람+공납물(종유+양)" 등으로 된 것으로 보아 뒤에는 "稗石(피 한 섬)"처럼 공납으로 냈던 물목과 양이 빠졌을 것으로 추정됩니다.

이처럼 이들 목간은 대부분 구리벌(仇利伐), 양촌(陽村), 진성(陳城) 등지에 사는 신라인들에게서 중앙정부가 징발한 곡물(피)에 붙였던 물품 꼬리표였던 것으로 추정됩니다. 다른 목간에서는 '구리벌(仇利伐)', '고타(古陀)', '급벌성(及伐城)', '△△성(△△城)', '△△촌(△△村)' 등과 같은 지명과 '패석(稗石)', '패(稗)', '패맥(稗麥)' 등과 같이 피와 보리 등의 곡물 명이 많이 기록되어 있습니다.

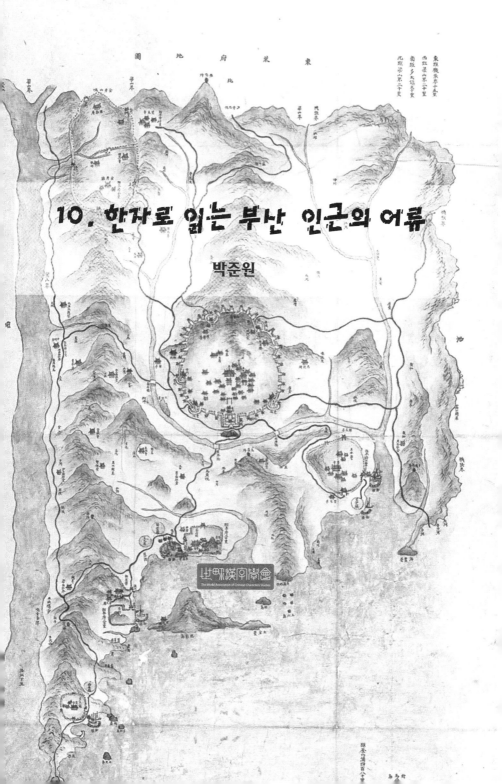

10. 한자로 읽는 부산 인근의 어류

박준원

제10장_한자로 읽는 부산 인근의 어류

박준원

10-1. 『우해이어보』

魚(고기 어): 鱼, yú, 魚-0, 11, 50

字解 상형. 갑골문에서 물고기의 입, 몸통과 지느러미와 비늘, 꼬리 등이 구체적으로 표현되었습니다. 예서에 들면서 꼬리가 灬(火·불 화)로 변했고, 현대 중국의 간화자에서는 다시 가로획으로 변해 鱼가 되었습니다. 그래서 '물고기'가 원래 뜻이고, 물고기를 잡는 행위는 물론 어부까지 뜻하기도 했는데, 이후 水(물 수)를 더한 漁(고기 잡을 어)로써 구분해 표시했습니다. 그래서 魚는 물고기의 종류, 고기잡이 행위와 관련되어 있으며, 물고기는 귀하고 맛난 음식의 대표였습니다.

字形 (甲骨文) (金文) (古陶文) (盟書) (簡牘文) (古璽文) (說文小篆)

譜(계보 보): 谱, pǔ, 言-12, 19, 32

字解 형성. 言(말씀 언)이 의미부고 普(널리 보)가 소리부로, 사물의 소속을 보편적인(普) 속성에 따라 체계적으로 분류하여 적은 기록(言)을 말하며, 이로부터 그런 책이나 표나 曲譜(곡보) 등을 지칭하였고, 배치하다, 준칙 등의 뜻도 나왔습니다. 『설문해자』에서는 普 대신 並(아우를 병)이 들어갔는데, 사물의 공통된 특성을 두루(並) 묶어 분류하여 기록한(言) 것임을 구체화했습니다.

字形 (說文小篆)

1. 머리말

『우해이어보(牛海異魚譜)』는 담정(薄庭) 김려(金鑢)(1766-1821)가 1803년 유배지인 牛山(馬山 鎭東面)[1]에서 지은 우리나라 최초의 어보이고, 「우산잡곡(牛山雜曲)」은 『우해이어보』에 함께 수록된 시집의 명칭입니다. 근대 이전에 우리나라에서

---

1) 진동은 지금은 행정구역상 창원에 속해있습니다. 옛 지명은 마산시 진동면이었으나, 2010년 7월 마산, 진해, 창원은 창원시로 합병되었습니다.

만들어진 어보는 담정의 『우해이어보』와 다산(茶山)의 형인 정약전(丁若銓, 1758-1806)이 1814년 유배지인 자산(玆山, 지금의 전라남도 黑山島)에서 지은 『자산어보(玆山魚譜)』두 편이 유일한 것으로, 일찍부터 실학시대의 어류수산관계의 대표적인 저작물의 하나로 그 독창성과 과학성을 인정받고 있습니다. 어보는 말 그대로 '물고기들의 족보'로, 각종 어류들의 명칭과 형태, 습성, 포획방법 등을 상세히 기록한 것입니다. 현대적 관점에서 본다면 어류도감이나 어패류사전과 같이 과학적 방법을 동원하여 세심하게 관찰하고 기록한 자연과학 분야의 저작물인 셈입니다.

그런데 담정의 『우해이어보』에는 특이하게도 「우산잡곡」이라는 명칭으로 칠언절구로 39수나 되는 상당한 양의 자작한시가 함께 수록되어 있습니다. 요즘 말로 하자면 자연과학적 성격의 저술 속에 문예창작물의 대표적 장르인 시가 삽입되어 있는 것입니다. 이 「우산잡곡」은 직접 어패류들을 대상으로 해서 시를 창작함으로서, 시의 소재를 더욱 확대시킨 매우 흥미로운 작품집입니다. 담정은 어째서 같은 어보를 저술하면서 정약전의 『자산어보』와는 다르게 『우해이어보』속에 「우산잡곡」을 창작하게 되었을까요? 본고는 이러한 의문에서 출발해서 「우산잡곡」을 검토하려 합니다. 따라서 필자는 먼저 우리의 어류관련기록을 살펴보고, 『우해이어보』와 『자산어보』의 저작동기와 체제 특징 등을 비교해 살펴보며, 이어 「우산잡곡」의 창작과정을 검토합니다. 이러한 검토를 바탕으로 「우산잡곡」에 소재한 한시의 내용을 체계적으로 분석하기로 합니다.

2. 한국의 어보

(1) 어류 관련 기록과 어보

한국산 토종 어류에 관한 기록은 하연(河演, 1376~1453)이 1434년(세종 6년)에 간행한 『경상도지리지(慶尙道地理誌)』를 1469년에 속찬(續撰)하면서 토산부(土産部)에 어류 23종의 명칭과 산지를 소개한 것이 최초라고 합니다.[2] 이처럼 우리의

---

2) 『韓國魚譜』, 鄭文基, 商工部, 1951.

토종 어류에 관한 기록은 조선 초기 이후『조선왕조실록』의 지리지나『동국여지승람(東國與地勝覽)』등에서 각 지역 특산물로서 몇 종 씩 소개되거나, 유효통(兪孝通) 등이 지은『향약집성방(鄕藥集成方)』이나 허준(許浚)의『동의보감(東醫寶鑑)』같은 의학서적 속에 약재의 일부로서 소개되기도 하였습니다. 조선 후기로 오면서 실학의 영향으로 이수광(李睟光)의『지봉유설(芝峰類說)』이나 박세당(朴世堂)의『산림경제(山林經濟)』, 정약용(丁若鏞)의『아언각비(雅言覺非)』등에도 우리의 토종어류에 관한 명칭과 해설이 간혹 십여 종 씩 등장하지만, 여기에 수록된 것들은 대체로 어류의 명칭이나 산지, 활용에 관한 간략한 소개에 그칠 뿐이었습니다.

명실 공히 본격적인 어보로서의 내용과 형식을 갖추고 저술된 것은 1803년 담정 김려가 유배지인 진해에서 저술한『우해이어보』가 최초이고, 11년 뒤인 1814년 정약전이 역시 유배지인 흑산도에서『자산어보』를 저술하여 그 계보를 잇고 있습니다.『우해이어보』와『자산어보』는 이전의 어류관련 기록들과는 달리 책의 제목부터 직접 '어보'라는 명칭을 사용하였을 뿐만 아니라, 어류가 일부만 소개되어 있는 다른 책들과는 달리 책 전체가 모두 어류(패류 포함)에 관한 내용으로 기록되어 있어 진정한 의미에서 어류관련 전문 저술이라 할 수 있습니다.

더구나 우리나라의 대표적 어보인 이 두 어보는 18세기 초반이라는 유사한 시기에 우리나라 남해의 대표적 어장인 진해와 흑산도 지방의 어류를 대상으로 다루었다는 점에서 당시 두 지역에서 잡히는 수산물의 분포와 종류, 어획도구와 어법 등을 살펴볼 수 있는 좋은 자료입니다. 이러한 점에서 볼 때 이 양자는 서로 비교 검토할 만한 충분한 가치가 있다고 하겠습니다.

(2)『우해이어보』와『자산어보』

1. 저작동기

담정은 1797년 강이천(姜彝天) 비어사건으로 부녕(富寧)에 유배된 후, 1801년 다시 신유옥사에 연루되어 우해로 이배되었습니다. 이곳에서 어보의 제작에 착수하여 3년만인 1803년에『우해이어보』를 완성하였는데, 그는 다음과 같이 저작 동기를

異(다를 이): 异, yì, 田-6, 11, 40

字解 회의. 얼굴에 커다란 가면을 걸치고 손을 위로 들어 춤을 추고 있는 모습을 그렸는데, 윗부분이 田(밭 전)으로 아랫부분이 共(함께 공)으로 변해 지금의 자형이 되었습니다. 커다란 가면을 걸치고 춤을 추는 모습이 보통의 형상과는 달랐으므로 異常(이상)하다, 特異(특이)하다, 奇異(기이)하다, 다르다는 뜻이 생겼습니다. 간화자에서는 윗부분의 田을 巳(여섯째지지 사)로 아랫부분의 共을 廾(두 손으로 받들 공)으로 바꾸어 异로 씁니다.

字形 甲骨文 金文 簡牘文 說文小篆

밝히고 있습니다.

우해는 진해의 다른 이름이다. 내가 진해에 온 지도 벌써 이년이 지났다. 섬들과 가까이 살았고 대문이 바다와 닿아 있어서, 뱃사람이나 어부들과 서로 허물없이 지내면서 물고기와 조개들과도 서로 좋아하게 되었다. 세를 빌려 사는 주인집에 작은 배 한 척과 겨우 몇 글자 밖에 모르는 열 한두 살 된 어린 아이가 있었다. 매일 아침마다 짧은 대바구니와 낚싯대 하나를 가지고 어린 아이에게 차 끓이는 도구를 준비하게 해서 노를 저어 바다로 나갔다. 높은 파도와 거친 풍랑 사이를 오고 가면서, 가깝게는 몇 리의 바다로, 멀리는 수십 리 수백 리 바다로 나가서 며칠 밤을 새고 돌아왔으니 사시사철 한결같았다. 그러나 고기를 잡는 것을 염두에 두지 않고, 다만 날마다 듣지 못하던 것들을 듣고 보지 못하던 것들을 보는 것을 기쁨으로 삼았을 뿐이다. 기이하고 괴상해서 놀라운 물고기들이 그 수를 헤아릴 수 없이 많아서, 비로소 바다 속에 들어있는 것들이 육지에 있는 것보다 많고, 바다의 생물이 육지의 생물보다 많다는 것을 알게 되었다. 그래서 드디어 한가한 때에 그들 중에 기록하고 채록할 만한 것들의 형태 색채 성질 맛 등을 적어 두었다.

그러나 천산갑(穿山甲), 날치, 모래무지, 방어, 연어, 동어(鮦魚), 즉어(鯽魚)처럼 사람들이 모두 알고 있는 어류나, 해마(海馬), 해우(海牛), 해구(海狗), 해저(海猪), 해양(海羊) 등과 같이 어족과 관계없는 것들과, 아주 작고 가치가 없어서 이

름을 지을 수 없는 개체들, 그리고 비록 정확한 이름이 있더라도 그 의미가 이해
되지 않아 다른 나라의 말처럼 알아들을 수 없는 것들은, 모두 빼고 기록하지 않
았다. 모두 한 권이 돼서 잘 옮겨 적어 『우해이어보』라고 명명했으니, 훗날 성은
을 입어 살아서 돌아가면 농부와 나무꾼들과 논밭에 물대고 김매는 사이에 이곳
의 풍물에 대하여 이야기하면서, 저녁 무렵에 이야기 거리로 두루 쓰려는 것이
다. 만에 하나라도 감히 지식이 해박한 제현들에게 도움이 될 만한 것들이 있는
것은 아니다.3)

　위의 글에서 그는 자신이 유배지인 진해에서 어부들과 평소에 흉금 없이 친하
게 어울렸으며, 자연스럽게 물고기나 조개들과 익숙하게 접하게 되었다고 했습니다.
이러한 과정에서 그는 세를 들어 사는 집의 어린 아이와 함께 매일 낚시를 준비하
여 진해의 바다로 나아가 어류들을 직접 수집하고 관찰해서 『우해이어보』를 저술
했음을 밝히고 있습니다. 그는 육지에서는 볼 수 없었던 경이로운 어류의 세계에
빠져들었던 것입니다.
　이 서문에서 담정은 자신의 어보가 '이어(異魚)' 즉 '특이한 물고기'들의 기록임
을 밝히고 있습니다. 그가 생각한 특이한 물고기란 누구나 알고 있는 대중적으로
알려진 어종들을 제외한 것입니다. 아마도 그는 이미 누구나 알고 있는 흔한 어종
은 새삼스럽게 다시 기록할 필요가 없다고 생각했던 것 같습니다. 너무 대중적 어
종을 수록하는 것보다는 '날마다 듣지 못하던 물고기들을 듣고, 보지 못하던 물고
기들을 보는 것을 기쁨으로 삼았을 뿐이다.(只喜日聞其所不聞 日見其所不見)'라
는 그의 술회에서 보듯이 널리 알려지지 않은 새로운 어종 찾아 기록하여 지적인

---

3) 「牛海異魚譜」, 『薝庭遺藁』 8권 49쪽. "牛海者鎭海之別名也. 余之竄于鎭己二週歲矣.薄
　處島陬 門臨大海 與艄夫漁漢相爾汝 鱗彙介族相友愛.僦居主人家有小漁艇 童子年纔十
　一二 頗識幾字 每朝荷短箬簮 持一釣竿 令童子奉烟茶爐具 掉艇而出 常往來於鯨波鰐
　浪之間 近或三五七里 遠或數十百里 信宿而返 四時皆然 不以得魚爲念 只喜日聞其所
　不聞 日見其所不見 夫魚之詭奇靈怪 可驚可愕者 不可彈數 始知海之所包 廣於陸之所
　包 而海蟲之多 過於陸蟲也 遂於暇日漫筆布寫 其形色性味之可記者 竝加採錄 若夫鮻
　鯉鱧鯊魴鮸鮰鯏 人所共知者 與海馬海牛海狗猪羊之與魚族不干者 及其細瑣鄙猥 不可
　名狀 且雖有方名而無意義可解 侏離難曉者 皆闕而不書 書凡一卷 玆加散寫 名曰牛海
　異魚譜 以爲他日 若蒙恩生還 當與漁夫樵叟 談絕域風物於灌畦耨田之暇 聊博晚暮一粲
　非敢有裨乎博雅之萬一云."

호기심을 채우려는 욕구가 더욱 강했기 때문입니다.

이 밖에도 담정은 어류가 아닌 것, 아주 작아 이름을 지을 수 없는 것, 명칭이 우리말로는 알아들을 수 없는 것들은 기록의 대상에서 제외했다고 하였습니다. 아마도 어류가 아닌 것은 분류의 원칙상 당연히 어보에서 제외했을 것이고, 너무 작아 기록할 가치가 없는 것과, 명칭을 도무지 우리말로 알아들을 수 없는 것들은 어쩔 수 없는 현실적인 제약 때문에 수록할 수 없었을 것입니다.

그런데 중요한 사실은 이 책의 저술 목적이, 그가 서문에서 겸손하게 밝힌 것처럼, '유배에서 풀려난 후 농부와 나무꾼들과 논밭에 물대고 김매는 사이에 진해의 풍물에 대하여 이야기할 때에 이야기 거리로 삼으려고 했다.(他日 若蒙恩生還 當與漁夫樵叟 談絶域風物於灌畦耨田之暇 聊博晚暮一粲)' 라는 것입니다. 그는 물론 진해지방의 특이한 어족자원에 대하여 지대한 관심을 가지고 있었지만, 설역인 이곳의 특이한 '풍물(風物)'에 대해서도 상당한 관심을 표명하고 있습니다. 이러한 결과로 『우해이어보』에는 어류에 관한 기록에만 충실한 『자산어보』와는 달리, 당시 그가 목도했던 진해지방의 풍물에 관한 기록들이 풍부하게 담겨있습니다. 후술하겠지만 「우산잡곡」은 바로 담정이 이곳의 풍물을 그려낸 것입니다. 즉 기본적인 작품의 소재는 어류이지만, 작품 속에는 당시 진해지방의 풍물묘사가 많은 부분을 차지하고 있는 것입니다. 그러면 정약전의 『자산어보』의 저작 동기는 담정의 『우해이어보』와는 구체적으로 어떤 차이가 있을까요?

정약전은 1801년 신유옥사에 연루되어 흑산도에 유배된 지 14년째인 1814년에 『자산어보』를 완성하고 그 서문에서 다음과 같이 말하고 있습니다.

> 자산은 흑산도이다. 내가 흑산도에 유배를 와보니 흑산이란 이름이 어둡고 두려워서 집안사람들의 편지에 문득 자산이라고 썼다. 玆란 검다는 뜻이다. 자산의 바다 속 어족은 매우 풍부하지만 이름이 알려진 것은 적으니, 박물학자들이 마땅히 살펴 보아야할 곳이다. 그래서 내가 어보를 만들어 보려고 섬의 주민들을 두루 만나 보았지만, 사람마다 각각 말이 달라 어떤 것을 따라야할 지 몰랐다. 그런데 섬 안에 덕순(德順) 장창대(張昌大)라는 자가 있어 문을 닫고 객을 사양하면서 독실하게 옛 서적들을 읽고 있었다. 그는 집안이 가난하고 책이 적어 손에서

책을 놓지 않았지만 본 것들이 넓지 못했다. 그러나 성격이 조용하고 정밀해서 초목과 조어에 이르기까지 눈과 귀로 접한 것들은 모두 자세히 관찰하고 깊이 생각해서 본성과 이치를 알고 있어 그 말이 믿을 만 했었다.

나는 드디어 이 사람을 맞이해 함께 묵으면서 어보의 순서와 차례를 연구하고 편집하여 『자산어보』라고 이름을 붙이고, 옆에 해금(海禽)과 해채류(海菜類)를 더하여 후세 사람들의 참고가 되게 하였다. 돌이켜 보건대 내가 본래 고루하여, 어떤 것은 이미 『본초강목』에서 보고도 그 이름을 들어보지 못하고, 어떤 것은 옛 부터 이름이 없어서 알 수 없는 것들이 태반이었다. 그래서 단지 항간에서 속칭으로 부르는 것을 따랐고, 이름을 알 수 없는 것들은 감히 처음으로 그 이름을 붙였다. 후세의 군자들이 이 책을 보충하여 충실하게 하면 이 책이 치병(治病)과 이용(利用)과 이칙(理則)을 연구하는 여러 사람들에게 좋은 자료가 되고, 또한 시인들이 시를 쓰다가 모르는 것을 해결하는 데에 도움을 줄 것이다.4)

　　정약전은 흑산도는 어족자원이 매우 풍부한 곳으로, '박물자의 관점에서 마땅히 이들에 대한 관찰 기록이 있어야 한다(博物者 所宜察也)'고 전제하면서, 자신이 그 임무를 수행하겠다고 자임하고 나섰습니다. 이를 위해 그는 어류에 대한 견문과 경험이 풍부한 현지 흑산도 사람인 장창대의 도움으로 『자산어보』를 완성했습니다.

　　그는 자신이 서문에서 언급했던 것처럼 박물학적 관점에서 『자산어보』의 저술을 시작하였기 때문에, 우리나라는 물론 중국의 수십 종의 서적들을 인용하여 어류들을 고증하고 있습니다. 이것은 담정이 『주서(周書)』와 『동의보감』 『본초강목』 단 3종의 서적만을 인용한 것에 비하면 상당히 많은 편입니다. 이렇게 다양한 서적들을 통해서도 이름을 알 수 없는 어종은 어쩔 수 없이 항간에서 부르는 이름을 그

---

4) 「玆山魚譜序」, 『玆山魚譜』1권 1쪽. "玆山者 黑山也 余謫黑山 黑山之名 幽晦可怖 家人書牘 輒稱玆山 玆亦黑也 玆山海中魚族極繁 而知名者鮮 博物者所宜察也 余乃博訪於島人 意欲成譜 而人各異言莫可適從 島中有張德順昌大者 杜門謝客 篤好古書 顧家貧少書 手不釋卷 而所見者不能博 然性恬靜精密 凡草木鳥魚 接於耳目者 皆細察而沈思 得其性理 故其言爲可信 余遂邀而館之 與之講究序次成編 名之曰 玆山魚譜 旁及魚鳥禽海菜 以資後人之考驗 顧余固陋或已見本草 而不聞其名 或舊無其名 而無所可考者太半也 只憑俗呼俚 不堪讀者 輒敢創立其名 後之君子 因是而修潤之 則是書也 於治病利用理則數家 固應有資 而亦以補詩人博依之所不及云爾."

대로 쓰거나 자신이 처음으로 이름을 붙였다고 했습니다.

정약전은 『자산어보』가 흑산도의 어족자원에 대한 다양하고 정확한 정보를 제공하여 궁극적으로는 치병(治病)과 이용(利用)이나 이칙(理則) 등을 연구하는 학자들은 물론 시인에게 까지 유용한 서적이 되기를 바라고 있습니다. 말 그대로 박물적(博物的) 성격의 자료로서 여러 곳에 두루 도움을 주게 되기를 기대하고 있는 것입니다. 담정의 '풍물(風物)'과는 달리 '이용(利用)'이라는 실학의 구체적 덕목이 제시되고 있음을 알 수 있습니다.

담정의 『우해이어보』나 정약전의 『자산어보』는 모두 기본적으로 어족의 명칭 형태 습성 맛 등을 기록하고 있는 어류에 대한 종합적 보고서라는 어보의 기본적 속성에서는 동일하다고 할 수 있습니다. 그러나 앞에서 언급한 대로 저작의도에서는 약간의 차이가 있습니다.

『자산어보』는 여러 서적들을 동원하여 고증에 치중해서, 여러 사람들의 '이용'에 도움이 되는 박물학인 자료의 기록이라는 관점에 서있습니다. 따라서 저작의도에 있어 『우해이어보』보다는 학술적인 성격이 강하다고 할 수 있습니다. 반면 『우해이어보』는 이상한 어류(異魚)를 기록 대상으로 삼았기 때문에, 인용한 서적들이 『자산어보』보다는 상대적으로 적습니다. 또한 '풍물'을 시작품으로 형상화한 「우산잡곡」을 함께 수록하여 어류에 대한 기록뿐만 아니라, 자신의 문예적인 취향도 가미하고 있는 것입니다. 이러한 차이가 나타나게 된 원인은 무엇일까요? 추측컨대 그것은 아마도 정약전은 기본적으로 실학의 전통을 이어가고 있던 학자로서의 직분에 충실하고자 했지만, 담정은 어보의 제작과정에서도 시인으로서의 예민한 감수성과 기질을 버릴 수 없었기 때문일 것입니다.

2. 체제와 수록어종

『우해이어보』에는 어류 53항목 갑각류 8항목 패류 11항목 등 모두 72항목이
수록되어 있습니다. 『자산어보』에는 어류 40항목, 조개류 12항목, 잡류(海蟲, 海禽,
海獸, 海草類) 4항목 등 모두 56항목이 수록되어 있습니다. 그러나 두 어보 모두
한 항목 아래에 근연종(近緣種)이라고 생각되는 어류들을 추가로 수록하고 있기
때문에, 실제로 수록된 어족자원은 이보다 훨씬 더 많습니다.

3. 「우산잡곡」의 창작과정

雜(섞일 잡): 杂, [襍], zá, 隹-10, 18

字解 형성. 원래 衣(옷 의)가 의미부이고 集(모일 집)이 소리부인 襍(섞일 잡)으로 썼는데, 자형
이 조금 변해 지금처럼 되었습니다. 여러 색이 함께 모여(集) '뒤섞인' 옷(衣)을 말
했습니다. 이후 '뒤섞이다'는 뜻으로 확장되었고, 간화자에서는 초서체로 간단하
게 줄여 杂으로 씁니다.

字形 雜 簡牘文   雜 說文小篆

曲(굽을 곡): [麯, 麴], qū, 曰-2, 6, 50

字解 상형. 갑골문에서 대나 버들을 굽혀 엮어 놓은 광주리의 모습을 그렸는데, 이로
부터 '굽다'는 뜻이 나왔고, 曲線(곡선), 歪曲(왜곡), 曲解(곡해) 등의 의미도 나왔습니
다. 『설문해자』에서도 '물건을 담을 수 있게 한 네모진 기물을 말하는데, 일설
에는 누에 칠 때 쓰는 채반을 말합니다.'라고 했습니다. 현대 중국에서는 麯(누룩
국)과 麴(누룩 국)의 간화자로도 쓰입니다.

字形 金文   簡牘文   說文小篆   說文古文   麯 麴 玉篇

우산(牛山)은 바로 진해의 옛 지명이고, 잡곡(雜曲)은 말 그대로 '속된 노래,
잡스런 노래'라는 의미입니다. 즉 「우산잡곡」이란 바로 진해 지방의 잡스런 노래인

셈입니다. 그렇다면 담정은 어째서 자신의 작품을 스스로 잡스런 노래라고 하였을까요? 아마도 우산잡곡의 내용이 자신이 어부들과 격의 없이 어울린 비리한 어촌의 풍물 이야기들을 담고 있기 때문에, 그는 스스로 잡스런 노래인 잡곡이라고 명명하였을 것입니다.

앞에서 살펴본 것처럼 『우해이어보』는 각 어류의 명칭과 분포 종류 등을 기록하고 있을 뿐만 아니라, 진해지방의 어민들이 그것을 잡는 방법, 조리방법, 심지어는 유통과정까지 상세하게 기록하고 있습니다. 그의 서문에 의하면 이것들은 그가 이방인으로서 유배지인 진해지방의 어민과 친하게 어울리며 함께 직접 바다로 배를 타고 나가서 체험하고 전해들은 어촌의 현장 이야기들입니다.

『우해이어보』를 저술하면서 담정 자신이 목도한 19세기 초반의 진해지방 풍물들은 자연스럽게 그대로 「우산잡곡」에 그려지고 있습니다. 「우산잡곡」은 한 종류의 어종에 대하여 여러 사항을 설명하고 그 설명을 바탕으로 하여 시를 창작한 것입니다. 따라서 양자는 서로 긴밀한 연관을 맺고 있어 분리하여 생각할 수 없습니다. 심지어 「우산잡곡」에 수록된 시들은 『우해이어보』라는 보조 자료 없이 단독으로는 해독이 불가능할 정도입니다. 그래서 「우산잡곡」에는 각종 어류를 소재로 다루면서 거기에 관련된 어로의 현장, 어촌의 풍광과 수산물의 유통과정, 남도여인들의 모습 등을 생생하게 묘사해내고 있는 것입니다. 그는 비리하지만 생동하는 유배지 진해의 현장 분위기를 시 속에 담아내고 싶었던 것입니다.[5]

담정에게 이렇게 어보의 안에까지 「우산잡곡」을 창작하게 한 동인은 무엇일까요? 그의 「제만선와잉고권후(題萬蟬窩賸稿卷後)」라는 글에서 그 실마리를 찾아봅니다.[6]

---

5) 이러한 어촌의 현장 분위기와 이들이 생활상은 그의 장편 서사시인 「고시위장원경처심씨작(古詩爲張遠卿妻沈氏作)」에서 주인공 파총의 어촌생활을 묘사하는 장면에서 그대로 반영되어 나타나고 있습니다. 그가 진해에서의 유배생활을 경험하고, 『우해이어보』와 「우산잡곡」을 저술하지 않았다면, 이렇게 사실적인 묘사는 불가능했을 것입니다.

6) 『만선와잉고(萬蟬窩賸稿)』는 과일과 채소 꽃 등을 소재로 하여 각각의 품종을 한 편의 시로 소개한 것입니다. 이 『만선와잉고』에는 모두 101수의 한시가 수록되어 있습니다. 과일에 관한 것이 30수, 채소에 관한 것이 19수, 화훼에 관한 것이 10수, 기타 42수입니다. 원래는 더욱 많은 분량이 있었지만, 태반이 일실되고 일부만이 남았다고 담정 자신이 권후(卷後)에서 술회하고 있습니다.

> 신미년 봄에 나는 여릉(廬陵)의 별실에서 굶주림을 피해 서울 삼청동에 있었다. 집들이 조개껍질처럼 누추하고 약간의 빈터와 숲이 있었지만, 모두 황무지처럼 버려지고 정리되지 않았다. 집안이 매우 가난해서 굶기를 밥 먹듯이 했으나, 매번 병든 틈에도 눈에 보이는 대로 시로 읊어서 종이에 적어 놓았다.[7]

신미년이면 그가 유배에서 돌아온 해입니다. 굶기를 밥 먹듯이 하는 어려움 속에서도 '눈에 보이는 대로 시로 읊어서 종이에 적어 놓는 것(隨目所見 漫詠紙墨)'이 바로 담정의 시 창작 습관입니다. 이것은 그가 시인으로서의 시의 대상물에 대하여 언제나 즉발적(卽發的)으로 시를 창작할 수 있는 예민한 감수성과 창작능력을 소유하고 있었으며, 또한 그러한 감수성과 창작능력으로 말미암아 시의 창작이 끊임없이 일상적이고 지속적으로 이루어져 왔음을 대변하는 말일 것입니다. 「우산잡곡」은 바로 그가 시인으로서 매일 진해지방의 어류와 풍물을 경이로운 눈으로 목도하며 느꼈던 뛰어난 감수성의 산물인 것입니다. 그는 어보를 기록하면서도 자신이 느꼈던 진해라는 어촌 현장의 생생한 분위기와 느낌을 그대로 버려두고 싶지 않았던 것입니다.

담정의 창작에 대한 열정은 확실히 남다른 데가 있습니다. 그는 일찍이 첫 유배지인 부령(富寧)으로의 여정을 기록한 『감담일기(坎窞日記)』에서도 여러 차례 죽음의 위기를 겪으면서 유배 도중에 54수나 되는 많은 시를 남겼고, 진해에 내려온 첫 해에도 부령의 기생인 연희를 그리며 삼백 수에 가까운 『사유악부(思牖樂府)』를 창작했으며, 말년에 連山 현감으로 재직하던 시절에는 매일 하루에 한 수씩 시를 창작하여 『황성이곡(黃城俚曲)』 204수를 남기기도 하였던 것입니다.

이방인으로 이상하고 신기한 어류 세계에 대한 경이로움은 그의 지적 호기심을 촉발시켜 『우해이어보』를 저술하게 하였고, 그의 내면의 예민한 감수성과 창의성은 이를 곧바로 시로 형상화시켜 「우산잡곡」의 창작으로 이어지게 했던 것입니다.

---

7) 「題萬蟬窩賸藁卷後」, 『담정유고』 4권 49쪽. "辛未春 余自廬陵別業 避飢就食于漢師之三清衚衕 屋如螺螄殼 頗有空址園林 然皆蕪穢不治 家甚竆乏 三旬九食 每病暇 隨目所見 漫詠紙墨."

4. 「우산잡곡」 분석

(1) 어로 작업의 현장

河(강 하): hé, 水-5, 8, 50

字解 형성. 水(물 수)가 의미부이고 可(옳을 가)가 소리부로, 원래 黃河(황하)를 지칭하는 고유명사였는데, 이후 '강'의 통칭이 되었습니다. 북쪽의 몽골어에서 온 외래어로 알려졌으며, 그 때문에 지금도 북쪽의 黃河 유역에 있는 강들은 '河'로 이름 붙여진 경우가 일반적입니다. 이외에도 銀河(은하), 강가를 뜻하였고, 강의 신인 河伯(하백)을 지칭하기도 했습니다.

字形 甲骨文 金文 古陶文 簡牘文 古璽文 說文小篆

豚(돼지 돈): [豘], tún, 肉-7, 11, 30

字解 회의. 豕(돼지 시)와 肉(고기 육)으로 구성되었는데, 고기(肉)로 쓰이는 새끼 돼지(豕)를 말하며, 이후 돼지의 통칭이 되었습니다. 갑골문에서는 돼지(豕) 뱃속에 고기(肉)가 든 모습으로써 '새끼돼지'를 형상했습니다. 달리 豕가 의미부이고 屯(진 칠 둔)이 소리부인 豘으로 쓰기도 합니다.

字形 甲骨文 金文 簡牘文 說文小篆 說文篆文

「우산잡곡」은 담정 자신이 직접 어부들과 어울려 생활하면서 지은 작품이기 때문에, 각각의 어종에 따른 다양한 포획방법과 어로 작업의 현장을 생생하게 묘사한 작품들이 두드러지게 나타나고 있습니다. 이제 이들을 구체적으로 살펴봅니다.

嵐銷雲斂㴬潮暾   안개와 구름 걷힌 맑은 바다 아침 해 밝아

10-2. 자주복(『한국해산어류도감』, 김용억 공저, 2001)

嬾步欹危訪海壜　　　한가히 걸어 아슬아슬 수문을 찾아갔다가
驀地沙干流霹靂　　　곧장 해변으로 가니 벽력같은 울음소리
漁兒撽破石河魨[8]　　바로 어부들이 돌복어 두들겨 잡는 소리

복어의 일종인 돌복어(石河豚) 항목에 수록된 시입니다. 아침 일찍 바닷가를 산책하다가 수문가에 도착한 담정은 어부들이 돌복어를 때려서 잡는 현장을 목격합니다. 포획된 돌복어는 벽력같은 소리를 지르며 죽어가고 있습니다. 이것은 돌복어의 특이한 성질 때문에 볼 수 있는 포획장면입니다. 그는 『우해이어보』에서 다음과 같이 돌복어의 특성을 설명하고 있습니다.

이 돌복어는 성질이 매우 사납고 표독스럽다. 처음에 잡혀서 나오면 화가 나서 배가 부풀어 오르고 입으로 늙은 개구리가 울부짖는 소리를 낸다. 배를 돌로 눌러 거룻배에 올려놓고 문지르면 더욱 화가 나서 배가 거위 알처럼 부풀어 오른다. 커다란 돌로 배를 꽉 누르면 이빨이 깨지고 눈알이 부서지지만, 부풀어 오른 배는 줄어들지 않는다. 배가 최고로 부풀어 올랐을 때 돌덩이로 세게 때리면 땅

---

8) 「石河豚」, 『牛海異魚譜』 56쪽.

이 무너지는 것 같은 벽력소리를 지른다.9)

그는 사납기로 유명한 돌복어의 성질을 정확히 이해하고 있었으며, 이것을 시의 창작에 적절히 활용하고 있습니다. 돌복어의 습성을 설명하고 포획장면을 현장감 있게 그려내고 있음을 알 수 있습니다. 이러한 시를 한 수 더 살펴봅시다.

秋來胞水漲雲湄　　가을이 돌아와 胞水가 구름처럼 깔리면
正是寒沙攔岸時　　바로 상어 떼들 해안으로 올라 올 때라네
浦漢銕叉紛似雨　　포구의 어부들 쇠 작살 비 오듯 퍼부어 대니
三條橡斷血淋灘10)　세 가닥 등지느러미도 부러지고 상어피 줄줄

한사어(閑鯊魚)라는 상어의 일종을 포획하는 장면을 그린 작품입니다. 포수(胞水)란 가을이 깊어가면서 바다에 형성되는 독성을 띤 물로 요즘의 적조와 유사한 것입니다. 이 포수를 피해 해안으로 올라온 상어 떼를 잡느라 분주한 현장을 그려내고 있습니다. 그는 다음과 같이 상어의 특성을 설명하고 있습니다.

이 한사어는 낚시나 그물로 잡을 수 없다. 팔구월이 되어서 포수가 밀려오면 물고기들은 파도가 밀려오고 산이 무너지는 것처럼 도망쳐 얕은 물가에서 죽는다. 모여 죽은 물고기들은 썩은 땅에 구더기 같아 냄새가 나서 먹을 수 없다. 이 한사어도 포수에 밀려 쫓겨 오지만 성질이 급하기 때문에 맨 땅으로 뛰어 오른다. 그러면 이곳 사람들은 긴 막대기의 쇠 작살로 지느러미 사이를 마구 찔러 죽인다. 그리고 톱으로 모난 지느러미를 제거하고 배를 가르는데, 등뼈 고기는 구워 먹을 수 있지만 나머지 부분은 모두 기름이라 먹을 수 없고 녹여서 등불을 키는 데 쓴다.11)

---

9) "此魚性甚悍毒 初捕出則怒 腹彭張 口中閤閤 作老蛙吽 以腹傅石上艖磨之 則愈怒張如鵝卵 以巨石堅壓 齒碎眼破 而張猶不銷 方劇張時 以石子急打 則殷地作霹靂聲."(상동)
10) 「寒鯊魚」, 『牛海異魚譜』 55쪽.
11) "此魚不可以釣網捕得 至八九月胞水暴至 則魚族如潮奔山崩 驅至淺水而死 戢戢如糞壤蟲蛆 死者庯不可食 此魚亦爲胞水所逐 然性急故能跳攔旱地 土人以鐵叉長柄者 向鬣間亂刺則死 鋸去楞飜劀 脊肉可燔喫 餘肉脂膵 不可咶堪 溶作點燈."(상동)

10-3. 두룹상어(『한국해산어류도감』, 2001)

　적조가 밀려오면 물고기들의 떼죽음이 이어진다고 어촌의 피해를 언급하면서 상어는 성질이 급하기 때문에 뭍으로 뛰어 오른다고 했습니다. 이 때 어부들이 작살로 지느러미를 찔러 포획한다는 것입니다. 어로현장을 그린 시들 중에는 18세기 후반 진해지방에서 행해졌던 특이한 형태의 어업을 묘사한 작품도 있습니다. 다음의 시를 봅시다.

栗頰微紅橘殼黃	밤 껍질 붉게 익어가고 굴껍질 노래질 때
鮏魚初上蔣家瀼	망성어는 처음 張氏의 어장으로 들어왔지
長年艄手牢中去	고참 사공이 통발 안으로 들어가서
亂棒齊敲版底忙12)	몽둥이로 뱃전 두드리니 정신없이 뛰어 오르네

　망성어라는 어종의 어로장면을 묘사한 시입니다. 밤과 굴이 익어가고 가을이 깊어지면 바로 망성어의 계절입니다. 밀물 때 망성어가 장씨 소유의 죽방렴(竹防簾) 안으로 들어와 물이 빠져 간히자, 어로장의 지시에 따라 일제히 배를 타고 뱃전을 두드리며 놀라 뛰어 오르는 전어를 잡는 광경을 그려내고 있습니다. 담정이 이 시에서 묘사한 것은 장씨의 어장이지만, 이러한 형태의 어업은 이 당시 이미 다른 사람 소유의 어장에서도 행해지던 진해 지방의 보편적인 어업이었습니다. 담정은 여기에 대해서 다음과 같이 이야기하고 있습니다.

---

12) 「鮏鯘」, 『牛海異魚譜』 67쪽.

이곳 사람들은 망성어를 해변 여울에 죽방렴을 설치할 수 있는 곳에서 잡는다. 긴 기둥과 대발을 쓰지 않고 마치 방처럼 풀과 꼴을 많이 가라 앉혀 놓은 것을 통박(桶箔)이라 한다. 세워 놓은 가는 대나무 사이로 간간이 표시를 해놓고 조류가 들어오길 기다린다. 망성어가 조류를 따라 여울로 들어와 이 통박 안에 숨는데 조류가 빠져나가면 도망가지 못한다. 그러면 통박 밖에서 그물을 펴고 배를 타고 통박 안으로 들어간다. 물결을 따라 오고 가며 나무 몽둥이로 뱃전을 두드리면서 대 여섯 명이나 일곱 여덟 명이 함께 두들겨 대는데 그 소리가 마치 다듬이 두드리는 소리와 같다. 망성어가 깜짝 놀라 통박 밖의 그물로 뛰어 오른다.[13]

그는 유속이 빠른 남해안 앞 바다의 좁은 수로에서 조수간만의 차이를 이용하여 여울에 미리 발(桶箔)을 설치해 놓고 여기에 갇힌 물고기를 잡는 이른바 죽방

10-4. 망성어(『한국해산어류도감』, 2001)

13) "土人捕鯑鯉於海匯 可設牢處 不用長柱及竹箔 多沈薪蒭荄藁之屬如房屋 名曰桶箔 立細竹之間 間作標 以待潮至 魚隨潮入匯 匿桶箔中 潮退不去 迺於箔外布網 乘船入桶箔內 隨波往來 以木椎敲艙版 或五六人 或七八人 齊聲敲之 聲如亂砧 魚皆驚散 跳出箔外罣網."(상동)

렴 어업에 대하여 설명하고 있습니다. 이 죽방렴 어업은 대나무로 발을 만든 것을 방죽(防竹)이라고 했고, 여기에서처럼 싸리나 갈대 등으로 발을 만든 것을 신렴(薪簾)이라고 했는데, 이미 고려 때부터 간만의 차이가 큰 서해와 남해에서 행해지던 전통 어업이었습니다.[14] 죽방렴은 지금도 여러 지역에서 행해지고 있습니다. 실제로 죽방렴으로 잡은 고기는 상처가 적기 때문에 다른 어로작업을 통해서 잡은 고기보다 고가에 거래된다고 합니다. 어째든 이러한 자료는 매우 흥미로운 것입니다. 망성어에 관한 시와 『우해이어보』에 나타난 기록을 통하여 우리는 이 시기에 진해에서도 각 어장의 소유권이 구역에 따라 분할되어 있었고, 이미 죽방렴 어업이 활발하게 행해지고 있음을 확인할 수 있습니다.[15]

(2) 어촌의 풍광과 수산물의 유통

乶(땅이름 볼): 乙-7, 8

> **字解** 음차. 우리말의 '볼'을 음역하기 위해 만들어진 글자로, 甫(클 보)와 乙(새 을)로 구성되었는데 모두 독음 표기 기능만 담당합니다. 乙은 우리말에서의 '-ㄹ'음을 표기하기 위해 가차되어 사용되었습니다.

「우산잡곡」에는 자신이 유배되어 살고 있는 진해의 풍광과 어촌의 분위기, 그리고 그 속에서 살아가는 다양한 군상들의 모습들이 마치 한 컷 한 컷 사진을 찍듯이 섬세하게 묘사되고 있습니다. 이들을 차례로 살펴봅니다.

---

14) 朴九秉, 『한국어업사』(정음사, 1975), 106면 참조.
15) 담정은 방어의 일종인 양타(䑎䲉)라는 어종의 포획법을 설명하면서 다음과 같이 죽방렴에 대하여 이야기하고 있습니다. "진해 바닷가에는 죽방이 수십 곳이 있어서 마치 바둑알처럼 죽방렴을 설치해 놓았다. 이들은 모두 '남죽방' '북죽방' '청죽방' '석죽방' '도내죽방' '동분죽방' 같은 이름을 써놓은 표식이 있다. 이 중에 도내죽방 만이 관가에서 운영하는 것이고, 나머지는 일일이 다 기록할 수 없을 정도이다. 각 죽방에는 주인이 있으며, 고기가 잘 잡히고 잘 안 잡히는 것은 해마다 변한다고 한다.(鎮海海邊有牢數十處 如碁置牢 皆有名字標號 若曰南牢 曰北牢 曰箐牢 曰石牢 曰都內牢 曰銅盆牢 唯都內爲官魚條 餘不可盡記 牢各有主 而魚族之豊歉 亦隨歲而變云.)"

樓船津上雨霏霏　　　포구 위 어선에 주룩주룩 비 내리고
淡竹蕭槮護石機　　　솜대는 앙상하게 돌 더미 막고 있지
笋笠釣翁端的好　　　삿갓 쓴 노인 낚시가 잘됐는지
蕎花昆雉荷肩歸16)　　교화꽁치를 어깨에 짊어지고 돌아가네

梨花雪落覆汀洲　　　배꽃은 눈처럼 떨어져 물가를 덮고 있고
滿地蒲芽白正柔　　　온 땅 가득 부들의 싹 희고 연하다네
日落沙場青烟散　　　모래밭에 해지자 푸른 연기 피어오르니
兒童敲火燒甘鯖17)　　아이들 불 지펴서 甘鯖를 굽고 있구나

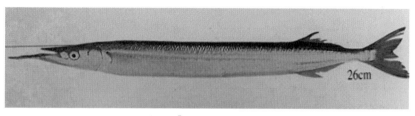

10-5. 학꽁치(『한국해산어류도감』, 2001)

　　꽁치의 일종인 교화꽁치와 뱀장어의 일종인 감추를 소재로 한 시들입니다. 첫 번째 시는 비오는 포구와 쓸쓸한 바닷가의 정경을 그려내고, 꽁치를 낚아 돌아가는 노인의 모습을 한 폭의 그림처럼 그려내고 있습니다. 두 번째 시는 배꽃이 피고 부들 싹이 돋아나는 봄 바닷가 백사장에서 뱀장어를 구워먹는 어촌 아이들의 모습을 그린 것입니다. 두 편의 시 모두 어촌의 세세한 분위기와 일상의 모습들이 눈앞에서 보듯이 자세하게 묘사되고 있음을 알 수 있습니다.

中秋墟墓饌蔬香　　　추석날 성묘음식 향기가 좋지만

---

16) 「魟鯖」, 『牛海異魚譜』 51쪽.
17) 「魟魝」, 『牛海異魚譜』 71쪽.

洪禮房家另樣光   홍예방의 집은 특별히 윤기가 흐르네
海錯山珍都不數   산해진미 음식들 셀 수도 없지만
蝦兒古董最先行[18]   그 중에 새우고동이 가장 앞줄에 놓이지

이방인의 눈에 비친 이상한 추석 제수 음식의 모습입니다. 그가 진해에서 만난 홍예방의 집에서는 어촌지역의 특성상 새우고동을 가장 좋은 음식으로 생각해서 제일 앞줄에 진설해 놓고 있습니다. 이 작품 역시 진해지방의 특이한 풍속과 풍물을 시 속에 담아내고 있는 것입니다. 다음의 시를 봅시다.

月落烏嘶海色昏   달 지고 까마귀 울어 바다는 저무는데
亥潮初滄打柴門   저녁 밀물 밀려들어 사립문 때리누나
遙知䲙䰮商船到   아마도 볼락 실은 배 도착했는지
巨濟沙工水際喧[19] 거제도 사공들 물가에서 떠들어 대네

볼락을 소재로 다룬 시입니다. 저녁 바닷가에 볼락을 실은 배가 도착하자, 거제도 사공들이 떠들어대는 소리가 소란스럽습니다. 담정은 와자지껄 떠들썩한 어촌의 분위기를 그대로 살려내고 있는 것입니다. 그는 볼락이라는 명칭의 유래와 거제도 사공이 진해에까지 오게 된 이유에 대하여 다음과 같이 이야기하고 있습니다.

이곳 사람들은 보라어를 보락(甫鮥)이나 볼락(䲙䰮)이라고 부른다. 우리나라의 방언에 엷은 자색을 보라라고 하는데, 보는 아름답다는 뜻이니 보라라는 것은 아름다운 비단과 같은 말이다. 보라는 이름은 여기에서 유래되었을 것이다. 진해 어부들이 가끔 그물로 볼락을 잡지만, 많이 잡지는 못한다. 해마다 거제도 사람들이 볼락을 잡아 젓을 담아 배로 수백 항아리씩 실어 와서 포구에서 팔아 생마(生麻)와 바꾸어 간다. 거제도에는 볼락이 많이 잡히지만, 모시가 매우 귀하기 때문이다.[20]

---

18) 「蝦兒蟲子」,『牛海異魚譜』77쪽.
19) 「甫魚羅魚」,『牛海異魚譜』51쪽.
20) "土人呼以甫鮥 或稱䲙䰮魚 然東方方言以淡紫色爲甫羅 甫美也 甫羅者 猶言美錦也 然

10-6. 볼락(『한국해산어류도감』, 2001)

그는 보랏빛 색깔을 띠고 있는 볼락어의 명칭이 바로 '보라'라고 하는 우리의 방언에서 유래되었을 것이라고 추정하면서, 민간에서 불리는 대로 볼락이라는 음을 그대로 살려서 '볼락(乶犖)'이라는 새로운 조어를 만들어 시어로 사용하고 있습니다. 이것은 앞의 꽁치(昆雉)의 경우도 마찬가지입니다. 이렇게 「우산잡곡」은 당시 진해지방에서 불리어지고 있던 어류의 명칭을 우리의 방언 그대로 음차하여 사용하고 있는 것이 많다는 점이 특징입니다.

또한 위의 시와 기록을 통하여 우리는 당시 거제도와 진해 간에는 볼락어 젓갈과 생마가 활발하게 교역되고 있었음을 알 수 있습니다. 진해의 정경과 풍물을 묘사하는 중에 어류의 유통과정이 자연스럽게 소개되고 있는 것입니다. 이러한 어류 자원의 유통기록은 여러 곳에서 나타납니다. 다음의 시를 봅시다.

黃梅雨霽麥齊腰   황매비 개이고 보리도 허리춤까지 자라나

則甫羅之名必昉於此 鎭海漁人 往往網得 然不甚多 每歲巨濟府人捕甫羅爲鮓 船運數百
甕 來海口販賣 易生麻而去 蓋巨濟多産此魚 而廣臬甚貴也."(상동)

馬莧初芽野雉嬌　　말비름은 싹트고 산까치도 깝쳐대네
胙艋沙堤飛到泊　　작은 배들 모래언덕에 날듯이 정박하자
一時舗曬綠長鰾[21]　한꺼번에 모두 민어 부레 볕에 말리네

　　창자가 길어 장표어(長鰾魚)로도 불리는 민어를 소재로 한 시입니다. 황매비가 그치자 출어에 나선 어선들이 포구에 도착했습니다. 그러자 어선에서 잡은 민어를 내리고 바쁘게 배를 따서 부레를 꺼내어 말리는 사람들 때문에, 아연 활기를 띠고 있습니다. 그는 이러한 어촌의 모습을 놓치지 않고 묘사하고 있는 것입니다. 담정은 이 민어의 유통경로에 대하여 다음과 같이 언급하고 있습니다.

　　　　이 곳 사람들은 민어를 잡으면 그 부레를 말려서 몰래 동래의 倭시장에 내다판다. 그렇지 않으면 자신들이 구워 먹는데, 서울의 상인들이 흥정을 해오면 피하고 말하지 않는다. 관가에서 세금을 매길까 두렵기 때문이다.[22]

　　동래의 왜인들과 밀거래를 하며 서울 상인과는 거래하지 않는 이유는 바로 관가의 무거운 세금 부담 때문이라는 것입니다. 18세기 초반에 조정의 세금이 어촌지역에까지 기혹하게 징수되어 어민들이 세원이 노출되는 것을 기피하고 있었음을 알 수 있습니다.
　　앞에서 살펴본 시들과 어보의 기록을 통하여 우리는 19세기 초반 진해지방의 풍광과 어촌의 분위기를 현장감 있게 느낄 수 있고, 그 속에서 숨 쉬며 살아갔던 여러 사람들의 모습을 볼 수 있었습니다. 그리고 또한 부수적으로 이 당시 진해를 중심으로 각 지역 간에 활발하게 전개되던 수산물의 교역과 유통현황, 그리고 어촌의 민심의 동향까지도 파악할 수 있는 것입니다.

---

21) 「鯥鰾」, 『牛海異魚譜』 58쪽.
22) "土人或捕綠鰾 漉其鰾 潛賣東萊倭市 否則魚食 京師商賈問之 則牢諱不言 恐其有官斂也."(상동)

(3) 남도의 여인들

蛤(대합조개 합): [血], gé, 虫-6, 12, 10

字解 형성. 虫(벌레 충)이 의미부이고 合(합할 합)이 소리부로, 대합조개를 말하는데, 아래위가 합쳐지는(合) 껍데기를 가진 연체동물(虫)이라는 뜻을 담았습니다. 『설문해자』에서는 상하구조로 된 盒으로 썼습니다.

字形 盒 說文小篆

「우산잡곡」에 수록된 39수 가운데 삼분의 일인 13수 정도의 시에서, 진해와 주변의 섬, 그리고 진해 인근 지역의 다양한 여인들이 각 작품의 중요한 주인공으로 등장합니다. 이것은 그가 평소에 여성들을 작품의 제재로 즐겨 택하였다는 사실과 서로 일맥상통한다고 할 수 있습니다. 먼저 아래의 시를 봅시다.

野婆栲栳兩頭丫　　들판의 노파와 바구니 든 두 처녀
撥着葑灰買大家　　순무뿌리 캐어다 부자 집에 파네
荒歲充腸全沒計　　흉년에도 주린 배 채울 대책이 없으니
誰敎阿囝燒鰜牙[23]　누가 저들에게 겸아를 구어 주려나

겸아(鰜牙)라는 고기는 이빨이 날카롭고 배가 커서, 큰 배 속에 내장이 가득 들어 있습니다. 담정은 이 겸아를 보고서, 들판에서 순무를 캐어서 내다 팔아 어렵게 살아가는 이웃의 노파와 두 처녀를 떠올렸습니다. 그는 흉년을 맞아 굶주려 있는 이들에게 누군가 겸아의 내장을 꺼내서 구휼해줄 것을 간절히 바라고 있는 것입니다. 이 시가 가난한 노파와 여인에 대한 연민의 정을 나타내고 있다면, 다음의 시들에서는 남도여인들의 강인한 생활력이 칭송되고 있습니다.

羊島健娥虎不如　　양도(羊島)의 튼실한 아낙 호랑이처럼 억세서

---

23)「鰜牙」,『牛海異魚譜』69쪽.

頭兜瓦甌盛釓魚	머리에 수건 쓰고 두멍에 정어리를 담고 있네
綿裙赤脚渾忙了	무명치마 붉은 다리로 바쁘게 일마치고
應向灆城趁晚虛[24]	아마도 저녁에는 또 반성(灆城)으로 떠나겠지

固城漁婦慣撑船	고성의 어촌 아낙은 배도 잘 부려서
桅柁開頭燕子翩	키를 돌려 뱃머리 열자 제비처럼 날아간다
梅渴酸葅三十甒	매갈 젓갈 서른 항아리면
親當呼價二千錢[25]	당연히 이천 냥은 불러야지

島村閣氏健如男	섬 마을 각시들 남자처럼 튼튼해서
膀潤腰豐竗理暗	엉덩이 크고 허리 넓어 유행에 어둡지
蛤蚧附鈿拳樣大	조개 목걸이 좋아하나 큰 조개 쓰고
棉絛縮得染田藍[26]	묶은 줄도 들판의 쪽으로 물들였다네

정어리와 매갈을 소재로 한 첫 번째와 두 번째 시에서는 척박한 환경을 이겨
내며 건강하게 살아가는 강인한 여성의 형상이 그려지고 있습니다. 양도(羊島)에
사는 아낙은 호랑이처럼 튼실해서 아침부터 저녁까지 부지런히 생업에 종사하고
있으며, 고성(固城)의 아낙은 자신이 직접 배를 몰고 진해까지 와서 매갈 젓갈을
팔 정도로 적극적인 여인들입니다. 이방인인 담정의 눈에 이들의 모습은 건장하게
비쳐지고 있습니다. 세 번째 시에 나타난 섬 마을 각시들도 남자 못지않게 건장한
여인들입니다. 이들은 외모나 유행에 신경을 쓰지 않는 어촌의 전형적인 여인들인
것입니다. 담정은 이들의 모습을 긍정적이고 활기차게 묘사하고 있음을 알 수 있습
니다. 담정은 꾸밈없이 진솔하게 살아가는 건실한 어촌 아낙의 생활 모습을 그대로
그려내고 있는 것입니다. 다음의 시에서는 재미있는 광경이 그려지고 있습니다.

夜靜谷沈月色美	고요한 밤 깊은 계곡 달빛이 고운데

---

24) 「鰮鰥」, 『牛海異魚譜』 55쪽.
25) 「鮢鯣」, 『牛海異魚譜』 69쪽.
26) 「絲蛤」, 『牛海異魚譜』 74쪽.

10-7. 정어리(『한국해산어류도감』, 2001)

鯞蹄弄影鬧苔磯	낙지들 그림자 이끼 낀 물가에 어지럽다
村丫錯認情僧到	어촌 계집 정분난 땡중이 온 줄 알고
忙下空床啓竹扉[27]	바쁘게 빈 침대에서 내려와 사립문 열어주네

호사(鯞鱬)라는 문어나 낙지와 유사한 어종을 소재로 한 작품입니다. 이 고지라는 어종은 달이 밝은 밤이면 물속에서 나와 바닷가를 돌아다니는데, 그 모습이 흡사 중과 같았다고 합니다. 담정은 이러한 이야기를 바탕으로 바람난 어촌 처녀가 배회하는 고지를 중으로 잘못 알고 사립문을 열어줬다는 이야기를 시로 형상화하였습니다. 그는 이 뿐만 아니라 진해 주변의 다양한 유형의 여성들을 묘사하고 있습니다.

耳鳴酒媼紫篁籃	자줏빛 바구니에 귀밝이술 파는 노파
烏賊奴魚滿一壜	오징어가 단지 하나 가득 들어있네
笑向爐前添炭子	웃으면서 화로 안에 숯을 넣으니
銅鍋烹得色紅酣[28]	구리 냄비 속엔 붉게 익은 오징어 안주

鎭南門外兩丫街	진남문 밖에 있는 두 군데 화류(花柳)거리

27) 「鯞鱬」, 『牛海異魚譜』62쪽.
28) 「鶴鮧」, 『牛海異魚譜』57쪽.

10-8. 대게

街口茅簷揷酒牌	거리 입구 초가집엔 집집마다 술집 간판
新髻紅娥纖手白	새로 온 예쁜 아가씨 고운 흰 손으로
鬃盤托出巨蟹腴[29]	검은 소반에 대게 살 담아 내온다.

오징어와 대게를 소재로 다룬 두 작품에는 모두 술집의 여인들을 등장시키고 있습니다. 앞의 시에서는 선술집에서 귀밝이술을 파는 노파가 등장하지만, 뒤의 시에서는 진해 거리의 홍등가에 있는 기생집들이 나타나고, 신참으로 온 젊은 기생이 등장하고 있습니다. 특히 두 번째 시에서는 풍어가 들어 흥청대던 당시 진해거리 기생집들의 화려함을 느낄 수 있습니다. 이러한 시들에서 우리는 그의 「우산잡곡」이 유배생활 중에 진해 주변에서 목격한 여러 계층의 남도 여성들의 모습을 다양하게 그려내고 있음을 알 수 있습니다.

---

29) 「紫蟹」, 『牛海異魚譜』 72쪽.

蟹(게 해): [蠏, xiè, 虫-13, 19]

字解 형성. 虫(벌레 충)이 의미부이고 解(풀 해)가 소리부로, 갑각류 절지동물(虫)인 '게'를 말하는데, 살을 파먹으려면 모든 뼈를 해체해야(解) 하는 해산물(虫)이라는 뜻을 반영했습니다. 『설문해자』에서는 좌우구조로 썼고, 혹체에서는 虫 대신 魚(물고기 어)가 들어갔습니다.

字形 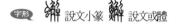 說文小篆　 說文或體

5. 맺음말

이상에서 필자는 우리의 대표적 어보인 『우해이어보』와 『자산어보』를 비교하고, 「우산잡곡」의 창작과정을 살펴보았으며, 그 내용을 분석해보았습니다. 18세기 초반 북방인 부령에서 진해에 이배되었던 담정은 이전에는 볼 수 없었던 어류들을 접하게 되고, 경이로운 어류들의 세계에 대한 지적 호기심으로 『우해이어보』를 저술하였습니다. 박물학적 관점에서 이용(利用)을 중시했던 정약전의 『자산어보』와는 달리, 담정의 『우해이어보』는 풍물(風物)에 대해서도 남다른 관심을 보이고 있었습니다. 그래서 그는 시인으로서의 예민한 감수성과 창의성으로 이를 곧바로 시로 형상화하여 「우산잡곡」을 창작하였던 것입니다.

「우산잡곡」의 기본적인 소재는 모두 어패류이지만 그 구체적 내용은 크게 세 부분으로 나누어 볼 수 있습니다. 어로작업의 현장을 묘사한 시, 어촌의 풍광과 수산물의 유통과정에 대한 시, 남도의 여인들을 노래한 시가 그것입니다. 이러한 일련의 시편들을 통해 그는 생동하는 어촌 마을 진해의 진면목을 우리에게 보여주고 있는 것입니다. 「우산잡곡」의 경우처럼 한 지역의 특이한 어류들만을 집중적으로 조명하여 시의 소재로 삼았던 것은 이전에는 전례가 없는 일입니다. 이러한 시도를 통하여 그는 시의 소재를 어류의 세계까지 확대시켜놓는데 일조를 하였으며, 조선 후기 한시의 역사를 풍요롭게 장식하였습니다.

담정이 이렇게 『우해이어보』와 「우산잡곡」을 창작할 수 있었던 데에는, 그가 살았던 18세기 후반과 19세기 초반의 사회적, 문화적 영향들을 간과할 수 없습니다. 새로운 학문방법으로 등장하여 사물의 체계적이고 철저한 변증을 중시했던 고증학의 영향과, 우리 자신의 사물에 대하여 주체적이고 과학적인 접근 성향을 지니고 있던 실학의 영향 등을 우선 거론할 수 있을 것입니다. 여기에 대한 논의는 당시의 문화사와 학술사 전반에 대한 구체적 검토가 요구되므로 훗날의 과제로 남깁니다.

11. 한자로 읽는 부산의 누대

정경주

제11장_한자로 읽는 부산의 누대

정경주

樓(다락 루): 楼, lóu, 木-11, 15, 32

字解 형성. 木(나무 목)이 의미부이고 婁(별 이름 루)가 소리부로, 다락을 말하는데, 겹쳐(婁) 만들어진 목조(木) 구조물이라는 뜻을 담았습니다. 간화자에서는 婁를 娄로 줄인 楼로 씁니다. 婁는 갑골문에서 여성(女)의 머리 위로 두 손으로 무엇인가를 얹은 모습이며, 금문에서는 그것이 대를 엮어 만든 광주리임을 구체화했습니다. 소전체에 들면서 윗부분의 광주리가 毌(꿰뚫을 관)으로, 중간의 똬리가 中(가운데 중)으로 변하여 지금의 자형이 되었습니다. 그래서 여자들이 머리에 이는 '대광주리'가 원래 뜻입니다. 광주리를 머리에 일 때에는 똬리를 받치고 얹어야 한다는 뜻에서 '겹치다', 중첩되다 등의 뜻을 가집니다. 이후 별자리 이름으로 가차되어 28수(宿)의 하나를 지칭하게 되었습니다. 그러자 원래의 '광주리'라는 뜻은 竹(대 죽)을 더한 簍(대 채롱 루)로 분화했습니다. 간화자에서는 篓로 씁니다.

字形 𤲮 簡牘文　樓 說文小篆

亭(정자 정): tíng, 亠-7, 9, 32

字解 형성. 高(높을 고)의 생략된 부분이 의미부이고 丁(넷째 천간 정)이 소리부로, 정자를 말하는데, 똑바로 선 못(丁, 釘의 원래 글자)처럼 곧추선 높다란 건축물(高)이라는 뜻을 담

있습니다. 이후 간단하게 지은 작은 집을 지칭하였으며, 알맞다, 적당하다의 뜻
도 나왔습니다.

字形  古陶文 帛 身 簡牘文 帚 說文小篆

사람은 자연의 풍광으로 인하여 무한한 감흥을 일으키고, 자연의 풍광은 또한
사람으로 인하여 이름을 얻습니다. 한반도의 동남쪽 해변에 위치한 부산은 그 지리
상의 위치로 인하여 예로부터 동쪽과 남쪽으로 끝없이 펼쳐진 바다와 바닷가의 암
벽과 백사장과 파도와 구름을 배경으로 하는 자연 풍광과 세속을 멀리 떠나 한적
한 바닷가에 매임 없이 소요하였던 은자와 세상의 풍파를 떠밀려 좌천되거나 유배
된 인물들이 배회하였던 자취가 많이 남아 있습니다.

사방의 풍광을 전망할 수 있게 높다랗게 쌓아올린 곳을 대(臺)라 하고, 대 위
에 기둥을 세워 지은 건물을 사(榭)라 하고, 2층 이상의 복층(複層) 건축을 루(樓)
라 하고, 사람들이 모여 쉬는 곳을 정(亭)이라 하는데, 모두 사방을 관망하기에 편
리하거나 또는 자연 풍광이 아름다운 곳에 위치하여 사람들이 관람이나 휴식을 위
해 모여드는 곳입니다.

부산 동래 지역에서 사람들이 관람이나 휴식을 위해 널리 찾았던 명승지로 말

11-1. 18세기 영남지도 동래부의 남쪽 해안. 동쪽에 해운대, 가운데 부산진의 영가대와
절영도의 태종대, 서쪽에 몰운대가 보인다.

하자면, 지금도 사람들은 대개 해운대와 태종대, 몰운대 등의 바닷가를 떠올리는데, 지금 사람들의 기억에는 이미 희미하게 사라져 가고 있지만 겸효대와 소하정, 오륜대와 삼성대와 황학대, 정과정과 적취정, 정원루와 망미루 등의 이름난 누각과 정자가 있었습니다. 여기에서는 바닷가의 태종대, 해운대, 몰운대, 시랑대와 내륙의 소하정과 정과정 등 몇 곳의 고사를 들어봅니다.

1. 태종대(太宗臺)

부산항의 앞바다에 떠서 동남쪽 대양으로부터 밀려오는 파도를 막고 있는 영도 섬의 남쪽 끝에 위치한 태종대는, 지금부터 천 사백 년 전 삼국통일의 기반을 마련한 신라의 영명한 임금 태종 무열왕의 추억이 남은 곳입니다.

臺(돈대 대): 台, [檯], tái, 至-8, 14, 32

字解 형성. 高(높을 고)의 생략된 모습이 의미부이고 至(이를 지)가 소리부로, 높은 평지를 뜻하는 墩臺(돈대)를 말합니다. 『설문해자』에서는 高(높을 고)의 생략된 모습과 之(갈 지)가 의미부이고 至가 소리부인 구조라고 했는데, 자형이 조금 변해 지금처럼 되었습니다. 사람들이 높은 곳 끝까지 올라가(至) 사방을 살펴볼 수 있도록 높고 평탄하게 만든 樓臺(누대)를 말했으며, 이로부터 舞臺(무대), 플랫폼 등 그렇게 생긴 물체를 부르게 되었고, 정부의 관서나 정치 무대의 비유로 쓰이기도 했습니다. 간화자에서는 台(별 태)에 통합되었습니다.

字形 ⬆古陶文 ⬆簡牘文 ⬆說文小篆

島(섬 도): 岛, [嶋, 隝], dǎo, 山-7, 10, 50

字解 형성. 山(뫼 산)이 의미부이고 鳥(새 조)의 생략된 모습이 소리부로, 바다 위에 솟은 돌산(山) 위에 갈매기 등 새(鳥)들이 앉은 모습으로부터 그곳이 '섬'임을 나타냈습니다. 『설문해자』에서는 생략되지 않은 형태의 嶹로 썼으며, 달리 좌우구조로 된 嶋(섬 도)이나 山 대신 阜(언덕 부)가 들어간 隝(섬 도)로 쓰기도 합니다. 간화자에서

는 島로 줄여 씁니다.

字形 （소전 이미지） 說文小篆

　　신라 제29대 태종대왕 김춘추(金春秋, 603~661)는 신라 25대 임금 진지왕(眞知王)의 아들 용수(龍樹) 각간(角干)과 제26대 임금 진평왕의 딸인 천명부인(天明夫人)의 아들이니, 곧 진흥왕(眞興王)의 증손입니다. 그는 제27대 선덕여왕 11년(642) 백제 장군 윤충(允忠)이 대야성을 침공하여 대야성도독 품석과 죽죽과 용석 등의 장수를 죽이고 성을 함락하자, 고구려로 가서 보장왕을 만나 원병을 청하였고, 제28대 진덕여왕 2년(648) 당나라에 들어가 당나라 태종을 만나고 당나라의 국학을 둘러보았으며, 진덕여왕의 뒤를 왕위에 오르자 나당연합군을 이끌고 백제를 정벌하여 삼국통일의 첫걸음을 내디딘 영용한 군주입니다.

　　그렇기 때문에 그는 사후에 신라의 태종(太宗)으로 존승되었습니다. 한 나라를 건국한 사람을 태조(太祖)라고 하는데, '조(祖)'에는 '처음의 시작'이라는 의미가 들어 있기 때문입니다. 그렇듯 한 국가의 건국 이후 국가를 안정한 혁혁한 공훈에다 사람들로부터 신뢰와 존중을 받는 덕성이 있어서 제도와 문물을 정립한 제왕에게 그 공(功)과 덕(德)을 아울러 칭송하여 붙이는 칭호가 종(宗)입니다. 우리나라에서 고려 시대에 태조 왕건(王建) 이후 혜종(惠宗)에서부터 충렬왕(忠烈王) 이전의 원종(元宗)에 이르기까지 23왕에게 모두 종(宗)의 칭호를 붙였고, 조선왕조에서는 태조(太祖)와 세조(世祖), 선조(宣祖), 인조(仁祖), 영조(英祖), 순조(純祖) 등 대소의 국난(國難)을 극복한 몇몇의 군주 외에는 대개 종(宗)의 칭호를 붙였으나, 신라 시대에 종(宗)의 칭호를 붙인 제왕은 태종 무열왕 한 사람 뿐입니다.

　　『삼국유사』에는 태종과 관련하여 전해오는 일화 하나를 기록하여 놓았습니다. 신라에서 무열왕의 사당 이름 즉 묘호(廟號)를 태종(太宗)이라 정하자, 당(唐)나라 태종(太宗)의 뒤를 이어 황제가 된 고종(高宗)은 신라에 사신을 보내어 따졌다고 합니다. "짐의 성고(聖考)께서는 위징(魏徵), 이순풍(李淳風) 등의 어진 신하를 얻어 마음을 함께하여 천하를 통일하였으므로 태종황제(太宗皇帝)라 하였다. 너희 신라는 바다 밖의 작은 나라로서 태종이란 칭호를 가져 천자의 이름을 함부로 사용

11-2. 진재화첩의 태종대.

11-3. 태종대. /2016/09/정호규 사진

하니, 거기에는 불충(不忠)의 의도가 있다. 속히 그 호칭을 고쳐라."

그러자 신라왕은 외교문서를 보내어 변론하여, "신라는 비록 작은 나라이나 성신(聖臣) 김유신을 얻어 삼국을 통일하였으므로 태종이라 하였다."라고 하였습니다. 당나라 고종은 그 외교문서를 보고 가만히 생각해보니 자신이 태자로 있을 때 하늘에서 외치는 소리가 있어 "삼십삼천의 한 사람이 신라에 내려와 김유신이 되었다."고 하는 일이 있었습니다. 이에 그 때 기록을 찾아보고는 놀라고 두려워하여 다시금 사신을 보내어 태종의 호칭을 고치지 않게 하도록 하였다는 것입니다.

태종 대왕이 언제 절영도의 태종대에 들렀는지는 알 수 없습니다. 그는 한 끼의 식사에 쌀 3두, 꿩 9마리를 먹었으며, 백제를 평정한 뒤에도 하루 식사로 쌀 6말과 술 6말, 꿩 10마리를 먹었다고 할 정도로, 신체가 장대하고 풍채가 웅장하여 사람들이 보고는 모두들 신성한 사람이라 하였다고 합니다. 태종대의 깎아지른 절벽 위에 서서 멀리 끝없는 대양을 마주하여 바위 벼랑에 부딪쳐 깨어지는 파도의 포말을 발밑에 깔고 우뚝 선 해안의 바위 벼랑의 위용이 왕자의 기상을 전해주는 듯합니다.

2. 해운대(海雲臺)

부산 바닷가의 명승지로 세상에 가장 널리 알려진 곳은 해운대입니다. 해운대는 신라 말기의 인물 고운 최치원의 유적입니다. 해운대는 장산의 산자락이 십리 백사장의 서편에서 바다 쪽으로 길게 뻗어서 뭉친 동백섬의 동남쪽 끝 바위 언덕에 있었습니다. 중년에 동백섬의 순환 도로를 만들면서 바위 언덕의 일부가 길로 편입되어 그 본디 흔적이 일부 훼손되었으나 누리마루 동편의 노변의 전망대 바로 아래 바위에 해운대라는 석 자의 글씨가 새겨져 전하고 있고, 비슷한 위치에 누리마루와 전망대를 건립해 놓았으니, 옛 모습 그대로는 아닐지라도 그 형태는 그런대로 유지하고 있는 셈입니다.

해운대의 유래에 대하여는 조선 초기 성종 때 편찬된 『동국여지승람』의 동래 고적(古蹟) 조에 다음과 같이 기록되어 전합니다.

. 해운대. 누리마루 동편 바위 언덕 한쪽에 해운대(海雲臺) 세 글자가 새겨져 있다. /2016/09/정호규 사진.

동래읍에서 동쪽 18리 거리에 바다 가운데로 마치 누에머리처럼 밀고 불쑥 들어선 산이 있는데, 그 위에는 모두 동백과 두충, 소나무와 삼나무가 사시사철 하나같이 푸르게 우거져 있다. 겨울이 지나 봄이 올 무렵이면 동백꽃이 땅에 서너 치나 쌓여서 유람객과 말발굽이 밟고 지나간다. 남쪽으로 대마도가 매우 가까이 바라보인다. 신라 때 최치원(崔致遠)이 일찍이 이곳에 대를 쌓고 노닐었는데 유적이 아직도 남아 있다. 최치원의 자가 해운(海雲)이다.

신라 말의 사람 최치원의 자가 해운(海雲)이었으므로, 그가 대를 쌓고 노닐었던 곳을 해운대라 하게 되었다는 말입니다. 해운(海雲)은 글자 그대로 말하자면 '바다의 구름'을 뜻하는 말입니다. 최치원이 평소에 스스로 바다 위에 떠도는 구름처럼 정처 없는 몸이라고 해서 해운(海雲)이라 하였다가 그가 이곳에 노닐었기에 이

儒(선비 유): [伩], rú, 人-14, 16, 40

字解 형성. 人(사람 인)이 의미부이고 需(구할 수)가 소리부로, 어떤 필요나 수요(需)를 해결해 줄 수 있는 사람(人)이라는 뜻을 담았습니다. 갑골문에서 떨어지는 물과 팔을 벌리고 서 있는 사람을 그려 목욕하는 제사장의 모습을 형상화했는데, 제사를 지내기 전 沐浴齋戒(목욕재계)하는 모습입니다. 이후 이러한 제사가 주로 祈雨祭(기우제)였던 때문인지 금문에 들어 물이 雨로 바뀌었고, 이후 사람의 모습이 而(말 이을 이)로 잘못 변해 需가 되었습니다. 이후 제사장이라는 의미를 강조하기 위해 人(사람 인)을 더해 儒가 되면서 지금의 형성구조로 바뀌었습니다. 제사장은 그 집단의 지도자였으며, 지도자는 여러 경험과 학식을 갖춘 사람이어야 했습니다. 그래서 이후 儒는 학자나 지식인을 통칭하는 개념으로 쓰였으며, 그러한 사람들의 집단을 儒, 그러한 학파를 儒家(유가), 그러한 학문을 儒學(유학)이라 부르게 되었습니다. 한국 속자에서는 이러한 인문성을 강조해 人과 文(글월 문)으로 구성된 伩로 쓰기도 합니다.

字形 儒 說文小篆

仙(신선 선): [僊, 仚], xiān, 人-3, 5, 52

字解 형성. 人(사람 인)이 의미부이고 山(뫼 산)이 소리부로, 신선을 말하는데, 산(山)에 사는 사람(人)이 신선임을 말해 줍니다. 이로부터 신선이 되다, 신선처럼 가볍다, 신선이 사는 세계를 뜻하였고, 초월이나 죽음의 비유로도 쓰였습니다. 『설문해자』에서는 仚(사람 산 위에 있을 현)으로 쓰기도 했고, 달리 山을 䙴(오를 선)으로 바꾼 僊으로 쓰기도 합니다.

字形 仚 說文小篆 僊 說文小篆

곳을 후대 사람들이 해운이 놀던 곳이라고 해운대라 하였는지, 또는 최치원이 이곳에 노닐면서 바다 위에 구름이 한가로운 곳이라고 하여 그 노는 장소를 해운대(海雲臺)라 이름 지어 부르고, 이에 따라 그 스스로의 자로 삼았는지, 그 선후 관계는 알 수 없습니다.

최치원은 신라 말엽의 사람입니다. 그는 신라 문성왕(文聖王) 19년(서기 857년)에 태어나 12살의 나이로 배를 타고 당(唐)나라로 건너가 유학하여 18살에 빈공과

(賓貢科)에 급제하고, 약관 20세의 나이에 양자강 남쪽의 선주(宣州) 율수현(溧水縣)의 현위(縣尉) 벼슬을 지냈으며, 23세 때 중국 남방을 뒤흔든 황소(黃巢)의 난이 일어나자, 그 토벌을 지휘하였던 회남절도사(淮南節度使) 고병(高騈)의 막하에 소속되어 제반 문서를 제작하는 일을 맡아, 그 공으로 승무랑(承務郞) 전중시어사(殿中侍御史) 내공봉(內供奉)의 직첩을 받았습니다.

그는 29세 되던 해에 신라로 돌아와서 헌강왕에게 시독(侍讀) 겸 한림학사(翰林學士) 병부시랑(兵部侍郞)의 벼슬을 받았지만, 신라 또한 어지러운 국내 정치 사정으로 인하여 경륜을 펼 기회를 얻지 못하였습니다. 그는 후삼국이 들어선 어지러운 국내 상황 속에 조국 신라를 일으켜 세우려고 고심에 찬 진언을 올리는 한편, 신라와 당나라를 왕래하며 외교문제의 조정에 힘썼으나, 신라 조정에서는 그의 진언을 받아들여 시행하지 못하고, 그를 지방관으로 임명하였습니다. 최치원은 지방 수령으로 나가 경상도 함양, 전라도 태인, 충청도 서산 등 몇 곳의 고을살이를 다녔으나 거기서도 뜻을 얻지 못하였습니다. 그는 40여 세 이후로는 관직을 버리고 산림과 해변에 소요하였는데, 나중에는 가야산 해인사에 은거하였다가 자취 없이 사라져 버렸습니다.

최치원은 당나라에서 신라로 돌아올 적에 그가 당나라에서 지은 시와 글을 모은 문집 『계원필경(桂苑筆耕)』 등 28권을 진성여왕(眞聖女王)에게 바쳤는데, 이 책은 현재까지 남아 전하는 한국 최초의 개인 문집입니다. 고려 중엽의 문인 이인로(李仁老)의 『파한집(破閑集)』에는 최치원이 만년에 가야산에서 종적을 감춘 내력에 대하여 다음과 같이 기록하였습니다.

그가 고국 신라로 되돌아올 때 동년(同年) 고운(顧雲)이 「고운편(孤雲篇)」을 읊어 전송하였다. 그 글에 이르기를 "바람 따라 바닷가를 떠나서, 달을 벗하여 인간 세상에 왔으나, 배회하다 머무를 수 없어서, 아득하게 또 동국으로 돌아가네[因風離海上 伴月到人間 徘徊不可住 漠漠又東還]"라고 하였다. 공 또한 스스로 서술하기를 "무협(巫峽) 중봉(重峯)의 나이에 베옷 입고 중화(中華)에 들어갔다가, 은하수 별자리의 나이에 비단옷을 입고 동국에 돌아왔다[巫峽重峰之歲 絲入中國 銀漢列宿之年 錦還東國]"이라 하였다. 중년에 벼슬에 뜻이 없어 가야산에 은거하였는데, 어느날 아침 일찍 일어나서 문 밖을 나가더니 그 간 곳을 알지 못한다. 숲 사이에 관과 신발을 남겨놓았는데, 대개 하늘로 올라간 것이다. 해인사의 승려들은 그가 없어진 날짜에 재를 올린다. 공은 수염이 구름 같았고 얼굴은 옥과 같았으며, 그가 있는 곳에는 항상 흰 구름이 덮고 있었다. 그 초상화를 그려서 독서당(讀書堂)에 남겨두었는데 지금도 아직 남아 있다.

동년(同年)은 옛날 과거 시험에 함께 급제한 사람들이 서로를 일컫는 말인데, 요즈음 말로 말하자면 '합격 동기(同期)'인 셈입니다. 고운(顧雲, ?~894)은 당나라 말기의 유명한 시인으로, 당나라 함통(咸通) 15년(서기874년) 최치원과 함께 진사에 급제하고, 그 뒤 회남절도사 고병(高駢)의 막하에서 최치원과 함께 종사관으로 활동하였던 사람입니다. 그가 지었다는 「고운편(孤雲篇)」의 시는 또한 당나라 시인 우업(于鄴)의 시로 전해지는데, 그 기록의 사실 여부는 알 수 없으나 후대에 최치원의 호를 고운(孤雲)이라 일컫는 근거가 되었습니다.

위 글에서 '무협중봉지세(巫峽重峰之歲)'라는 말은 12살을 나타내고, 은한열수지년(銀漢列宿之年)은 28세를 달리 표현한 말입니다. 중국 양자강의 중류에 위치한 협곡인 삼협(三峽)의 하나인 무협(巫峽)에는 12개의 봉우리가 있고, 열수(列宿)는 은하수가 흐르는 하늘에 있는 28개의 별자리를 가리키기 때문입니다.

최치원은 신라가 낳은 훌륭한 국제인의 한 사람이었습니다. 그는 열 두 살의 나이에 당시 세계문화의 중심이었던 당나라로 건너가 열여덟의 나이에 그곳의 고위관리 등용시험인 과거에 급제하여 진사가 되고, 여러 관직을 거치면서 문필로 명성을 날리고, 스물여덟의 나이에 고국 신라로 돌아와서는 부패한 신라 조정에도 받아들여지지 않았습니다. 그랬기에 일을 해볼 만한 나이에 그는 바다와 산을 찾아 소요하며 역사의 기록에서 자취를 감추었습니다.

해운대는 유선(儒仙) 최치원을 기념하는 장소입니다. 그러므로 조선 초기의 방랑객 추강(秋江) 남효온(南孝溫)이 해운대에 유람하면서 남긴 「유해운대서(遊海雲臺序)」에 다음과 같이 적었습니다.

내 직접 다니며 직접 목격하기로는, 혹은 그윽하고 혹은 활달하여 천석(泉石)의 아름다움과 수운(水雲)의 즐거움을 각처마다 가지고 있었지만, 대양의 파도가 하늘에 닿고 눈앞이 가이없어, 부상(扶桑)과 일본 땅이 좌우에 보일락 말락 하고, 물고기와 교룡(蛟龍)이 앞뒤에 어른거려, 그대로 혼탁한 티끌세상의 그물에서 허물을 벗어버리고 곤붕(鯤鵬)의 세계에 소요하며, 신선의 세월 속에 곧바로 해와 달과 별과 더불어 언제나 함께 살 것만 같은 것으로는 해운대가 으뜸이다. 오호라, 그러하기에 문창후(文昌侯)가 이곳에 아름다운 이름을 붙였던 것이 아니겠는가!

문창후(文昌侯)는 최치원이 사라진 뒤 고려 시대에 그가 후학들에게 학문과 문학의 길을 열어주었다고 하여 붙여준 시호(諡號)입니다. 그런데 고려 시대부터 사람들은 그를 또한 유선(儒仙)이라고도 일컬었습니다. 유(儒)는 세상의 도덕 문명을 바르게 세우려고 노력하는 인물을 가리키는 말이고, 선(仙)은 세속을 떠나 자연 속에 소요하는 신선을 가리키는 말입니다.

3. 소하정(蘇嘏亭)

白(흰 백): bái, 白-0, 5, 80

字解 상형. 자원에 대한 의견이 분분하여, 이것이 껍질을 벗긴 쌀, 태양(日·일)이 뜰 때 비추는 햇빛, 엄지손가락을 그렸다는 등 여러 의견이 제시되었으나, 마지막 견해가 가장 통용되고 있습니다. 엄지손가락은 손가락 중에서 가장 큰 '첫 번째' 손가락입니다. 그래서 白의 원래 의미는 '첫째'나 '맏이'로 추정되며, '맏이'의 상징에서 '가깝다'의 뜻이 나왔을 것입니다. 이후 白은 告白(고백)처럼 속에 있는 것을 숨김없이 '말하다'는 뜻으로 의미가 확장되었는데, 그것은 祝(빌 축)에서처럼 '맏이(兄·형)'가 천지신명께 드리는 제사를 주관했기 때문입니다. 이와 동시에 白은 속의 것을 숨기지 않고 죄다 밝힌다는 뜻에서 '潔白(결백)'과 '희다'의 뜻이 나왔고, 그러자 원래 뜻은 人(사람 인)을 더한 伯(맏 백)으로 분화했습니다.

字形 ⊕⊕⊕⊗⊖⊖甲骨文 ⊖金文 ⊟ ⊖古陶文

鹿(사슴 록): lù, 鹿-0, 11, 30

字解 상형. 사슴을 그렸는데, 화려한 뿔과 머리와 다리까지 사실적으로 그려졌습니다. 그래서 '사슴'이 원래 뜻인데, 이후 사슴의 종류는 물론 사슴과에 속하는 짐승을 통칭하거나 사슴의 특징과 관련된 의미를 표시하게 되었습니다.

字形 甲骨文 金文 簡牘文 說文小篆

부산 동래구 온천동의 식물원 입구에서 부산대학교 구정문 및 금정초등학교와 장전중학교 일대는 옛날의 소정(蘇亭) 마을입니다. 이곳에 있는 벽산아파트 단지 내의 큰 바위 위에 비석 하나가 서 있는데, 이 비석이 「금정산성부설비(金井山城復設碑)」입니다. 비석 아랫면에 '소정(蘇亭)'이라는 글자가 뚜렷하게 새겨져 있습니다.

소정은 옛날 소하정(蘇蝦亭)을 가리키는 말입니다. 『동국여지승람』동래현의 고적조에 다음과 같은 글이 있습니다.

소하는 항상 흰 사슴을 타고 다니면서 금구선인(金龜仙人)과 놀던 곳이다. 전하는 말에 소하정 위에는 까마귀나 참새가 깃들이지 않는다고 한다. [蘇蝦常乘白鹿與金龜仙人遊衍處諺傳亭上烏雀不棲]

흰 사슴을 타고 다녔다는 소하는 어느 시대 어떤 인물인지 분명치 않습니다. 그런데 고려 후기 시인 정포(鄭誧)가 동래에 유람하면서 지은 시에 그 고사를 읊은 시가 그의 문집 『설곡집(雪谷集)』에 전합니다.

蘇蝦知何往　소하는 어디로 갔나?
東崖有古居　동쪽 언덕에 옛 거처 있네.
如聞騎白鹿　흰 사슴 타고 다닌다 했으니
本自陋金魚　본디 금어를 누추하게 여겼지.

11-5. 소정 마을 터에 남겨 놓은 「금정산성복설비(金井山城復設碑)」. 비석 아래 바위에 '백록동천(白鹿洞天)'이라 새긴 글이 있어서, 흰 사슴을 타고 다녔다는 소하의 전설을 회상하게 한다. 2015/10/주영택 사진.

遺跡千年後　남긴 자취 천년 지난 뒤,
浮生一夢餘　부생이 한 바탕 꿈이었던가?
偶來多感慨　우연히 와서 감개 많으매,
欲去更躊躇　가려다 다시금 머뭇거리네.

　시에 나오는 금어(金魚)는 금정산 바위의 금정(金井) 우물에 살았다는 금빛 물고기를 가리키는 말이 아니라, 금빛 물고기 형상을 새긴 도장으로, 지방장관의 관인(官印)을 가리키는 말입니다. 금어를 누추하게 여겼다는 말은 금빛 물고기 형상을 한 관인을 차고 다니는 벼슬자리를 하찮게 여겼다는 말입니다. 영광스런 관직을 하찮게 여기고 흰 사슴을 타고 다녔다는 신선 같은 인물 소하의 전설은, 그 아래에 있는 온천(溫泉)과 함께 세속을 떠난 별천지 동래 부산에 대한 옛날 사람들의 인상을 잘 보여줍니다.

설곡 정포는 이 시를 지은 뒤에 고려의 벼슬을 내던지고 당시 세계제국 원(元)나라의 재상이었던 별가불화(別加不花)의 초청으로 원나라의 수도였던 연경(燕京), 지금의 중국 북경으로 갔습니다. 그는 장년의 한창 나이에 그곳에서 죽어 고려로 되돌아오지 못하였지만, 그 원대한 포부는 기릴 만합니다. 그 뒤 설곡의 아들 원재(圓齋) 정추(鄭樞)가 또 동래현령으로 와서 다음 시를 지었습니다.

蘇嘏先生今底所　소하(蘇嘏) 선생은 지금 어느 곳에?
庭前老木鳥無語　뜰 앞에 늙은 나무 새 소리 없네.
金龜白鹿都不見　금 거북 흰 사슴은 모두 보이지 않고,
巖花開落園無主　바위 꽃 피고 지고 동산에 주인 없네.

이 시에서는 소하(蘇嘏)를 선생(先生)이라 하였습니다. 당시에 선생(先生)이란 칭호는 학문과 덕행이 뛰어난 인물을 가리키는 말이었습니다. 연산동의 배산(盃山) 정상 부근에는 겸효대(謙孝臺)가 있는데, 이곳은 또한 옛날 겸효(謙孝)라는 신선이 노닐던 곳이라고 전합니다. 그 이름이 겸손과 효도의 미덕을 나타내고 있으니 그 또한 인간다운 미덕을 갖추고서 이 지역에 은둔하여 살며 사람들의 존중을 받았던 고대 인물이었던 것입니다.

동래 주변에는 이와 같은 신선 같은 인물에 대한 오랜 기록이 유별나게 많이 전합니다. 지금은 거의 사라져 흔적을 찾아볼 수 없지만 김해 공항 입구에 있었던 일곱 개의 언덕 칠점산(七點山)에는 또한 참시선인(旵始仙人)이라는 신선이 있어서 항상 학을 타고 다녔다는 말이 또한 『동국여지승람』에 실려 있습니다. 바다와 산과 강이 어우러진 부산의 자연 경관에 걸맞은 설화들입니다.

4. 정과정(鄭瓜亭)

鄭(나라 이름 정): 郑, zhèng, 邑-12, 15, 12

字解 형성. 邑(고을 읍)이 의미부고 奠(제사지낼 전)이 소리부로, 하남성에 있는 지명(邑)과 그 곳에 있던 나라 이름을 말하며, 성씨로도 쓰였는데, 술(奠)을 빚던 곳(邑)이라는 의미를 담았습니다. 간화자에서는 奠을 关으로 간단히 줄여 郑으로 씁니다.

字形 **昱**甲骨文 **票 穲**金文 **鄭**簡牘文 **節 鄭**古璽文 **鄭**石刻古文 **鄭**說文小篆

瓜(오이 과): [苽], guā, 瓜-0, 5, 20

字解 상형. 참외나 오이 같은 원뿔꼴의 열매가 넝쿨에 달린 모습인데, 가운데가 열매, 양쪽이 넝쿨입니다. 이후 채소든 과수든 열매를 모두 지칭하는 개념으로 변했습니다. 과일은 결실의 상징인데, 瓜熟蒂落(과숙체락·오이가 익으면 꼭지는 저절로 떨어진다)은 水到渠成(수도거성·물이 흐르면 도랑이 생긴다)과 함께 잘 쓰이는 성어로 조건이 성숙하면 일은 자연스레 이루어진다는 말입니다. 瓜가 의미부로 구성된 글자들은 주로 '외'처럼 생긴 열매나 그것으로 만든 제품 등과 의미적 관련을 맺습니다.

字形 **瓜**金文 **瓜**古陶文 **瓜**說文小篆

부산시 수영구 망미동 수영강변 번영로에서 좌수영로로 나오는 망미 램프 초입에 조그만 언덕이 있고, 언덕 위에 정자가 하나 들어서 있습니다. 이 언덕과 정자는 부산시에서 지정한 정과정유적지입니다. 주변에 과정로, 과정교, 과정초등학교 등의 이름이 있는 것은 모두 이 정과정과 관련하여서입니다.

정과정(鄭瓜亭)은 고려 중엽의 동래 출신의 인물 정서(鄭敍)와 그가 동래로 귀양 와서 과정(瓜亭) 즉 '외를 심어 가꾸는 정자'를 지어 거처했다는 장소이자, 또한 정서가 유배지에서 지어 연주하고 불렀다고 전하는 악곡과 가사 「정과정곡(鄭瓜亭曲)」을 가리키는 말입니다.

『동국여지승람』 동래현 고적조에 다음과 같은 기록이 있습니다.

과정(瓜亭)은 동래읍 남쪽 10리에 있다. 정서(鄭敍)는 고려에 벼슬하여 공예태후(恭睿太后)의 매서(妹壻)로서 인종(仁宗)의 총애를 받았다. 의종(毅宗) 때 참소를 받아 고향으로 내쳐지게 되었는데, 왕이 타이르기를 "가면 마땅히 불러 되돌아오도록 하겠다."고 하였다. 그러나 오래 되어도 불러들이지 않았다. 이에 정자를 짓고 외를 심고, 거문고를 어루만지며 연군(戀君)의 뜻을 붙였는데, 가사가 극히 처량하였다. 스스로 호를 과정(瓜亭)이라 하였는데, 악부(樂府)의 정과정(鄭瓜亭)이 바로 그 곡조이다. 터가 아직 남아 있다.

『고려사』를 읽어보면 좀 더 상세한 내용을 알 수 있습니다. 고려 의종(毅宗)은 인종(仁宗)의 맏아들로서 일찍부터 태자로 책봉되었다가 인종이 재위 24년에 붕어하면서 왕위에 올랐습니다. 인종은 즉위 초기에 안으로 이자겸(李資謙)의 난과 묘청(妙淸)의 난을 겪으면서 밖으로 금(金)나라의 압박을 받으면서 어려운 정국을 헤쳐 나갔습니다. 의종은 즉위 이후에 대신들의 반대를 무릅쓰고 대궐 안에 격구장(擊毬場)을 만들고, 환관인 정함(鄭諴)을 조회의 의식을 관장하는 직책인 합문지후(閤門祗候)로 임명하는 등 전례에 없이 유희에 탐닉하고 파격적인 인사를 단행하였습니다.

의종의 이모부로서 내시랑중(內侍郞中)의 벼슬에 있었던 정서는 이를 우려하여 의종에게 곡진하게 그 문제를 간하였으나, 의종은 도리어 정서의 벼슬을 빼앗고 그를 그 윗대의 고향인 동래현으로 되돌아가게 하는 귀양의 조처를 취하였습니다. 정서는 동래로 돌아와서도 의종의 탈선을 우려하여 밤낮으로 고심하다가, 왕의 과오를 깨우치려고 노래를 지어 불렀는데, 그 가사와 곡이 「정과정곡(鄭瓜亭曲)」입니다. 그 가사와 악보는 『세종실록』의 「악지(樂志)」에 실려 전합니다.

내 님을 그리워하여 우니다니
산 접동새와 난 이슷하요입니다.
아니시며 거츠르신들 아으
잔월효성이 아르시리입니다.
넉시라도 님은 한데 녀져라 아으
벼기더시니 뉘러시니잇가

11-6. 정과정 공원. /2016/09/정호규 사진.

과도 허물도 천만 업소입니다.
말힛 마러신뎌 살읏브뎌 아으
아소 님하
도람 드르샤 괴오쇼셔.

정서는 달밤이면 거문고를 안고 과정에 나와 앉아 이 노래를 불렀다고 합니다. 개경에 있는 의종에게 알려지기를 바라서일 터입니다. 이모부 정서의 안타까운 하소연에도 불구하고 의종은 24년 동안 왕위에 있었으나, 결국 무신(武臣) 정중부(鄭仲夫) 등에 의하여 왕위에서 쫓겨나고 말았습니다. 후대 사람들은 정서의 안타까운 하소연을 담은 정과정곡의 가사 내용이 군주로부터 버림받은 신하가 군주와 국가의 현실을 우려하여 걱정하는 내용을 적절하게 잘 담고 있다 하여 충신연주지사(忠臣戀主之詞)라 하고, 또 '해동(海東)의 이소(離騷)'라 하였습니다.

「이소(離騷)」는 중국의 전국시대 말기 초(楚)나라 사람 굴원(屈原)이 진(秦)나라와의 화친에 반대하다가 그 군주 소왕(昭王)에게 쫓겨나 강호를 방랑하면서 자신의 입장을 변호하여 지은 글입니다. 그는 벼슬에서 쫓겨나 방랑하다 죽었는데, 소왕은 결국 진나라에 갔다가 볼모로 잡혀 적국에서 죽고 말았습니다. 군주를 바른 길로 인도하기 위하여 바른 말로 간하는 충신의 직언이 받아들여지지 않음으로써 망국의 비극을 초래하는 상황을 안타까운 심정을 노래로 나타내기로는 「정과정곡(鄭瓜亭曲)」이 「이소(離騷)」와 닮았기 때문에 '동방의 이소'라 하였던 것입니다. 그로부터 2백여 년에 지나 고려 말의 이제현(李齊賢)은 「정과정곡」을 한시로 바꾸어 다음과 같이 읊었습니다.

憶君無日不沾衣　님 생각에 하루인들 눈물 아니 흘리오니,
正似春山蜀子規　이맘 정녕 봄 산의 피눈물 젖는 접동새.
爲是爲非人莫問　옳거니 그르거니 사람들아 묻지 말라
祇應殘月曉星知　지는 달 새벽 별만은 아마 알 터이니.

이 뒤로 고려와 조선의 많은 사람들이 정서와 정과정 및 정과정곡을 두고 시문을 지었고, 동래에서 정서가 외를 심고 가꾸었던 과정(瓜亭) 옛터는 시인묵객들이 즐겨 찾는 곳이 되었고, 동래부의 옛 지도에 빠지지 않고 등장하는 명소가 되었습니다.

그런데 20세기 이후 언제부터인가 부산 동래 사람들에게 정과정의 유적지가 잊혀 가고 있었습니다. 그러다가 30여 년 전 부산교육대학 부속초등학교 학생들의 이름으로 '정과정옛터'라는 작은 비석을 세웠고, 이에 고무되어 토향회라는 시민단체에서 망미동 주민들로부터 토지를 희사 받아 정과정 옛터 인근의 야산에 「정과정비」를 세웠습니다. 그러다가 수영강변로의 개설로 인하여 「정과정비」가 설치된 지역이 도로로 편입됨에 따라, 원래 비석이 있었던 야산 안쪽의 남은 언덕으로 비석을 옮기고 새로 정자를 세워 정과정기념공원으로 지정하였습니다.

5. 몰운대(沒雲臺)

沒(가라앉을 몰): méi, 水-4, 7, 32

字解 형성. 水(물 수)가 의미부이고 殳(빠질 몰)이 소리부로, 물(水)에 빠져(殳) 죽다가 원래 뜻입니다. 이후 물에 잠기다, 沒落(몰락)하다, 없어지다 등의 뜻으로 확장되었고 다시 '없다'는 부정사로 쓰였습니다. 금문에서는 소용돌이 모양의 回(돌 회)로 구성된 洄(거슬러 올라갈 회)로 썼으나 소전체부터 又(또 우)가 더해지고 자형이 조금 변해 지금처럼 되었습니다.

字形 金文 簡牘文 說文小篆

雲(구름 운): 云, yún, 雨-4, 12, 52

字解 형성. 雨(비 우)가 의미부이고 云(이를 운)이 소리부로, 비(雨)가 오기 전에 생기는 구름(云)을 말합니다. 원래는 피어오르는 구름을 그린 云으로 썼는데, 이후 雨를 더해 지금의 자형이 되었고, 간화자에서는 다시 원래의 云으로 되돌아갔습니다. 구름이 원래 뜻이며, 구름처럼 모이다(雲集운집)의 뜻도 나왔습니다.

字形 甲骨文 古陶文 簡牘文 古璽文 說文小篆 說文古文

몰운대는 사하구 낙동강 하구의 동쪽 다대포의 남쪽 백사장 동쪽 끝에 붙은 바닷가의 언덕입니다. 몰운(沒雲)의 몰(沒)은 사물이 물속으로 들어가 보이지 않는 상태를 나타내는 말입니다. 운(雲)은 '구름'이니, 몰운대는 '구름 속에 묻혀 있는 대'라는 뜻입니다.

이곳은 낙동강의 강물이 바다로 쏟아져 들어가는 곳이자, 한편으로 백두산에서 내려온 태백산맥의 끝자락이 바다 끝에 멈추어 선 곳입니다. 혹자는 몰운대에서 바다 속으로 들어간 산맥이 바다 밑을 거쳐 백 이십 리를 달려 대마도에 이른다고 하기도 합니다. 육지가 끝나고 강물이 쏟아지고 바다로 둘러싸인 곳이라, 사시사철

늘 구름에 휩싸여 있으니, 그 풍광이 몰운(沒雲)이라는 이름에 합당합니다. 몰운대의 이러한 정황은 17세기 시인 이춘원(李春元)의 다음 시에 잘 묘사하였습니다.

호탕한 바람과 파도 천리요 만리.	浩蕩風濤千萬里
흰 구름 하늘가에 외딴 대를 덮었다.	白雲天半沒孤臺
부상에 돋는 해는 시뻘건 수레바퀴,	扶桑曉日車輪赤
언제나 학을 타고 신선이 온다.	常見仙人駕鶴來

이곳에는 또 임진왜란 때 이순신의 휘하 장수로 이곳에서 전몰한 장수 정운(鄭雲)의 고사가 얽혀 있습니다. 조선 선조 임진년(1592) 8월 초1일 전라좌도수군절도사 이순신은 우수사 이억기와 함께 전선 74척과 협선(挾船) 92척을 거느리고 여수의 좌수영 앞바다에 진을 치고 있었습니다. 그 해 4월 13일 부산에 상륙한 왜적은 5월에 서울을 함락하고 6월에는 평양까지 올라갔으나, 5월에 이순신 등이 이끄는 조선 수군이 옥포 해전에서 왜적을 격파한 뒤로 당포와 당항포에 이어 7월 8일 한산도에서 잇달아 적선을 대파하자, 왜적의 예봉이 꺾이기 시작하였습니다. 이날 경상우도순찰사 김수로부터 왜적이 남쪽으로 내려와 부산에 집결하고 있다는 첩보를 받은 이순신은 8월 24일 수군을 이끌고 출발하여 27일 거제도에서 숙박한 뒤 이튿날 진해의 웅천 앞바다에 도착하였습니다. 적선이 부산에 몰려 있다는 첩보를 입수한 이순신은 8월 29일 가덕도 앞바다로 진군하여 장림 앞바다에서 적선 6척을 깨부수고, 9월 1일 첫새벽에 다시 출발하여 해 뜰 무렵에 몰운대 앞바다를 지나, 다대포 앞바다에서 적선 5척, 서평포 앞바다에서 9척, 영도 앞바다에서 2척을 만나 모조리 깨어 없애고, 다시 부산포에 이르니 적선 500여척에 해안에 즐비하게 정박하고 있었습니다. 여러 차례 해전에서 모두 조선 수군에게 패배한 왜인들은 감히 배를 몰고 나와 항전하지 못하고, 모두 배를 버리고 연안의 산으로 올라가 여섯 곳으로 나누어 진을 치고서는 대포와 조총과 활을 쏘아대고 있었습니다. 이에 이순신은 수군들을 이끌고 적선 백여 척을 깨어 부수고 날이 어두워지자 선단을 이끌고 되돌아 왔습니다.

이 전투에서 녹도만호 정운과 군관 윤사공이 부산포에서 왜군과 접전하면서 탄환에 맞아 죽고, 순천 수군 김천회, 사량도 수군 김개문 등 5명의 병졸이 탄환에 맞아 전사하고, 24명의 병졸이 경상을 입은 외에 다른 인명 피해가 없었습니다. 이 순신은 이 때 올린 장계에 녹도만호 정운의 죽음을 슬퍼하여 다음과 같이 덧붙였습니다.

> 녹도만호(鹿島萬戶) 정운(鄭運)은 전란이 생긴 이래로 충의(忠義)에 격동 분발하여 적과 함께 죽기로 맹세하고 적을 토벌할 적마다 매번 앞장서 돌격하였다. 부산에서 접전할 때 또한 죽음을 무릅쓰고 돌진하였는데……적의 큰 탄환이 머리를 꿰뚫어 죽으니 극히 참혹하고 애통하다.

몰운대에는 녹도만호 정운(鄭運)의 죽음을 애도하여 그 뒤에 세운 비석이 있습니다. 거기에 이르기를 정운이 부산포 해전을 앞두고 몰운대를 지날 적에 몰운대의

11-7. 김윤겸 그림 몰운대(동아대 소장)

운(雲) 글자가 자신의 이름 글자인 운(運)과 음이 같다는 것을 들어 알고는 스스로 "이곳이 내가 죽을 곳이다"라고 하였다는 말이 적혀 있습니다. 이는 대개 몰운(沒雲)의 몰(沒)은 또한 사람의 죽음을 의미하는 몰(歿)자와 음이 같기 때문에 전해진 말입니다.

6. 시랑대(侍郎臺)

侍(모실 시): shì, 人-6, 8, 32

字解 형성. 人(사람 인)이 의미부이고 寺(절 사)가 소리부로, 받들어 모시다가 원래 뜻입니다. '어떤 곳으로 가서 일을 처리하는(寺)' 사람(人)을 말하는데, 옛날에는 이런 사람을 寺人(사인)이라 불렀고, 이로부터 곁에서 모시다의 뜻이 나왔습니다.

字形 ![古陶文] 古陶文 ![簡牘文] 簡牘文 ![說文小篆] 說文小篆

郞(사나이 랑): láng, 邑-7, 10, 32

字解 형성. 阝(阜·언덕 부)가 의미부이고 良(좋을 양)이 소리부로, 집으로 가는 길(良)처럼 길게 만들어진 흙길(阝)이 원래 뜻으로, 이로부터 궁궐의 '회랑' 등을 뜻하게 되었습니다. 이후 궁궐에서 일을 보는 최측근을 郞中(낭중)이라 했던 것처럼 '훌륭하고 뛰어난 남자'를 뜻하게 되자, 다시 广(집 엄)을 더해 廊(복도 랑)으로 분화했습니다.

字形 ![說文小篆] 說文小篆

송정에서 기장으로 향하는 해안도로를 따라 가면 동부산 관광단지를 조성하고 있는 시랑리의 공수 마을 동편에 동남쪽 바닷가로 돌출한 작은 언덕이 있습니다. 이 언덕의 동편에는 근년에 국립수산과학원이 들어서 있는데, 그 남쪽 해안에는 또 해동 용궁사 사찰이 있고, 용궁사의 남쪽 해안을 따라 치솟아 있는 우람한 바위 절벽 위의 평평하고 널찍한 곳이 시랑대입니다.

이 언덕은 공수 마을에서 동암 마을로 향하는 길에서 보면 마치 육지에서 바

11-8. 기장 시랑대 /2016/10/정호규 사진

다에 내려앉은 원앙새의 모습과 흡사합니다. 그래서 예로부터 원앙대(鴛鴦臺)라 불렀습니다. 그러다가 조선 영조 때 사람 간옹(艮翁) 권적(權樀)이 이조참의(吏曹參議)의 벼슬을 지내다가 기장현감으로 좌천되어 와서 기장 고을의 선비들과 이곳에 자주 유람하여 시랑대(侍郎臺)라는 이름이 붙여졌습니다.

권적(1675~1755)은 자를 경하(景賀), 호를 창백헌(蒼栢軒)이라 하였습니다. 그는 조선 숙종 39년(1713) 문과에 급제하여 여러 요직을 거쳐 1733년 이조참의가 되었고, 병자호란 이후 대사헌, 도승지, 전라도와 경기도의 관찰사, 대사헌, 대사성, 형조와 이조의 판서, 좌참찬에 이르렀습니다. 권적이 기장현감으로 왔을 때의 전직 벼슬 참의(參議)는 지금의 차관에 해당하는 직급으로, 고려 시대에는 시랑(侍郎)이라 하였으므로, 그 유람을 기념하여 그가 이곳에 유람하며 시를 짓고 시랑대(侍郎臺) 글자를 새겨두었던 것입니다. 권적이 지어 새겼다는 시는 다음과 같습니다.

<table>
<tr><td>견책 받아 온 곳이 봉래산에 가까운데</td><td>謫居猶得近蓬萊</td></tr>
<tr><td>사람 또한 이조의 둘째 자리에 있었지.</td><td>人自天曹貳席來</td></tr>
<tr><td>석 자의 붉은 글씨 푸른 절벽에 분명하니</td><td>三字丹書明翠壁</td></tr>
<tr><td>천추에 시랑대라 이름을 남겨 두리.</td><td>千秋留作侍郎臺</td></tr>
</table>

권적이 유람하여 시를 지어 남긴 뒤로 이곳은 기장의 주민들은 물론 기장에 현감으로 부임하거나 또는 유배되어 온 명사들이 즐겨 찾는 곳이 되었습니다.

시랑대의 바위 한 쪽에는 학사암(學士嵒)이라는 글자와 제룡단(祭龍壇)이라는 글자가 새겨져 있습니다. 학사암은 조선 말기에 밀양 사람 손경현(孫庚鉉)이 기장 군수로 부임하여 새긴 것이라고 전합니다. 원앙대는 예로부터 본디 기우제를 지내는 곳으로 전해왔거니와, 제룡단(祭龍壇)은 용왕(龍王)에게 제사지내는 제단이라는 말인데, 지금은 용궁사(龍宮寺)라는 이름의 절이 이웃에 들어서서 찾아오는 사람들로 붐비고 있으니, 그 또한 우연이 아닌 듯합니다.

7. 참봉대 처사암 어부석

漁(고기 잡을 어): 渔, [灪], yú, 水-11, 14, 50

字解 형성. 水(물 수)가 의미부고 魚(고기 어)가 소리부로, 물(水)에서 고기(魚)잡이를 하다는 뜻이며, 어부, 찾아 나서다, 차지하다 등의 뜻도 나왔습니다. 달리 魚가 둘 중복된 灪로 쓰기도 합니다. 간화자에서는 魚를 鱼로 줄여 渔로 씁니다.

字形 甲骨文 金文 簡牘文 說文小篆 說文篆文

父(아비 부): fù, 父-0, 4, 80

字解 지사. 손(又-우)으로 돌도끼(│)를 쥔 모습인데 자형이 변해 지금처럼 되었습니다. 돌도끼는 석기시대를 살았던 고대인들에게 가장 중요하고 기본적인 생산도구이자,

전쟁도구였으며, 권위의 상징이기도 했습니다. 그래서 父는 돌도끼를 들고 밖으로 나가 수렵에 종사하고 야수나 적의 침입을 막던 성인 '남성'에 대한 통칭이 되었고, '아버지'와 아버지뻘에 대한 총칭이 되었습니다. 그러자 '돌도끼'는 斤(도끼 근)을 더한 斧(도끼 부)로 분화했습니다. 고대 문헌에서는 父와 같은 독음을 가진 甫(클 보)도 '남자'를 아름답게 부르는 말로 쓰였습니다.

字形 🖼️🖼️🖼️🖼️ 甲骨文 🖼️🖼️🖼️ 金文 🖼️ 古陶文 🖼️🖼️🖼️🖼️ 🖼️🖼️ 簡牘文 🖼️ 石刻古文 🖼️ 說文小篆

　　송정 해수욕장의 동편 끝에 바다 쪽으로 돌출한 작은 언덕이 있는데, 이곳은 송정의 죽도(竹島)입니다. 옛날에 화살대로 사용하였던 전죽(箭竹)이 들어서 있었다고 하나, 지금은 소나무가 우거져 있습니다. 이 언덕의 동남쪽에 해풍이 시달린 소나무 몇 그루를 이고 있는 작은 바위섬이 있는데, 이 바위섬 정상의 서북쪽 바위 한쪽에 참봉대(參奉釓), 처사암(處士嵒), 어부석(漁父石) 아홉 글자가 같은 필체로 나란히 새겨져 있습니다.

　　이 섬의 이름은 세상에 그다지 알려져 있지 않습니다. 조그만 바위섬에 세 가지로 이름을 붙여 놓았으니, 이 바위섬의 이름을 참봉대라 해야 할지, 처사암이라 할지, 어부석이라 할지 정하기가 어렵습니다. 누가 왜 이 바위에 참봉(參奉)과 처사(處士)와 어부(漁父) 세 가지 신분을 한 곳에 늘어서 적고, 그 아래 또 대(釓)와 암(嵒)과 석(石)이라고 같은 장소를 달리 이름 지었을까요?

　　참봉(參奉)은 조선 시대의 문무 관원 가운데 종9품에 해당하는 문관의 관직입니다. 참봉은 조선시대 양반 사대부 관료의 관직 가운데 가장 낮은 직급이지만, 각 관아 소속으로 관원의 업무를 보조하는 하급 관료인 서리(胥吏) 계층과는 구별되는 엄연한 정식 문관 관원이기 때문에, 국가에서 임명한 관원으로서의 분명한 신분을 가집니다. 처사(處士)는 학문과 식견과 덕망을 갖춘 사람으로서, 관직에 나가지 않은 재야(在野)의 인물을 존중하여 일컫는 말입니다. 어부(漁父)는 그냥 고기를 잡아 생계를 유지하는 사람을 일컫는 말입니다. 이 셋은 동등하지 아니한 세 가지 신분을 나타내고 있습니다.

11-9. 시랑대의 제룡단(祭龍壇) 각석. 이곳은 본디 가뭄이 들었을 때 용왕에게 기우제를 올리던 곳으로, 해안에서 멀리 보면 원앙새를 닮았다고 해서 원앙대(鴛鴦臺)라 하였다.

　대(㙜)는 대(坮)의 토(土)를 석(石)으로 바꿔 만든 글자로, 먼 곳을 조망할 수 있는 장소 시설을 가리키는 대(臺)와 같은 뜻인데, 바위섬이기 때문에 적당하지 않다고 하여 글자를 일부러 바꿔 만든 것입니다. 암(嵒)은 암(巖)과 통용되는 글자로 '바위'를 나타냅니다. 다만 글자 형상이 산 위에 험한 바위가 얹혀 있는 모양을 나타내고 있기 때문에, 산 위에 바위가 얹혀 있는 경우에 이 글자를 사용합니다. 석(石)은 그냥 '돌'입니다.

　이 세 글자는 그 가리키는 범위와 크기가 대체로 구별될 수 있습니다. 대는 일

11-10. 송정 죽도 앞 바위섬의 참봉대 처사암 어부석. 사진 2016/09/정호규Ⓟ

정한 지역을 가리키므로 그 범위가 가장 넓고, 암(嵒)은 특정한 바위 전체를 가리키는 말이므로 대(臺)보다는 그 가리키는 범위가 좁고, 석(石)은 일반적인 암석을 가리키는 말이므로 그 범위가 더욱 좁고 작습니다.

신분으로 따지자면 참봉은 관직이 있으니 높고, 처사는 관직이 없으나 명망이 있고, 어부는 이름 없는 평민입니다. 그래서 참봉 아래에는 대(臺)란 글자를 붙였고, 처사 아래에는 암(嵒)이라는 글자를 붙였으며, 어부 아래에는 그냥 석(石)이라 한 듯합니다. 그렇다면 참봉과 처사와 어부의 신분을 가진 세 사람이 이곳에 한데 모여 놀았다는 말일까요?

대(釓)의 글자를 일부러 만들어 사용한 것으로 유추하여 본다면, 대에 바위가 있고 바위는 곧 돌이니, 이름을 붙이기에 따라 같은 곳을 대라 할 수도 있고 바위로 할 수도 있고 돌이라 할 수도 있습니다. 마찬가지로 처사가 벼슬에 나가면 참봉이 될 수도 있고, 바닷가에서 고기잡이로 생계를 영위하면 어부일 수도 있으니, 한 사람이 처사도 될 수 있고, 어부도 될 수 있습니다. 그렇다면 참봉 벼슬을 지낸 인물이 관직을 버리고 처사로 살면서 이곳에 나와 고기 잡는 어부가 되었거나, 또는 어부로 살던 사람이 참봉 벼슬을 하다가, 다시 처사가 되어 이곳에 놀았다는 말인

11-11. 송정 죽도의 참봉대 처사암 어부석 석각

가요?

　돌이켜 보면 제왕이 놀았던 곳은 제왕의 시호를 따라 태종대라 이름을 지었고, 벼슬을 지낸 사람이 유람한 곳은 벼슬 이름을 따서 시랑대라 하거나 학사암이라 하였으며, 관직을 버리고 바닷가에서 방랑하였던 최치원이 놀던 곳은 그 별명을 따라 해운대라 하였습니다. 그렇다면 이곳을 참봉대라 하여도 좋고 처사암이라 하여도 좋고 어부석이라 하여도 좋을 것이고, 또 관원과 명사와 평범한 서민이 함께 어울려 놀기에 좋은 곳이라고 해도 될 것입니다.

12. 한자로 읽는 부산의 고문서

정경주

제12장_한자로 읽는 부산의 고문서

정경주

1. 서설

부산 동래 지역은 신라 시대 이래로 남방 해안의 중요한 요충지였고, 조선 초기 이래 대일 무역과 외교 및 해양 방어의 거점도시였기 때문에 이 지역의 인문 사적은 『삼국사기』와 『삼국유사』, 『고려사』, 『조선왕조실록』 등의 중요한 역사 문헌과 저명한 문인 학자들의 문집에도 자주 등장합니다.

그런데 역사 문화는 서책으로 된 문헌에만 전하는 것이 아닙니다. 사람들의 입에서 입으로 전하는 구전(口傳)의 설화가 있는가 하면, 쇠나 돌과 같은 금석(金石)에 새겨져 전하는 기록도 있고, 또 종이나 나무 조각, 또는 심지어 기왓장에서도 문자의 기록을 찾아볼 수 있습니다. 이런 기록에서도 국가적으로 중대한 사건이나 유적을 찾아볼 수 있지만, 이들 문자 속에서 해당 지역 주민의 일상에 파묻혀 내려온 사람들의 체취를 긴밀하게 느낄 수 있다는 점에서 더욱 정다운 점이 있습니다. 따라서 여기에서는 근대 이전 부산 동래 지역 주민의 유대와 생활상을 엿볼 수 있는 고문서 몇 점을, 그 속에 묻어 있는 지역 주민의 생활 용어들을 살펴봅니다.

2. 배 한 척이 물마루에 등불을 달고

1984년 여름 장마철 어느 날이었습니다. 경성대학교 향토문화연구소에 수영유적보존회의 양명환 옹으로부터 전화가 걸려 왔습니다. 옛날 좌수영 관아 건물로 사용된 적이 있었다는 토담집이 장맛비에 무너졌는데, 무너진 토담집의 벽에 겹겹으로 붙여진 벽지 속에 옛날 문서가 보인다는 것이었습니다.

급히 달려가 보았더니 토담집 벽에서 마구 뜯어낸 벽지가 빗물에 젖고 이리저리 찢어지고 엉겨 붙어 흐트러진 상태로 뭉쳐져 있었습니다. 그대로 가지고 돌아와 펼쳐놓고 조심스레 한 켜 한 켜 분리해 보니, 벽지의 겉면에는 근대에 제조된 종이 벽지 안쪽에 신문지가 발려져 있고, 그 안쪽에는 또 조선시대 관인이 찍힌 고문서가 겹겹으로 붙어 있었습니다. 본디 질서 있게 붙여놓은 것이 아닌데다, 뜯어내는 과정에 이리저리 조각조각 찢어지고 뒤섞여 본디 형태를 알아볼 수 없었습니다.

그럼에도 분리된 문서 조각들을 말리고 펴서 복사한 다음 이리 저리 맞추어 보았더니, 온전하지는 않지만 그래도 20여 종의 문서를 재구성할 수 있었습니다. 수습된 문서는 모두 1646년 무렵 경상좌수영에서 다른 관청과 주고받은 공문서의 내용을 일자별로 초록한 일록(日錄)이었습니다.

여기에 소개하는 이 문서는 윗부분이 일부 잘려 나가고, 아래의 일부도 잘려나간 채로 다른 문서에 단단히 접착되어 있어서 떼어낼 수가 없었지만, 잘린 부분이 그다지 많지 않아 전후 문맥이 그런대로 접속됩니다. 문서의 오른편에 보이는 도장은 기록한 뒤에 확인 점검을 받았다는 표시입니다. '3년 5월 14일'이란 날짜 표기 앞의 '치(治)'라는 글자는 청나라 초기의 연호 '순치(順治)'의 뒷글자입니다. 그렇게 단정할 수 있는 것은 셋째 줄에 '부산 첨사(釜山僉使) 남두병(南斗柄)'이라는 이름이 보이기 때문입니다. 남두병은 조선 인조 병술년(1646)에 부산 첨사로 재직하였던 사람입니다. 그러므로 이 기록은 순치 3년(1646) 5월 14일에 주고받은 공문의 내용을 적은 것입니다. 이 문서에서는 당시 부산의 관청에서 매일 이루어지고 있었던 관리들의 일상 업무를 대략 살펴볼 수 있습니다.

龜(거북 구갈라질 균나라 이름 구): 龟, [亀], guī, jūn, qiū, 龜-0, 16

字解 상형. 거북을 그대로 그렸는데, 갑골문에서는 측면에서 본 모습을 금문에서는 위에서 본 모습을 그렸습니다. 볼록 내민 거북의 머리(龜頭_귀두), 둥근 모양에 갈라진 무늬가 든 등딱지, 발, 꼬리까지 구체적으로 잘 그려졌습니다. 소전체와 예서체에서 거북의 측면 모습이 정형화되었고 지금의 龜가 되었습니다. 거북은 수 천 년을 산다고 할 정도로 장수의 상징이었기 때문에 그 어떤 동물보다 신비한 동물로, 그래서 신의 계시를 잘 전해줄 수 있다고 생각했습니다. 게다가 중앙을 중심으로 동서남북의 네 방향으로 튀어나와 모가 진 모습은 당시 사람들이 생각했던 땅의 모형과 유사했기 때문에, 이 지상 세계에서 일어나는 모든 일을 신과 교통시킬 수 있다고 생각했으며, 그것이 거북 딱지를 가지고 점을 치게 된 주된 이유였을 것입니다. 거북 딱지를 점복에 사용할 때에는 먼저 홈을 파, 면을 얇게 만들고 그곳을 불로 지지면 卜(점 복)자 모양의 균열이 생기는데, 이 갈라진 모습을 보고 길흉을 점칩니다. 그래서 龜는 '거북'이 원래 뜻이지만 龜裂(균열)에서처럼 '갈라지다'는 뜻도 가지는데, 이때에는 '균'으로 읽힘에 유의해야 합니다. 또 지금의 庫車(고차) 부근의 실크로드 상에 있던 서역의 옛 나라 이름인 '쿠짜(龜玆_구자)'를 표기할 때도 쓰이며, 龜尾(구미)와 같이 국명이나 지명으로 쓰이면 '구'로 읽힙니다. 간화자에서는 龟로 씁니다.

字形  甲骨文 金文 古陶文 簡牘文 說文小篆 說文古文

烽(봉화 봉): [熢], fēng, 火-7, 11, 10

字解 형성. 火(불 화)가 의미부이고 夆(끌 봉)이 소리부로, 나라에 병란이나 사변이 있을 때 신호로 올리던 봉화를 말하는데, 뾰족한(夆) 높은 산 위에서 피우는 불(火)이라는 의미를 담았습니다. 낮에는 연기를 사용해 烽이라 했고, 밤에는 불로 신호하여 擧火(거화)라 하였습니다. 『설문해자』에서는 火가 의미부이고 逢(만날 봉)이 소리부인 燵으로 썼으며, 이후 좌우구조로 된 熢으로 쓰기도 했습니다.

字形 說文小篆

12-1. 해운대 장산 남쪽의 간비오 봉수대. 오른편 앞으로 수영강 하구와 광안대교가 보이고, 왼편 고층건물 사이로 해운대 동백섬이 보인다. 날이 맑으면 바다 멀리 수평선 너머로 대마도를 볼 수 있다. 수영강 하구에서 서편 강변을 따라 조금 올라간 곳에 옛날 좌수영 본진과 선창이 있었다. /2016/09/정호규 사진.

지난 달 15일 축시(丑時) 쯤에 황령산 봉군(烽軍) 박선룡(朴先龍)과 간비오(干飛烏) 봉군 이영복(李永福) 등이 진고(進告)한 내용에,…… 배 한 척이 물마루[水旨]에서 등불을 달고 나왔는데, 큰 바람이 일어나 등불이 간혹 꺼졌다가 혹 보이기도 하여 상세하여 관측하지 못하였다…… 도부(到付)한 부산첨사 남두병의 치통(馳通) 내용에, 당일 인시(寅時) 가량에 석성(石城) 봉군 이끝복(李㖓福)이 진고한 내용에, 축시…… 분간되지 않는 배 한 척이 바다 가운데서 나왔는데 큰 바람이 일어나서 등불이 간혹 꺼졌다가 혹 나타났으나 어디로 향하는 지 알 수 없…… 간신히 초량 목[草梁項]에 와서 정박하였다고 진고하였기에, 이에 의거하여……두모포 만호 이여해(李如海)를 정하여 보내는바……하였기로, 동 왜선을 여러 가지로 구호하게 하고…… 뒤에 문정(問情)하여 치통(馳通)하라는 뜻으로 이문(移文)하여 신칙(申飭)하였…(이하 생략)

'진고(進告)'는 직접 관청에 나가 보고하는 것을 가리키는 말이고, '치통(馳通)' 은 사람을 시켜 문서를 가지고 말을 타고 달려가서 급히 통보하는 일을 가리킵니다. '문정(問情)'은 특정한 사건과 관련하여 담당 관리가 사정을 탐문하는 일을 가리킵니다. '도부(到付)'는 문서가 도착하여 정식으로 접수되었음을 나타내는 말입니다. '수지(水旨)'는 '물맛'이란 말을 한자를 빌려 표기한 것으로 '물마루' 즉 바다를 관측할 때 시선이 더 미칠 수 없는 수평선을 가리키는 말입니다.

부산 지역에는 해안선을 따라 황령산(黃嶺山)과 간비오(干飛烏), 초량의 구봉(龜峯)과 다대포의 응봉(鷹峯)에는 봉수대를 두고, 봉군(烽軍)들이 당번을 교체해가며 동남 해안에 출몰하는 외국 선박의 동정을 감시하였습니다. 바다에 선박 출몰의 이상이 관측되면 봉군들은 즉시 소속 관청에 진고하는데, 황령산과 간비오산의 봉군은 좌수영에, 구봉 봉군은 부산진에, 응봉 봉군은 다대진에 진고하고, 각 진영에서는 즉시 이를 이웃 관청에 치통하여 정보를 공유하였습니다.

12-2. 좌수영 고문서의 1646년 5월 14일 기록. 찢어진 파지를 복사하여 붙여 복원하였기 때문에 상하 좌우에 끊어진 부분이 있다.

봉군들의 진고에 의하여 바다에서 선박의 출몰 징후가 확인되면, 부산진과 다대진의 첨사는 즉시 휘하의 수군 만호(萬戶)나 별장(別將) 등의 장수에게 명하여 해당 배의 행방을 추적하거나 호위하게 하고, 배가 항구로 들어와서 정박하면 훈도(訓導), 별차(別差) 등의 통역관을 보내어 자세한 사정을 묻고 탐지한 내용을 문서로 작성하여 보고하게 하는데, 이를 수본(手本)이라 합니다. 진고와 수본, 치통의 내용은 좌수영과 동래부에서 취합하여, 다시 장계(狀啟)를 작성하여 경상도 관찰사에게 보고하고, 관찰사는 그 내용을 다시 중앙의 비변사 또는 관련 부서에 올립니다.

근 370년 전에 작성된 경상좌수영의 문서가 무슨 연유로 무너진 토담집의 벽지가 되었는지는 알 수 없습니다. 관인이 찍혀 있는 것으로 보면 성책(成冊), 즉 책으로 묶고 관인을 찍어 확인하고 정식으로 보관되었던 것이 분명하니, 이는 본디 좌수영의 문서 창고에 보관되었을 것입니다. 그러다가 조선왕조가 문을 닫으면서 좌수영 문서 창고가 폐기됨에 따라, 보관되었던 문서들이 흩어져 민간에 흘러 다니다가 덧없이 벽지가 되었던 것일까요? 이 문서의 내용은 지금 규장각에 남아 전하는 왜인구청등록, 전객사별등록, 통신사등록 등의 기록에서 찾아볼 수 없는 내용을 담고 있어서, 1646년 전후의 부산항 사정을 살펴보는 근거 자료가 됩니다.

3. 특별히 송아지 한 마리를 허락한다

津(나루 진): [津], jīn, 水-6, 9, 20

字解 회의. 水(물 수)와 聿(붓 율)로 구성되어 배를 타고 물을 건너는 모습을 그렸습니다. 갑골문에서는 손에 삿대를 쥐고 배 위에 선 사람의 모습을 그려 '강을 건너다'나 강을 건너는 곳(나루터)의 의미를 그렸고, 금문에서는 淮(강이름 회)와 舟(배 주)로 구성되어 배(舟)를 타고 건너는 강이 회수(淮)임을 구체화했습니다. 소전체 이후 水가 의미부이고 聿(붓을 꾸밀 진)이 소리부인 구조로 변했다가, 예서 이후 지금의 자형이 되었습니다. 현대에 들어서는 침이나 분비물, 물에 젖어 촉촉하다는 뜻도 가집니다.

字形 湋 湋 金文 津 古陶文 津 簡牘文 津 說文小篆 粼 說文古文

船(배 선): [舩], chuán, 舟-5, 11, 50

字解 형성. 舟(배 주)가 의미부이고 鉛(납 연)의 생략된 모습이 소리부로, 배(舟)를 뜻하는데, 이후 飛行船(비행선)에서처럼 운반하는 도구의 통칭으로 쓰였습니다. 『설문해자』에 의하면, '배'를 "함곡관 서쪽 지역에서는 船, 함곡관 동쪽 지역에서는 舟나 航(배 항)이라 불렀다."라고 합니다.

字形 [金文] [古陶文] [簡牘文] [說文小篆]

　　사상구 덕포동의 전철 덕포역 도로 가와 사상초등학교 뒤편에 각각 오래된 당집이 하나씩 있는데, 이곳은 옛날 낙동강 가의 바위 언덕으로 신선이 내려와 놀았다는 강선대(降仙臺)이니, 앞의 장소를 상강선대, 뒤의 장소를 하강선대라 합니다.

　　우리나라에서 지방자치제도가 막 시행되기 시작할 무렵인 1993년 여름, 사상농협의 이사 한 분이 이곳 상강선대를 수리하면서 발견했다고 고문서 뭉치를 들고 왔습니다. 살펴보니 약 200여 년 전 18세기 후반부터 100여 년 전 19세기 후반까지 덕포동의 주민들이 나루터의 배를 관리하고 강선대 주변의 산림을 보호하는 계를 조직하여 운영하면서 작성한 진선계안(津船契案)과 절목(節目) 및 등장(等狀) 등의 문서였습니다.

　　진선(津船)은 강물을 건너다니기 위해 나루터에서 공용으로 사용하는 배이고, 계안(契案)은 한 집안이나 동네 또는 특정한 직업의 사람들이 서로 약속을 정하여 정기적으로 회합하는 모임의 취지와 명단을 적은 문서입니다. 절목(節目)은 일정한 규약을 실행하기 위한 세부 절차나 조목을 나열하여 적은 문서이고, 등장(等狀)은 다수의 민간인이 연대 서명하여 관청에 공동으로 청원하는 문서이고, 소지(所志)는 민간인이 사적인 사정으로 관청에 올리는 청원서입니다. 덕포동 주민들은 지금의 낙동강 동편 둑이 들어서기 이전에 물 건너편의 섬이었던 삼락동에 농사를 짓기 위해 왕래하면서 공동으로 나룻배를 모아 운영하면서, 또 한편 마을 당산인 강선대를 중심으로 동네 사람들의 정기 집회를 위한 규약을 만들어 시행하고 있었습니다.

　　다음은 1849년에 개정한 계안의 일부입니다.

　　위 글을 영구히 준수할 일. 생각건대 우리 한 동네는 한 구석에 위치하여 이름은

12-3. 사상구 덕포동 사상초등학교 뒤쪽의 하강선대. /2016/09/정호규 사진.

비록 덕포(德浦) 한 동네지만 산등성이 아래위로 나뉘어, 진선(津船) 두 척을 설치하고 농사짓는 방편으로 삼아 두 마을로 나누어 둔 게 저절로 풍속을 이루었다. 그러므로 윗동네 사람들은 매년 세모를 당하여 상대(上臺)에 제사를 올리고, 아랫동네 사람들은 하대(下臺)에 치성을 드리니, 나누면 두 마을이요 합하면 한 동네이다. 그 나머지 세세한 규정은 뒤에 조목으로 분간하였으니, 뒷날 보는 이가 이를 따라 행하여 잘못하는 폐가 없도록 할 일.

하나. 인리(隣里)의 양산(養山)을 길흉(吉凶)의 큰 일 외에 사사로이 베어내는 자가 있으면 벌전(罰錢)을 5전 씩 기준하여 받을 것이로되, 납부하기를 거부하거든 별도의 공의(公議)를 거쳐 영구히 손도(損徒)할 것.

하나. 진선(津船)을 개조할 때 내는 물자는, 각종의 다른 일과 같이 그 전답에 따라 전례대로 거둘 것.

하나. 사공의 선기(船價)를 받을 때는 보리 철이나 나락 철이나 간에 각각 석 섬씩 거두어 줄 것.

하나. 공의(公議)할 적에 만약 공손하지 않은 자나, 또 공의를 따르지 않는 자가 있으면 별도로 벌을 행할 것.

12-4. 사상구 덕포동 전철 덕포역 서편의 상강선대. /2016/09/정호규 사진.

하나. 신참(新參)한 사람은 백주(白酒) 한 동이와 행과(行果) 다섯 그릇, 생선 한 상자를 아울러 받을 것.

하나. 대립(代立)한 사람에게는 백주 반 동이에 안주를 겸하여 받을 것.

하나. 마을 사람 가운데 성조(成造)하는 일이 있을 때는 지붕 덮을 짚과 새끼를 수에 맞춰 부조하여 주고, 역사(役事)에는 매 호구마다 장정 한 명 씩 하루 종일 부역할 것. 만약 빠진 사람이 있으면 백미(白米) 한 말을 받을 것.

하나. 사공의 선가를 받을 적에는 보리 철이나 나락 철이나 간에, 사공이 술 세 동이와 행과(行果) 열다섯 그릇, 국 한 동이를 바칠 것.

하나. 미비한 일에 대하여는 공의(公議)를 따라 행할 것.

이 계안의 마지막에는 이 계에 참석한 90인의 성명을 기록한 좌목(座目)이 첨부되어 있습니다. 아래 위 동네 사람 합쳐서 90인이 참여하였다면, 아마도 당시 덕포동에 거주한 호구의 거의 대부분이 이 계안에 포함되었을 터이니, 이는 덕포동의 자치 규약이었던 셈입니다.

본문에 나오는 '양산(養山)'은 특수한 목적에 사용하기 위하여 수목의 벌채를 금하는 산입니다. '인리(鄰里)'는 동네 이웃을 가리키는 말입니다. '손도(損徒)'는 계안의 명단에서 제명하는 극단의 조처를 가리키는 말입니다. 배를 운행하는 사공에게는 동네 사람들이 한 해에 보리와 나락 각기 석 섬을 거두어 주었다고 하니 뱃삯이 녹록치 않은 편입니다. 그래서 사공 또한 술과 과일 및 국을 내어 동네 사람을 대접한다는 규정을 덧붙였을 것입니다. 대립(代立)은 대리 참석을 가리키는 말인데, 대리 참석의 경우에 벌로 백주(白酒), 즉 탁주 반 동이를 내게 한다는 규정은 본인의 참석을 독려하기 위한 장치입니다. 성조(成造)는 집을 짓는 일을 가리키는 말입니다.

고종 무자년(1888) 덕포동 주민 대표자들이 강선대의 제향에 사용하기 위하여 송아지를 도살할 수 있도록 허락해 달라고 동래부사에게 청원하였습니다. 다음은 그 등장(等狀)의 내용입니다.

위의 소지(所志)를 진술하나이다. 옛적부터 산천(山川) 악독(嶽瀆)의 향사(享祀)에는 희생물로 특(特)을 사용하였으니 그것은 바꿀 수 없는 법입니다. 이제 이곳 본 동네의 강선대(降仙臺)는 옛적부터 하늘에 기도하는 곳입니다. 그러므로 매년 섣달 초에, 반드시 작은 송아지 한 마리를 사용하여 제사 드렸습니다. 연유를 이에 호소하오니, 살피신 후에 작은 송아지 한 마리를 베푸시어 제사를 모시고 치성드릴 수 있도록 하여 주시기 바라나이다.
「제사(題辭)」 특별히 송아지

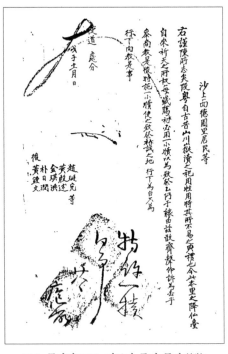

12-5. 무자년(1888) 덕포리 주민 등장(等狀)

한 마리를 허락함.

28일. 포소(庖所).

초서로 쓴 제사(題辭)는 제음(題音; 제김)이라고도 하는데, 담당 관청의 장이 내린 결재 내용을 가리키는 말입니다. 특(特)은 황소를 가리키는 말이고, 독(犢)은 송아지를 가리키는 말입니다. 나라에서 시행하는 산천(山川)의 큰 제사에는 당연히 황소를 사용하도록 법전에 명시되어 있으나, 강선대의 향사는 국가에서 공식으로 정해둔 곳이 아니고 지방 주민이 임의로 향사하는 곳이기 때문에, 송아지 한 마리의 도살을 허락한 것입니다. 소의 힘을 빌어 농사하였던 시대에 소의 도살은 반드시 관청의 허락을 받아야 했던 사정이 나타나 있습니다. 포소(庖所)는 가축 도살 담당자를 가리키는 말입니다.

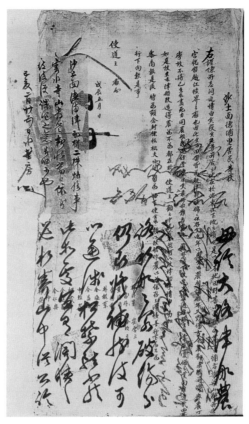

12-6. 무진년(1868) 5월 덕포리 주민 등장

덕포동 주민들은 낙동강의 토사가 퇴적되어 상아모양의 둑을 형성한 삼각주인 상아피(象牙陂)로 건너가 농사를 지었습니다. 상아피는 나중에 그 바깥으로 큰 둑을 쌓으면서 낙동강 제방 안쪽으로 들어와 지금의 삼락동(三樂洞)이 되었습니다. 그런데 매년 나루를 이용하여 농사를 짓다 보니 나루를 건너는 배가 손상되면 수리하거나 또는 배를 새로 건조해야 할 경우가 있었습니다. 진선(津船) 즉 나룻배를 새로 짓거나 고치려면 소나무가 필요하였으므로, 마을 사람들은 상아둑 동북쪽에 소나무를 심어 마을 공동으로 관리하였습니다. 그런데 좌수영에서는 군사용으로 사용하는 전선(戰船)을 건조하기 위하여 장산과 백양산 등지를 관청에서 관리하는 봉산(封山)으로 지정하여 소나무의 벌목을 금지하는 송금령(松禁令)을 내려놓고 있었습니다. 주민들이 공동으로 관리하는 동산(洞山)이라 하더라도 잘못 베어내다가는 송금에 걸려 낭패를 보는 수가 있었습니다.

고종 무진년(1868) 무렵에는 일본의 군함에 부산 앞바다에 수시로 나타나 무력시위를 하며 개항(開港)을 요구하는 일이 잦았으므로, 동래부나 수영에서는 만약의 사태에 대비하여 포대를 설치하고 군사를 조련하는 등 군사적 긴장이 고조되고 있었습니다. 이에 덕포동 주민들은 동래부사에게 등장을 올려 진선을 건조하는 소나무의 벌목을 허락해 달라고 요청하였습니다. 송금(松禁)의 관할 관청은 수영이지만 무관(武官) 관청인 수영보다 문관(文官) 관청인 동래부가 좀더 융통성이 있으리라고 생각하여서일 터입니다. 그러자 동래부사 정현덕(鄭顯德)은 주민들의 의도를 알아채고 장문의 제사를 지어 내어주었습니다.

> 대로변의 진선(津船)이거나 농사짓는 길목의 사선(私船)이거나를 막론하고, 배가 만약 손상되었다면 즉시 보수하여야 건널 수 있게 해야 할 것이다. 송금(松禁)이 엄중하지만 이런 곳에는 마땅히 풀어줄 도리가 있다. 사양(私養) 산에서 공론에 따라 매매하여 사용할 것으로되, 본부에서 허락했다는 것만으로 채벌하는 것은 불가하고, 수영(水營)에 통보 호소하여 힐문하는 일에 대비하여야 할 것임.

민간에서 올린 등장은 결재 내용을 적어 다시 돌려줍니다. 동래부사 정현덕의 허락한다는 뜻으로 제사(題辭)를 받은 덕포 주민들은 이 등장을 들고 수영에 가서 제출하였습니다. 수영에서는 다음과 같은 제사를 내렸습니다.

> 사상면 덕포 나루의 선재(船材) 두 그루를 찍어 줄 일. 운수사(雲水寺) 산감(山監)에게 보고, 당일 도착하여 편리한 대로 주어 보낸다는 뜻으로 알림이 좋을 것.

선재(船材)는 배를 만들기 위한 재목입니다. 운수사(雲水寺)는 지금도 백양산에 남아 있는 사찰로, 백양산은 본디 수영에서 관리하는 봉산(封山)이기 때문에, 운수사의 승려를 산의 벌목을 감독하는 산감(山監)으로 임명해 두었던 것입니다. 봉산과 관계없이 덕포동 주민들이 공동으로 솔을 심어 관리하는 사양산(私養山)의 소나무였지만, 그 또한 관원의 허락을 받고 그 위임자의 감독 아래 벌목을 해야 했으니, 당시에 관원의 위세가 어느 정도였는지 짐작하여 알 일입니다.

4. 겉보리밭 두 배미 열여덟 냥

斗(말 두): dǒu, 斗-0, 4, 42

字解 상형. 술을 뜰 때 쓰던 손잡이 달린 국자 모양의 容器(용기)를 그렸습니다. 이후 곡식을 나눌 때 쓰던 용기 즉 '말'을 지칭하여 열 되(升)를 뜻하였고, 다시 北斗七星(북두칠성)이나 南斗星(남두성)에서처럼 국자같이 생긴 것을 통칭하게 되었습니다.

字形 乬 乭 金文 乯 乲 古陶文 乭 簡牘文 乭 說文小篆

升(되 승): [昇, 阩, 陞], shēng, 十-2, 4, 32, 20

字解 지사. 斗(말 두)와 비슷한 모습의 손잡이가 달린 작은 용기와 그 속에 점을 더해 용기 속에 무엇인가 담긴 모습을 형상했습니다. 용량 단위인 '되'를 말하며, 10되(升)가 1말(斗)이고 1되는 10홉입니다. 되로 곡식을 떠올려 붓는다는 뜻에서 '올리다'는 뜻까지 나왔습니다.

字形 乬乭 甲骨文 乭乭 金文 乬 乭 古陶文 乲乭 簡牘文 乭 說文小篆

농업 생산이 경제력의 중핵이었던 시대에, 토지와 전답의 위치와 면적 및 소유주와 경작자를 관청에서 한꺼번에 조사하여 기록해 두는 토지대장인 장적(帳籍)이 있었지만, 민간에서 건물이나 토지 등의 부동산을 매매할 적에는 파는 자가 사는 사람 앞으로 작성하여 준 토지매매 계약 문서가 실질적인 토지 문서로 통용되었는데, 이것이 명문(明文)입니다. 다음은 조선 말기 만덕동에 살았던 강릉김씨 가문에 전해온 명문의 하나입니다.

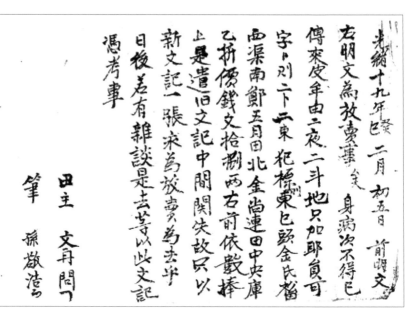

12-7. 동래 강릉김씨 김해진옹 소장 고문서 고종 계사년(1893) 2월 명문(明文)

광서 19년 계사(1893) 2월 초 5일 전 명문.

위 명문을 만들어 방매(放賣)하는 일임. 나는 신병을 치료하기 위해 부득이 전해
오던 피모전(皮牟田) 두 배미[夜] 두 마지기[斗地只] 가야(加耶) 일원의 가(可)
자, 짐[卜]으로는 2짐[卜] 2속(束), 범표(犯標)는, 동쪽의 사두(巳頭)가 김씨의 솔
밭이고, 서쪽으로는 도랑(渠), 남쪽은 정오월(鄭五月)의 밭, 북쪽은 김상련(金尙
連)의 밭인데, 그 중앙 곳을 가격 전문(錢文) 18냥(兩)으로 꺾어, 위의사람 앞에
서 액수대로 받고, 구 문기(文記)는 잃어버렸으므로 단지 새 문기 1장으로 영원
히 방매(放賣)하니, 후일에 만약 잡답이 있거든 이 문기로 증빙할 일.

전주(田主) 문재문(文再問) 수결(手決)

필(筆) 손경호(孫敬浩) 수결(手決)

위의 문서는 문재문이라는 사람이 가야(加耶) 일원의 있는 피모전(皮牟田) 즉

겉보리밭 두 배미 두 마지기를 열 여덟 냥을 받고 방매한다는 토지 매도 문서입니다. 전답 문서에서 '야(夜)'는 토지의 구획 단위를 나타내는 고유어인 '배미'라는 말을 '밤'의 뜻을 가진 한자 '야(夜)'를 차용하여 표기한 것인데, 오늘날 사용하는 필지(筆地)와 같은 뜻입니다.

'두지기(斗地只)' 역시 파종 면적을 나타내는 고유어인 '마지기'를 한자로 표기한 것입니다. '두(斗)'는 부피를 헤아리는 단위인데 이는 한국어의 '말'에 해당하고, '지기(地只)'는 경작한다는 뜻을 나타내는 고어 '지이'입니다. 곡식 한 말을 파종하여 경작할 수 있는 면적을 '마지기'라 합니다. 한 되를 파종하여 경작하는 면적은 당연히 '되지기'가 될 터인데, 그러면 '되'를 한자로 표기하면 '승(升)'이 되니, 이런 경우에는 '升地只'라 해야 할 터이고, 한 섬을 파종하여 지는 면적은 또한 '섬'을 '석(石)'으로 표기하여 '石地只'라 표기하는 것입니다.

'복(卜)' 역시 무게를 나타내는 단위인 한국 고유어의 '짐'을 나타내기 위해 비슷한 음을 가진 한자어를 차용하여 표기한 것입니다. '짐'은 장정 한 사람이 한 번에 지고 나를 수 있는 무게 단위입니다. 그러므로 '짐을 진다'는 뜻을 가진 한자 '부(負)' 역시 '복(卜)'과 동일한 뜻으로 사용합니다. '짐'보다 작은 단위로 '속(束)'을 사용하는데, '속(束)'은 벼나 보리를 낫으로 베어내어 한 손으로 들어올리기 좋을 만큼 묶어 놓은 '묶음'을 가리키며, 10속이 1짐에 해당합니다. '짐'보다 큰 단위로는 '결(結)'을 사용하는데, '결(結)'은 탈곡하지 않는 곡신 묶음을 장기간 보관하기 위하여 일정한 장소에 차곡차곡 쌓아 놓은 '가리'를 가리키는 말입니다. 대개 100짐을 1결로 계산합니다. 겉보리 2짐 2속이 소출되는 밭 두 마지기를 열여덟 냥을 받고 팔았는데, 엽전 1개가 한 푼이고, 엽전 100개 한 꿰미[緡:민]가 한 냥이니, 18냥은 모두 18꿰미입니다.

5. 효자에게 청주 두 병과 대구 두 마리

孝(효도 효): xiào, 子-4, 7, 70

字解 회의. 老(늙을 로)의 생략된 모습과 子(아들 자)로 구성되어, 자식(子)이 늙은이(老)를 등에

업은 모습으로, '효'의 개념을 그렸습니다. '효'는 유교권 국가에서 국가를 지탱하는 중심 이념으로 설정하기도 했는데, 이 글자는 노인을 봉양하고 부모를 모시는 孝가 어떤 것인지를 매우 형상적으로 보여줍니다.

字形 甲骨文 金文 簡牘文 說文小篆

子(아들 자): zǐ, 子-0, 3, 70

字解 상형. 갑골문에서 머리칼이 달린 큰 머리와 몸체를 그려 갓 태어난 '아이'를 형상화했습니다. 금문에 들면서 머리와 두 팔을 벌린 모습으로 변했지만, 머리를 몸체보다 크게 그려 어린 아이의 신체적 특징을 잘 나타냈습니다. 이로부터 子는 '아이', '자식'이라는 뜻을, 나아가 種子(종자)에서처럼 동식물의 '씨'라는 의미까지 갖게 되었습니다. 그리고 부계사회가 확립되면서 '남자' 아이라는 의미가 되었고, 다시 孔(클 공)씨 집안의 대단한 자손'이라는 뜻의 孔子에서처럼 남성에 대한 극존칭이 되었습니다. 이는 개인보다는 집안과 공동체가 훨씬 중시되었던 시절 그 가문에서 태어나 그 가문을 대표하는 사람의 지위를 보여주기도 합니다. 그래서 子는 乳(젖 유)에서처럼 '성인'이 아닌 '아이'가 원래 뜻입니다. 아이의 탄생은 存(있을 존)에서처럼 인간의 존재를 확인시켜주는 실존적 체험이자 아이는 다음 세대로 이어지는 상징이기에 충분했습니다. 이렇게 태어난 아이는 學(배울 학)에서처럼 교육을 거쳐 사회의 정식 구성원이 되고 주체로서 성장하게 됩니다. 이후 후계자는 물론 스승이나 남성을 높여 부르던 말, 작위 명칭, 이인칭 대명사 등으로도 쓰였고, 12지지의 첫 번째로 쓰여 쥐와 북방을 상징하며 23시~1시의 시간대를 지칭하기도 했습니다.

字形 甲骨文 金文 古陶文 簡牘文 盟書 古璽文 石刻古文 說文小篆 說文古文 說文籀文

　　동래구 석대동에서 반송으로 향하는 길의 북쪽 산비탈 서편에 여섯 기의 비석을 안치한 비각(碑閣)이 서 있습니다. 이곳은 조선후기에 5대에 걸쳐 여섯 효자를 배출한 영양 천씨(潁陽千氏) 집안의 효행(孝行)을 기리기 위해 건립한 효자비각입

12-8. 석대동 영양천씨 오대육효 비각. 본디 석대 본동 앞의 한길 가에 있었으나 도로 확장으로 반송 쪽의 산허리 서편으로 옮겼다.

니다.

조선 영조 때 동래 향교에 등록된 교생(校生)이었던 천성태(天聖泰,1725~1781)는 어려서부터 효심이 지극하고 형제간에 우애가 깊어 동네 사람들의 칭찬이 자자하였습니다. 그의 나이 21살 때 그의 부모가 모두 무거운 병에 걸려 온갖 약을 처방하였으나 효험이 없었습니다. 병이 든 지 십여 일 만에 거의 숨이 끊어질 지경에 이르자, 피를 흘려 넣으면 생명을 연장한다는 말을 듣고는 다급한 김에 오른쪽 손가락을 잘라 피를 흘려 넣었습니다. 그 때문인지 그 양친이 모두 건강을 회복하였고, 모친은 그로부터 36년을 더 살았습니다. 그 소문을 들은 당시의 동래부사는 천성태를 직접 불러보고는 백미(白米) 여섯 말과 청어(靑魚) 여섯 두름을 하사하여 그 부모를 봉양하는 데 보태도록 하였습니다.

천성태의 나이 27세 때 한겨울에 울산의 처가에 잠깐 다녀오는 사이에, 그 아버지가 엄중한 병에 걸려 이틀 만에 갑자기 세상을 버렸습니다. 천성태는 아버지를 살려내지 못한 것을 애통해 하며, 장사지내는 날 산소에서 엎드려 울면서 집으로 돌아가려 하지 않고 산소를 지키겠다고 고집하였습니다. 눈보라가 몰아치는 추위에 효자의 몸이 상할까 걱정한 동네 사람들이 짚을 모아 이엉을 엮어 오두막을 만들어 주니, 천성태는 무덤 곁의 오두막에서 죽을 끓여 먹으며, 상복을 입은 채로 3년 동안 묘소를 지켰습니다.

그 때 천성태의 집에는 연세 높은 조부가 계셨습니다. 천성태는 시묘살이를 하면서 짚신을 만들어 사람을 시켜 시장에 내다 팔아 조부의 음식 반찬이 떨어지지 않도록 하였습니다. 장사를 치른 지 두 달 뒤에 동래부사가 소문을 듣고는 사람을 보내어 한 번 만나 보자 하였더니, 천성태는 상복을 입은 채로 산소 앞에 꿇어 앉아 잠시도 떠나지 않는지라, 찾아간 사람이 무안하여 차마 그를 데리고 오지 못하였습니다. 이에 동래

12-9. 영조 을사년(1785) 동래부사 홍문영이 효자 천성태에게 보낸 세의 단자. 청주 두 병과 대구 두 마리를 보낸다는 물목이 적혀 있다.

부사는 벼 한 섬과 쇠고기 두 근, 대구 한 마리와 미역 한 단을 주어 그 효성을 권장하였습니다.

천성태의 나이 35세 겨울에 측간에 갔다 오는데, 갑자기 범이 나타나 뒤에서 덮쳤습니다. 천성태가 소리치자, 열일곱 살과 열세 살 된 두 아들이 아버지의 소리를 듣고 뛰어나갔는데, 범이 아버지를 끌어가고 있었습니다. 이에 큰 아들은 아버지의 허리를 부둥켜안고, 둘째는 아버지의 바지를 잡아 당겼는데, 아버지의 바지가 벗겨지자 그 바지로 아버지 머리를 보호하려고 씌운다는 것이 엉겁결에 범의 머리에 덮어씌웠습니다. 둘째가 씌운 바지에 눈이 가려진 범은 천성태를 놓고 울부짖으며 소리치다가 바지를 떨어뜨리고 가버렸습니다.

이런 일들이 일어나자, 석대동 주민들은 동네에서 효자 났다고 천성태를 포상해 달라는 등장(等狀)을 올렸습니다. 효자 집에 효자가 난다고 이후로 천성태의 아들, 천세모(千世慕,1743~1810), 손자 천술운(千述運,1767~1835), 증손 천상련(千相璉,鑑甲,1795~?), 현손 천우형(千禹炯,1843~1886), 천우형의 처 김해김씨 등 5대에 걸쳐 6인의 효자 효부가 이어졌습니다. 천성태 이하 효자들의 효행에 대한 포상 요청은 천성태의 나이 28세 때인 영조 임신년(1752)부터 시작하여 조선이 망할 때까

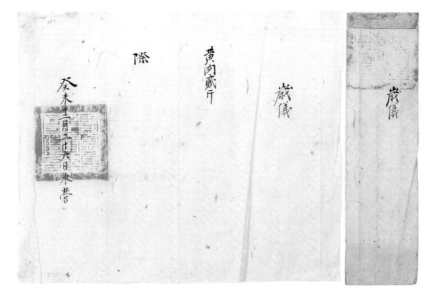

12-11. 순종 계미년(1823) 경상좌수영에서 석대 천효자 집에 보낸 세의단자.

지 계속되었으나, 조선 조정에서는 그 효행은 칭찬하면서도, 정려(旌閭)를 내리는 것은 중대한 일이라는 명분을 들어 끝내 포상을 내리지 않았습니다. 먼 변방 한미한 집안의 효행을 돌아볼 겨를이 없었던 것입니다.

그러나 동래부에 부임한 역대 부사와 좌수영의 절도사 및 이 지방에 들리는 관원들 가운데는 고을 사람들이 칭송하여 마지않는 석대 천씨 집안의 대를 이은 효행에 감동하여 세의를 닦거나 존문하는 이들이 이어졌습니다. 세의(歲儀)는 지방 관원이 설 명절을 맞이하면서 관내의 주민 가운데 효행이나 절의 또는 학문이 뛰어나 고을의 모범이 될 만한 집에 약간의 식재료나 금전을 보내어 권장하는 뜻을 보이는 것이고, 존문(存問)은 해당 집을 찾아 간략한 예물을 갖추어 문안하는 것입니다.

1993년 여름에 석대 천효자의 후손 천장율 선생의 집을 방문하였을 때, 당시 교장으로 정년퇴직한 천장율(千璋律) 선생은 백수를 넘긴 노모를 집에서 모시고 있었습니다. 천교장은 노모가 계신 방문을 열어 바깥에 잠시 다녀온 연유를 고한

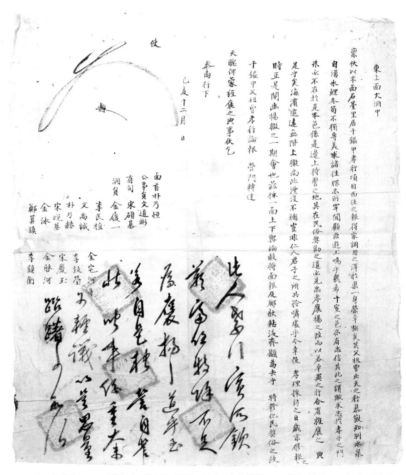

12-10. 기해년(1839) 동상면 대동중 품목. 효자 천성태와 그 아들 천세모, 손자 천술운, 증손 천일갑 등의 효행에 대하여 효자 정려(旌閭)의 포상을 해달라고 동상면의 공론으로 청원한 문서이다./부산박물관 소장.

다음에, 집안에 전해오는 250여장의 고문서를 보여주었습니다. 효자 집안의 법도가 남아 있어서 그날 하루 종일 기분이 좋았습니다. 이번에 이 글을 쓰면서 옮겨진 정려각의 사진을 촬영하러 가다가 우연히 석대 천효자 집안의 주손(胄孫) 천문갑(千

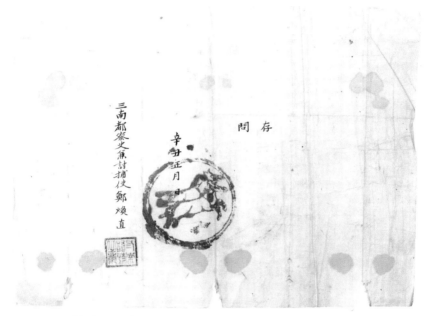

存問

辛丑正月 日

三南都察史兼討捕使鄭煥直

12-12. 고종 신축년(1901) 삼남도찰사 정환직이 석대 천효자 집에 보낸 존문단자(存問單子). 정환직은 영천사람으로 고종의 명을 받고 을사조약 뒤에 의병을 일으켜 싸우다 죽은 대한제국의 충신이다.

文甲)씨를 만났는데, 정려에 들어서서 배알(拜謁)하는 모습은 역시 효자 집안의 순근(淳謹)한 태도가 대를 이어 전하는 듯하였습니다. 퇴계선생은 도산십이곡 제3수에 "순풍(淳風)이 죽다하니 진실로 거짓말이/ 인성(人性)이 어질다 하니 진실로 옳은 말이/ 천하의 허다 영재를 속여 말씀할까"라고 하였는데, 이런 경우를 두고 하신 말씀일 것입니다.

찾아보기

(ㄱ)

(ㄴ)

(ㄷ)

저자소개

● 정경주(鄭景柱)

경성대학교 한문학과 교수, 한국의례연구회 회장, (사)세계한자학회(WACCS) 이사로 있다.

논문에 「청옹 이명기의 생애와 문학」, 「과문(科文) 표전(表箋)의 형식의 문체의 특징」, 「점필재 김종직의 정교(政敎)와 강학(講學)의 서정-함양군수 시기를 중심으로」 등이 있고, 저역서에 『성재 허전 조선, 조선말 근기 실학의 종장』, 『서당의 일상, 소눌 노상직의 서당일지 자암일록』 등이 있으며, 『한국예학총서』(122책)을 주편했다.

● 하영삼(河永三)

경성대학교 중국학과 교수, 한국한자연구소 소장, (사)세계한자학회(WACCS) 상임이사로 있다.

저서에 『한자어원사전』, 『어원으로 읽는 214부수한자』, 『한자와 에크리튀르』, 『한자야 미안해』(부수편, 어휘편), 『연상 한자』, 『한자의 세계: 기원에서 미래까지』, 『제오유 정리와 연구(第五游整理與硏究)』 등이 있고, 역서에 『중국 청동기 시대』, 『허신과 설문해자』, 『갑골학 일백 년』, 『한어문자학사』, 『한자왕국』(공역), 『언어와 문화』, 『언어지리유형학』, 『고문자학 첫걸음』, 『상주 금문』(공역), 『수사고신록(洙泗考信錄)』(공역), 『석명(釋名)』(선역), 『관당석림(觀堂集林)』(선역) 등이 있으며, "해외한자전파총서-한국편(域外漢字傳播書系-韓國卷)"(6책, 上海人民出版社)을 공동 주편했다.

● 박준원(朴晙遠)

경성대학교 한문학과 교수로 있으며, 경성대학교 박물관장, 우리한문학회 회장 등을 역임했다.

주요 논문에 「담정총서(薝庭叢書) 연구」, 「최술(崔述)의 수시고신록(洙泗考信錄)과 수사고신여록(洙泗考信餘錄)에 나타난 주자학의 수용양상」, 「다산의 경학에 수용된 최술(崔述)의 고증학」, 「수사고신록(洙泗考信錄)의 사기(史記) 비판」 등이 있고, 역서에 『부산시 금석문』(공역), 『한국 최초의 어보-우해이어보(牛海異魚譜)』, 『국역 수파집(守坡集)』(공역), 『수사고신록(洙泗考信錄)』(공역), 『맹자사실록(孟子事實錄)』, 『논어여설(論語餘說)』 등이 있다.

● 임형석(林亨錫)
경성대학교 중국학과 조교수로 있다.
저서에 『중국간독시대: 물질과 사상이 만나다』, 『한자견문록』 등이 있고 역서에 『문사통의교주(文史通義校注)』, 『수사고신록(洙泗考信錄)』(공역), 『주역의 힘』 등이 있다.

● 정길연(鄭吉連)
서암(瑞巖) 김희진(金熙鎭) 선생과 설암(雪嵒) 권옥현(權玉鉉) 선생께 사사(師事)하였다.
청학서당을 운영하고 있으며, 부산교육대학교 및 부산교대부설 평생교육원 외래교수, 경성대학교 한문학과 외래교수로 있다.

● 김화영(金和英)
경성대학교 중국학과 조교수, 한국한자연구소 운영위원, (사)세계한자학회(WACCS) 사무이사로 있다.
논문에 「『번역노걸대(飜譯老乞大)』에 나타난 동보구조 고찰」, 「현대 중국어 술어구조의 유개성(有界性)」, 「『경덕전등록(景德傳燈錄)』 부정부사 연구」, 「『경덕전등록』 시간부사 연구」가 있고, 역서에 『유행어로 읽는 현대 중국 1백년』(공역)이 있다.